Hartmut Häfele, Kornelia Maier-Häfele

101 Online-Seminarmethoden

Methoden und Strategien für die Online- und Blended-Learning-Seminarpraxis

managerSeminare Verlags GmbH, Edition Training aktuell

Hartmut Häfele, Kornelia Maier-Häfele
101 Online-Seminarmethoden

2. Aufl. 2020
Endenicher Str. 41, 53115 Bonn
Tel: 02 28 / 9 77 91-0, Fax: 02 28 / 61 61 64
E-Mail: info@managerseminare.de
http://www.managerseminare.de

ISBN 978-3-95891-069-0

Herausgeber der Edition Training aktuell:
Ralf Muskatewitz, Jürgen Graf, Nicole Bußmann

Lektorat: Ralf Muskatewitz
Covergestaltung: iStock©besjunior.jpg
Druck: Kösel GmbH & Co. KG, Krugzell

Klimaneutral
Druckprodukt
ClimatePartner.com/12027-2004-1001

Inhaltsverzeichnis

C Die Methoden der Online-Seminarpraxis

Anlage

Online-Ressourcen

Diesem Werk wurden viele hilfreiche Online-Ressourcen beigefügt. Sie verweisen teilweise auf Websites, die begleitend für das Buch erstellt wurden, aber auch auf Websites mit externen Angeboten, die weiterführende Hinweise oder kostenfreie Anwendungen vorhalten.

- Linktipps

Hier finden Sie die gesammelten Links zu den beschriebenen Online-Werkzeugen zum Ausprobieren. Verwenden Sie für die ersten Schritte einfach den beim jeweiligen Werkzeug eingerichteten „Sandkasten". Sie können sich via Chat und Diskussionsforum mit anderen austauschen, im Wiki-Web gemeinsam Texte bearbeiten, im Dokumenten-Container Dateien hochladen, in ein Weblog posten sowie aus dem Seminar-Bildarchiv passende Bilder für Ihr eigenes Online-Seminar herunterladen.

- Quellen

Im Quellenverzeichnis finden Sie Angaben zu Büchern und Websites, die in diesem Buch zitiert werden. Auch dort sind teilweise Fundgruben mit weiterführenden Links hinterlegt.

- Methoden-Index, nach Seminarzielen sortiert

Ein weiterer Schnellzugriff auf die passende Methode(n): Hier sind die Werkzeugvorschläge den Seminarzielen zugeordnet.

Der Link zu den Online-Ressourcen finden Sie in der Umschlagklappe.

Vorwort

Immer noch wird beim Online-Lernen die Technik-Diskussion viel lebhafter geführt, als jene um pädagogische Konzepte, Methodik und Didaktik. Das hat dazu geführt, dass Online-Lernen ein viel zu technokratisches Bild vermittelt, in dem die oft sehr einfachen und kreativen Gestaltungsmöglichkeiten von Online-Seminaren in den Hintergrund treten. Dem wollen wir mit dem vorliegenden Buch entgegenwirken, indem wir Ihnen einfach umzusetzende, praxiserprobte Online-Methoden präsentieren, die Sie als Bereicherung für Ihre Präsenzseminare genau so einsetzen können, wie für reine Online-Seminare.

Für das Umsetzen der beschriebenen Methoden ist kein teures Learning-Management-System notwendig. Mit einfachen, oft auch kostenlos verfügbaren Werkzeugen, wie etwa einem Diskussionsforum oder einem Instant Messaging System kann sinnvolles und lebendiges Online-Lernen verwirklicht werden.

Mit diesem Buch haben wir zwei Anliegen verbunden:

- Erstens wollen wir unsere Erfahrungen an Kolleginnen und Kollegen weitergeben und uns auf diesem Weg auch bei all jenen bedanken, von deren Erfahrungen wir immer wieder profitieren dürfen.
- Zweitens möchten wir Ihnen Lust auf Online-Seminare machen, Ihnen zeigen, dass das Gestalten von Lehr- und Lernprozessen online ein kreativer Prozess ist, der sehr viel Spaß machen kann.

Lassen Sie sich also nicht abschrecken, wenn Sie technisch weder begabt noch interessiert sind, über keine teuren Lernumgebungen und auch über keine medienwirksam aufbereiteten Lerninhalte verfügen. Online-Lernen ist keine technische Spielerei, sondern Lernen im virtuellen Raum – und das kann auch ohne die genannten Voraussetzungen bestens funktionieren.

Wie? – Das wollen wir Ihnen in diesem Buch gerne zeigen.

Wir bedanken uns bei den Teilnehmerinnen und Teilnehmern unserer Seminare für deren Mitarbeit und Ideen, die wir in diesem Buch verwenden durften. Wir bedanken uns auch bei unseren Kolleginnen und Kollegen, mit denen wir immer wieder zusammenarbeiten und unsere Praxis reflektieren.

Unser ganz besonderer Dank geht an unsere Eltern, ohne deren Unterstützung unsere Arbeit und auch dieses Buch nicht möglich wären und natürlich an Elias und Anna, die uns immer wieder inspirieren. :-)

Wir wünschen Ihnen viel Neugierde, Spaß und Erfolg bei der Arbeit mit diesem Buch.

Kornelia Maier-Häfele
Hartmut Häfele

Hinweis in eigener Sache: Um einen möglichst leichten Lesefluss zu gewährleisten, wurde in diesem Werk maßgeblich die männliche Sprachform genutzt, selbstverständlich sind aber grundsätzlich beide Geschlechter angesprochen.

A

Einführung

Hier erleben Sie ...

- eine Einführung, was sich hinter den gängigen digitalen Fachbegriffen verbirgt.
- eine Orientierung, was Sie in welchen Abschnitten des Buches erwartet.
- eine Zuordnung, nach welchem Raster die Online-Methoden, die Sie erwarten, strukturiert sind.

1. Einführung

1. Begriffsklärungen

Trainings in Online- oder Blended-Learning-Seminaren sind in vielerlei Hinsicht sehr ähnlich wie die in Präsenzseminaren.

Es gibt Lernende und Lehrende – wobei durchaus auch die Teilnehmenden immer wieder in der Rolle der Lehrenden zu sehen sind –, einen Anfang und ein Ende, Phasen, in denen die Gruppe wichtiger ist als der Inhalt und umgekehrt. Der wohl größte Unterschied zwischen Präsenz- und Online-Seminaren liegt darin, dass sich Teilnehmer und Trainer beim Online-Lernen physisch nicht am selben Ort befinden müssen.

Im folgenden Kapitel gehen wir auf einige zentrale Begriffe ein, die dem Online-Lernen eigen sind.

Blended Learning

Blended Learning bedeutet wörtlich „gemischtes Lernen" und bezeichnet die Verbindung von Online- und Präsenzelementen in Lernangeboten. Im deutschen Sprachraum wird statt Blended Learning auch „hybrides Lernen" verwendet. Gemeint ist damit ebenfalls die Mischung aus mediengestütztem und Präsenzlernen.

Beim Blended Learning gilt es, Präsenzlernen und Medienunterstützung in didaktisch sinnvoller Weise zu kombinieren. Besonders wichtig erscheint uns dabei, dass die Technik im Dienste der Didaktik stehen und nicht zum Selbstzweck werden soll.

Kommunikationswerkzeuge

Um das gemeinsame Lehren und Lernen von Menschen, die sich zu unterschiedlichen Zeiten an unterschiedlichen Orten aufhalten, zu ermöglichen, wird eine Vielzahl von Werkzeugen (= Tools) angeboten. Diese Werkzeuge können in zwei Gruppen unterteilt werden:

Synchrone Kommunikationswerkzeuge

Als synchrone Kommunikation werden Interaktionen ohne wesentliche zeitliche Verzögerungen bezeichnet. Bei der klassischen Lernsituation ist dies beispielsweise gegeben, wenn der Lehrstoff durch Sprache oder anhand einer gemeinsamen Arbeitsfläche wie der Pinnwand erarbeitet wird. Es finden also Wissensvermittlung und Wissensaufnahme gleichzeitig statt.

Beim Online-Lernen zählen Instant-Messaging-Systeme und Web-Konferenz-Systeme zu den wichtigsten Werkzeugen, die eine synchrone Kommunikation zwischen Trainern und Teilnehmern ermöglichen.

Asynchrone Kommunikationswerkzeuge

Als asynchrone Kommunikation werden Interaktionen mit zeitlicher Verzögerung bezeichnet. In einer klassischen Lernsituation ist dies beispielsweise dann der Fall, wenn Teilnehmer den Lehrstoff alleine ausarbeiten und später die Ausarbeitungen korrigiert zurückbekommen. Der Kommunikationsprozess zwischen Trainern und Teilnehmern findet also zeitlich versetzt statt.

Beim Online-Lernen zählen Diskussionsforen, E-Mail, Wiki-Web und das Weblog zu den wichtigsten asynchronen Werkzeugen.

Lernplattformen

Der Begriff „Lernplattform“ wird oft wie jener der „Learning Management Systeme“ (LMS) als Synonym für „Lernumgebungen im virtuellen Raum“ verwendet. Solche – meist sehr teuren – Systeme werden vor allem von großen Betrieben und Hochschulen zur Unterstützung der Lernprozesse eingesetzt. Als Alternative zu den kommerziellen Systemen haben sich die Open-Source-Lernplatt-formen ILIAS (*www.ilias.de*) und Moodle (*www.moodle.org*) bewährt, die in Schulen, Hochschulen und Erwachsenenbildungseinrichtungen oft eingesetzt werden und lizenzgebührenfrei eine flexible Gestaltung der Online-Lernumgebung für verschiedene didaktische Szenarien ermöglichen.

In Lernplattformen sind viele der genannten Kommunikationswerkzeuge samt einem Verwaltungstool für Lerner, Trainer und Ressourcen zusammengefasst. Es ist jedoch nicht zwingend notwendig, Online-Lernen mit einer solchen Lernplattform zu realisieren. Alle beschriebenen Methoden können auch mit frei verfügbaren Werkzeugen umgesetzt werden (siehe hierzu die „Linktipps" in Abschnitt D).

Lerninhalte (= Learning Content)

Die Meinung, dass Online-Lernen nur mit entsprechend aufbereiteten, sehr teuren Lerninhalten (E-Learning Content) funktioniert, ist weit verbreitet. Das mag für Schulungen, in denen Hard-Skills erworben werden, stimmen. Die Herstellungskosten für eine Stunde interaktive, didaktisch aufbereitete Contents reichen von 2.000 bis zu 20.000 Euro und mehr. Darum wird vorgefertigter Content fast ausschließlich in Schulungen eingesetzt, an denen hunderte oder gar tausende Personen teilnehmen.

Für die Mehrzahl der Seminare in der Erwachsenenbildung gilt jedoch beim Online-Lernen genau so wie beim Präsenzlernen, dass Lernen in einem interaktiven Prozess zwischen Teilnehmern und Trainern stattfindet. Dazu sind methodische und didaktische Kenntnisse, die Freude an und die Fähigkeit zur Arbeit mit Menschen notwendig. Wenn Sie über diese Voraussetzungen verfügen, können Sie Online-Lernen mit ebenso viel Erfolg und Spaß betreiben, wie die Arbeit in Präsenzseminaren!

2. Das Arbeiten mit diesem Handbuch

Dieses Buch wird Ihnen bei der Arbeit in Online- und Blended-Learning-Seminaren hilfreiche Tipps und vor allem methodische Umsetzungsvorschläge liefern. Damit Sie auch stets die von Ihnen gewünschten Themen finden, gehen wir im Folgenden kurz auf die wichtigsten Inhalte der einzelnen Abschnitte ein.

Abschnitt A – Einführung

In diesem Abschnitt befinden wir uns zurzeit. Hier finden Sie Definitionen der gebräuchlichsten Fachbegriffe zum Online-Lernen und Hinweise zur Arbeit mit diesem Buch.

Abschnitt B – Die Werkzeuge

Hier gehen wir auf alle im Methodenteil verwendeten synchronen und asynchronen Kommunikationswerkzeuge ein.

Wir erläutern Instant-Messaging, Web-Konferenz-System, Diskussionsforum, E-Mail, Weblog und Wiki-Web nach den folgenden Gesichtspunkten:

- Was ist und was kann dieses Werkzeug?
- Wie wird die Arbeit mit diesem Werkzeug vorbereitet, durchgeführt und nachbereitet?
- Welche Regeln gelten für Trainer und Teilnehmer bei der Arbeit mit dem Werkzeug?

Abschnitt C – Die Methoden der Online-Seminarpraxis

Im Herzstück des Buches finden Sie 101 Methoden der Online-Seminarpraxis. Wir haben uns am Ablauf eines idealtypischen Seminars orientiert und die Methoden den folgenden Seminarphasen zugeordnet:

- Vor Seminarbeginn
- Der Beginn eines neues Seminars/Themas
- Die inhaltliche Arbeit
- Die Arbeit mit der Gruppe
- Reflexion/Feedback
- Der Transfer
- Sonstige Methoden

Alle Methoden sind für den Einsatz in reinen Online-Seminaren geeignet. Genauso gut ist es möglich, einzelne Teile eines Seminars im Präsenzunterricht, andere wiederum via Online-Lernen durchzuführen (Blended Learning). Auch für diesen Zweck sind alle Methoden, die wir Ihnen vorstellen, geeignet.

Die Beschreibung jeder Methode ist wie folgt aufgebaut:

- ***Name*** der Methode
- ***Kurzbeschreibung*** – Die Beschreibung der Methode in wenigen Sätzen. *Kurzbeschreibung*
- ***Ziele*** – Welche Ziele werden mit dem Einsatz der Methode erreicht? *Ziele*
- ***Tools*** – Welche Online-Werkzeuge kommen bei der Arbeit mit dieser Methode zum Einsatz? *Tools*
- ***Wann einsetzen?*** – Obwohl die Methode schwerpunktmäßig einem Einsatzgebiet (zu Beginn des Seminars, zur Unterstützung des Transfers ...) zugeordnet ist, ist es möglich, dass sie noch an anderer Stelle im Seminar eingesetzt werden kann. Vorschläge dazu machen wir in dieser Zeile. *Wann einsetzen?*
- ***Gruppengröße*** – Hier finden Sie Angaben dazu, für wie viele Teilnehmer bzw. Gruppen von Teilnehmern die Methode geeignet ist. *Gruppengröße*
- ***Dauer*** – In dieser Zeile steht nicht die reine Arbeitszeit, sondern wir geben an, wie viel Zeit Sie ansetzen müssen, bis die Methode fertig durchgeführt ist. *Dauer*

Ein Beispiel: Um eine Meldung ins Forum zu schreiben, benötigen Ihre Teilnehmer meist höchstens eine Stunde. Dennoch dauert es einige Tage, bis alle Meldungen im Forum erscheinen, da Ihre Teilnehmer sich durchschnittlich höchstens zwei Mal wöchentlich in das Online-Seminar einklinken.

Ablauf

- ***Ablauf*** – In diesem Teil geben wir detaillierte Vorschläge, wie die Methode umgesetzt werden kann.

Damit Sie sich besser vorstellen können, wie die Arbeit mit der entsprechenden Methode in der Praxis aussieht, haben wir viele Screenshots aus der Arbeit in unseren Seminaren eingefügt.

Beispiel

- Dabei stellen wir häufig auch ***Original-Auszüge*** unserer Anweisungen als Best-Practice-Vorlagen zur Verfügung.

Bemerkungen

- ***Bemerkungen*** – Hier finden Sie zusätzliche Tipps zur Arbeit mit dieser Methode.

Erfahrungen

- ***Erfahrungen*** – In dieser Zeile gehen wir kurz auf Erfahrungen ein, die wir mit dem Einsatz der jeweiligen Methode gemacht haben und warnen auch vor möglichen Stolpersteinen.

Referenzen

- ***Referenzen*** – Gegebenenfalls weisen wir hier auf verwendete oder weiterführende Internet-Adressen (URLs) und Literatur hin.

Online-Ressourcen zum Download

Link zu den Online-Ressourcen in der Umschlagklappe

In den Download-Ressourcen zum Buch finden Sie neben der Literaturliste sowie einem Methoden-Index wertvolle Linktipps ...

- zu kostenlosen Werkzeugen und Hilfsmitteln, die Sie in Ihren Online-Seminaren verwenden können sowie
- zu weiterführende Internet-Quellen.

Diese digitalen Zusatzangebote gehören zum Buch. Als Leserin oder Leser können Sie sie kostenfrei abrufen, wenn Sie den Link in der inneren Umschlagklappe nutzen und sich auf den Seiten einmalig registrieren.

B

Die Werkzeuge

Hier erfahren Sie,

- wie Sie synchrone und asynchrone Kommunikationstools im Online-Lernen wirkungsvoll einsetzen.
- was die einzelnen Tools alles können.
- wie Sie Ihre Arbeit mit den Tools richtig vorbereiten, durchführen und nachbereiten.
- welche Regeln für ein gutes Gelingen Sie dabei beachten sollten.

I. Synchrone Kommunikationstools

I. Synchrone Kommunikationstools

1. Instant Messaging (IM)

1.1 Was ist und kann IM?

Instant Messaging Systeme (IMS) ermöglichen es Ihnen und Ihren Teilnehmern, hauptsächlich mittels Text- aber auch via Sprachnachrichten gleichzeitig (synchron) zu kommunizieren. Wie im mündlichen Gespräch mit mehreren Teilnehmenden ist es auch beim Instant Messaging notwendig, für diese gemeinsame Kommunikation bestimmte Regeln aufzustellen.

Da IM-Systeme (wie etwa Discord, Whatsapp und Signal) vor allem privat genutzt werden, sträuben sich Lehrende oft gegen einen Einsatz im Unterricht. Unter einigen Voraussetzungen, auf die wir später näher eingehen, ist Instant Messaging jedoch ein sehr effektives Hilfsmittel, um die Kommunikation untereinander und das Community Building zu intensivieren.

1.2 Die Vorbereitung der Arbeit mit IM

Schon bevor wir die Einladung zum (Text-)Chat an die Teilnehmer versenden, eröffnen wir ein Forum oder ein Wiki-Web zum Chat. In diesem stellen wir die *Chatiquette* gemeinsam mit einer Liste von *Akronymen* und einer Smilie- bzw. Emoji-Auflistung zur Verfügung.

Die Chatiquette

Die Netiquette: Eine Sammlung von „Benimm"-Regeln für Internet-Benutzer.

Die Chatiquette ist die *Netiquette* des Chats.

Wir weisen die Teilnehmer jedes (Text-)Chats darauf hin, dass die Chatiquette die Spielregeln des Chats darstellt, laden sie auch ein, uns vor dem Chat-Termin im Forum neue Punkte mitzuteilen, die für die gemeinsame Kommunikation ebenfalls zur Regel erhoben werden sollen.

Wir haben in unseren Chat-Runden bisher mit der folgenden Chatiquette gute Erfahrungen gemacht:

Beispiel für eine Chatiquette

Die Chatiquette – Der gute Ton im Chat

Auch im Chat gibt es Regeln, an die man sich halten sollte. Diese werden in der so genannten Chatiquette zusammengefasst. Die Chatiquette ist damit ein Teil der Netiquette, die alle Regeln zum korrekten Umgang bzw. zur Kommunikation über das Internet beinhaltet.

- Halten Sie es wie im richtigen Leben: Zeigen Sie Respekt gegenüber anderen. Wenn Sie den Leuten höflich begegnen, erwidern sie meisten diese Höflichkeit.
- Beobachten Sie erst mal das Gespräch in einem Chatraum, den Sie neu betreten. Versuchen Sie die Stimmung der Leute mitzukriegen und legen Sie erst dann los. Im richtigen Leben platzt man schließlich auch nicht in eine Gesprächsrunde und redet einfach drauflos.
- Wenn Sie jemanden direkt ansprechen wollen, schreiben Sie zuerst seinen/ihren Nickname, dann Doppelpunkt und danach den Text. Dann ist dieser Beitrag direkt adressiert. Ihr Gesprächspartner weiß nun auch in einer großen Runde, welche Nachricht für ihn bestimmt ist.
- Wenn Sie Fragen haben, fragen Sie höflich. Falls Sie neu im Chat sind, sagen Sie dies ruhig dazu. Erfahrene Chatter geben ihnen sicherlich bereitwillig Rat und Unterstützung.
- Verwenden Sie keine **Fettschrift** oder GROSSE BUCHSTABEN im ganzen Satz, sondern nur zur Betonung einzelner Wörter. Fette Schrift und Großbuchstaben heißt im Chat soviel wie laut sprechen. Es wirkt auffällig, ist aber auch penetrant. Wenn man permanent groß/fett schreibt, darf man sich nicht wundern, wenn man gemieden wird.
- Wenn jemand beleidigt oder provoziert, gehen Sie am besten nicht darauf ein. Dem Störer vergeht schnell die Lust, wenn er nichts erwidert bekommt. Sollte dies nichts nützen, verwenden Sie den Befehl „/ignore". Damit kann man bis zu 10 User ignorieren.
- Geben Sie Ihre E-Mail-Adresse (oder Telefonnummer) und andere persönliche Daten nicht voreilig weiter. Sie kennen Ihren

Gesprächspartner nur über den Chat und wissen nicht genau, wer er ist, wo er ist und ob er wirklich so ist, wie er sich Ihnen gegenüber ausgibt.
- Weisen Sie ruhig auf die Einhaltung der Chatiquette hin, wenn dagegen verstoßen wird.

Diese Regeln haben wir – je nachdem, in welchem Seminar sie zum Einsatz kommen – entsprechend gekürzt oder persönlicher formuliert.

Mehrere Varianten der Netiquette/Chatiquette finden Sie in den buchbegleitenden Download-Ressourcen. Link in der Umschlagklappe.

Akronyme

Eine Besonderheit, die bei der Kommunikation via Instant Messaging und SMS zum Tragen kommt, ist das Verwenden von Abkürzungen. Meist sind die Teilnehmenden sehr fit in der Verwendung dieser Abkürzungen, dennoch stellen wir sie vor dem Beginn des Chats auch im begleitenden Forum zum Chat zur Verfügung.

Beispiele für Akronyme

Einige oft verwendete Akronyme:

Abk.	Abkürzung
aka	also known as
ASAP	As Soon As Possible
B4	Before
BBIAB	Be Back In A Bit
BOT	Back On Topic
BTW	By The Way
bzgl.	bezüglich
bzw.	beziehungsweise
CU	see you
CUL	See You Later
evtl.	eventuell
FYI	For Your Information
ggf.	gegebenenfalls

<g>	Grins
HAK	Hugs And Kisses
HHOK	Ha, Ha, Only Kidding
HTH	Hope This Helps!
i.A.	im Allgemeinen
IMHO	In My Humble Opinion
IMO	In My Opinion
INPO	In No Particular Order
IOW	In Other Words
KISS	Keep It Simple, Stupid
LOL	Laughing Out Loud
Msg	Message
n/a	not applicable
ONNA	Oh No, Not Again
ROFL	Rolling On Floor Laughing!
ROTFL	Rolling on the floor, laughing
RTFM	Read The F*cking Manual!
RYS	Read Your Screen
SNAFU	Situation Normal, All F*cked Up
SnailMail	Schnecken-Post (der konventionelle Postweg)
TNX	Thanks
u.U.	unter Umständen
u.v.a.	und vieles andere
usw.	und so weiter
z.B.	zum Beispiel
z.Z.	zur Zeit

Wir empfehlen, ein begleitendes Forum anzulegen, in dem die Chatiquette und eine Liste der Akronyme veröffentlicht werden.

Beispiele für Einladungen zum Chat finden Sie im Kapitel *„Methoden der Online-Seminarpraxis“, Seite 61 ff.*

Vorbereitete Formulierungen

Auf einen Punkt der Vorbereitung zu einer (Text-Chat-)Runde möchten wir noch gerne hinweisen: Einen Chat zu moderieren ist viel anstrengender, als man vor dem ersten Einsatz glaubt. Sobald mehr als zwei Teilnehmer im Chatraum anwesend sind, entwickeln sich unterschiedliche Gesprächsstränge und es stellt hohe Anforderungen an den Moderatoren, ein zielgerichtetes Gespräch aufrecht zu erhalten.

Damit wir uns auf die wesentlichen Dinge konzentrieren können, gehen wir jeden Text-Chat im Vorhinein geistig durch und formulieren jene Sätze vor, die wir bestimmt benötigen werden. So können wir sie bei Bedarf einfach in den Chat hineinkopieren. Diese Sätze formatieren wir auch schon so vor, wie wir sie im Chat benötigen werden (fett, kursiv, Emojis ...)

Gerade die Anfangs- und Schluss-Situation lassen sich beispielsweise sehr gut vorwegnehmen.

Ein Auszug aus den vorformulierten Sätzen für einen Einstiegs-Chat:

Beispiele für vorformulierte Sätze

Back On Topic: Herzlich willkommen zum heutigen Chat der „Neue Medien Community"!

Kurz zu den Rahmenbedingungen: Der Chat dauert bis ca. 16.15 Uhr. Unser Thema lautet: **Online-Lernen: Was braucht es, damit ein Online-Kurs erfolgreich ist?**

Die Moderation des Chats uebernehme ich. Die Ziele des Chats habt ihr in eurer Einladung gefunden, die Chatiquette ist im Chat-Forum. Ich schlage vor, dass wir erstmal ein paar Minuten *freien Chat* machen, danach fangen wir mit dem *Kreisgespräch* an. Ich gebe nachher dazu einfach die Reihenfolge vor.

Nun gebe ich das Wort mit der Einstiegsfrage *„Wie steht ihr zum Online-Lernen?"* an euch!

....

Wie die Zeit vergeht! Wir werden jetzt noch über die angewendete Methode und Organisatorisches reden.

> Was ihr eben kennen gelernt habt, war die Methode des *Kreisgesprächs*.
>
> Sie ist sehr geeignet, wenn ihr wollt, dass jede/r zu Wort kommt und die Gruppe nicht grösser als 5-7 Personen ist.
>
> Wie ist es euch als ChatterInnen dabei gegangen?
>
> Nur keine Eile! Ist klar, dass es jetzt ein wenig länger dauert! :-)
> ...

Es ist auch möglich, die Teilnehmer in der Einladung aufzufordern, ein kurzes Einstiegsstatement (3-5 Sätze) zum Thema des Chats vorzubereiten. Mit diesen Statements können Sie den „offiziellen" Teil des Chats beginnen.

Aufgaben vor Beginn des Chats

Zu Ihren Aufgaben vor Beginn des Chats gehören:

- Unterlagen (Akronyme, Chatiquette, Smilies, Emojis ...) zur Verfügung stellen
- Teilnehmer einladen
- Regeln und Ziele bekannt geben
- Thema klar definieren
- Auf die automatische Mitprotokollierung der Diskussion verweisen
- Diskussionsstimuli vorbereiten

1.3 Die Arbeit mit Instant Messaging

Zu Beginn eines jeden Chats stellen wir den Teilnehmern 5-6 Minuten freie Sprechzeit zur Verfügung, in der ganz wie in Präsenzseminaren auch nach dem Befinden gefragt wird. Anders als bei Präsenzseminaren wird in dieser Zeit auch meistens die Frage gestellt, wo sich die anderen Chatter denn gerade aufhalten (Firma, Uni, daheim, Internet-Cafe, Öffi ...).

Nehmen Sie sich für Ihren ersten Chat nicht zu viel vor. Eine kurze Begrüßungsseqquenz und ein Kreisgespräch sind für Sie (und alle Teilnehmende, die über wenig Chaterfahrung verfügen) genau richtig für den Einstieg in die Arbeit mit diesem Werkzeug.

Zu Ihren Aufgaben während des Chats gehören:

Aufgaben während des Chats

- Begrüßungssequenz (freies Sprechen) befristen
- „Stumme" Teilnehmer durch direkte Fragen aktivieren
- Auf Einhalten der Chatiquette achten
- Diskussionen moderieren
- Vorbild bei der Verwendung von Emoticons sein
- Evtl. eine andere Methode (z.B. *Kreisgespräch*) einsetzen

1.4 Die Nachbereitung der Arbeit mit IM

Stellen Sie den Teilnehmern das (in den meisten Systemen automatisch erstellte) Gesprächsprotokoll im begleitenden Chat-Forum zur Verfügung. Dieses Protokoll stellt für die Teilnehmer eine wertvolle Mitschrift des Seminarinhaltes – besonders bei Seminaren mit Prüfungscharakter – dar. Für Sie ist das Protokoll eine interessante Unterlage, um methodische und inhaltliche Schlussfolgerungen abzuleiten.

Nach jedem ersten Chat in einer Seminargruppe verlangen wir eine kurze Reflexion der Teilnehmer zum Chat (z.B. im Diskussionsforum oder während einer Präsenzphase). So können wir abschätzen, wie dieses Instrument aufgenommen wird, außerdem ob und wie wir es im Verlauf des Seminars noch einsetzen werden.

1.5 Zusammenfassend

Generell ist Instant Messaging ein Werkzeug, mit dem versucht wird, etwas Präsenzatmosphäre in ein Online-Seminar zu bringen – und dies mit allen Stärken und Schwächen, die diese Methode beinhaltet.

Besonderheiten, die während des Text-Chats auffallen:

- *Mimik und Gestik* sind für die Teilnehmer nicht sichtbar
- Manchmal entsteht das Gefühl, man würde *anderen ins Wort fallen*
- Diskussionsstränge *„zerfleddern“*

Es gibt verschiedene Möglichkeiten, diesen Punkten zu begegnen:

Zu Mimik und Gestik:

Emoticon ist ein Kunstwort aus Emotion und Icon (Ikone).

Die berühmten „Smilies“. Smilies (von smile = Lächeln) sind die wohl bekanntesten *Emoticons* und sollen beispielsweise im Chat oder in einer E-Mail kurz und prägnant einen Gemütszustand anzeigen bzw. Geschriebenes unterstützen. Um die Bedeutung eines Smilies zu erkennen, muss man den Kopf um neunzig Grad nach links neigen.

Zu den bekanntesten Smilies gehören:

Oft verwendete Smilies

:-)	fröhlicher Smiley
;-)	zwinkernder Smiley
:-o	staunender Smiley
8-)	ich bin Brillenträger.

Emojis: Emoticons aus Japan

Japanische Emoticons, Emojis, werden aufrecht gelesen und sind aufwendiger konstruiert als Smilies:

(^_^)	offenes Lachen
\(^_^)/	Hurra! (mit Armen), kleinere Version: \o/
(^_^)/"	Winken

Der Kreativität bei der Erstellung von Smilies und Emojis sind fast keine Grenzen gesetzt. Den Link zu einer Auswahl der gängigsten Smiley-Varianten finden Sie in den buchbegleitendenden Download-Ressourcen. Link in der Umschlagklappe.

Die Emojipedia (*https://emojipedia.org*) ist ein umfangreiches Nachschlagewerk für Emojis und listet alle Emojis mit Namen, Bedeutung und Bildern auf.

Smilies und Emojis sind natürlich nur im Ansatz ein Hilfsmittel für diese Problematik. Sie tragen eher zum besseren Verständnis des Gesagten bei, als dass sie einen Einblick in die wirkliche Befindlichkeit der Schreiber geben.

Hier – und das gilt genau so für *f2f*-Diskussionen – sind die Teilnehmer darauf angewiesen, dass eine Person ihre Wut, Aufgebrachtheit, Freude etc. formuliert. Nur – aus dem Gesicht sind solche Zustände halt leichter abzulesen ...

f2f: face to face

Eine weitere Möglichkeit ist es, immer wieder mal dazwischenzufragen, wie es den Teilnehmern denn so geht. Eine Art „virtuelles Blitzlicht" also.

Zum Gefühl des Ins-Wort-Fallens:
Man schreibt in das Chat-Textfeld und hat das bestimmte Gefühl, dass andere Teilnehmer jetzt auch gerade etwas schreiben. Daher kommt wohl das Empfinden des „Ins-Wort-Fallens". Dies verliert sich jedoch mit zunehmender Chat-Erfahrung.

Damit die Diskussion geordnet ablaufen kann und obiges Gefühl gar nicht erst aufkommt, ist beispielsweise die Methode des *„Kreisgesprächs"* (Seite 181) geeignet. Wir wählen sie meist für den ersten Chat mit einer Seminargruppe. Hier ist die Reihenfolge der Statements (die bei längeren Chats auch geändert bzw. umgedreht werden kann) vorgegeben. Die Teilnehmer können sich auf das Geschriebene konzentrieren und formulieren nicht ständig im Geiste schon Antworten auf jedes Statement, was ja einem guten „Zuhören" recht abträglich ist.

Zu den zerfledderten Diskussionssträngen:
Dies ist eine große Gefahr in Chats. Man antwortet auf einen Beitrag, der drei Beiträge weiter oben steht und bekommt fünf Beiträge später wieder eine Antwort. In der Zwischenzeit laufen schon einige andere Frage-Antwort-Spiele in derselben Manier ab – das Ganze ist nicht mehr eine einheitliche Diskussion.

Eine Lösungsmöglichkeit ist es, separate Chaträume einzurichten, in denen Themen kurz zwischen einigen Interessierten ausdiskutiert werden können. Aber Achtung: Das kann so ähnlich werden wie die Brautentführung auf einer Hochzeit: Auf einmal ist niemand mehr im eigentlichen Chat! Entlassen Sie deshalb die Teilnehmer immer nur für eine bestimmte Zeit in die Chaträume. Einer der Gesprächspartner bringt eine kurze Zusammenfassung des Diskutierten (sofern es inhaltlich passt) in den „Hauptchat" mit, damit alle informiert sind.

Eine weitere Möglichkeit ist der sogenannte „Flüstermodus". In diesem Modus können einzelne Teilnehmer miteinander chatten, ohne dass dies für die anderen einsehbar ist.

Wenn ein Chat gut geplant ist und thematisch klar definierte Diskussionen abgehalten werden, wird er ein hilfreiches Werkzeug zur Online-Kommunikation in Ihren Seminaren sein.

Einsatzbereiche von IM/Chat

Wir setzen Instant Messaging vor allem ein:

- Zum Community Building:
  Hier geht es entweder um keinen fachlichen Inhalt oder dieser ist nur vordergründig wichtig. Wichtig ist vor allem, dass alle zu Wort kommen.
- Zur Klärung organisatorischer Fragen:
  Wenn ein Termin abgestimmt werden sollte, das Thema vielleicht ein wenig geändert wird, eine Prüfung ins Haus steht, ...
- Zur Durchführung von Expertengesprächen:
  Eine sehr empfehlenswerte Variante, auf die wir im Kapitel *„Methoden der Online-Seminarpraxis", Seite 143,* noch genauer eingehen werden.
- Wenn Gruppen von Teilnehmern komplexe Themenstellungen bearbeiten, „verschenken" wir an jede Gruppe eine halbe Stunde Chatzeit mit uns. Diese Zeit müssen die Teilnehmer bei uns einfordern, indem sie uns 2-3 Terminvorschläge und die Themen, um die es gehen soll, zukommen lassen. Diese Chatzeit wird eigentlich immer eingefordert und es ist merkbar, wie es mit der Gruppenarbeit danach wieder reibungsloser weitergeht.

Auf keinen Fall sollte der Hauptteil von Online-Lernaktivitäten über Instant Messaging laufen, denn für sehr viele Lernende stellt es ein großes Hindernis dar, sich spontan schriftlich ausdrücken zu müssen. Stattdessen können Sie den Chat als zusätzliches Hilfsmittel ansehen, um Ihnen und Ihren Teilnehmenden dynamische Lernaktivitäten und Diskussionen zu ermöglichen.

2. Das Web-Konferenz-System

2.1 Was ist und kann das Web-Konferenz-System?

Ein Web-Konferenz-System bündelt unter einer einheitlichen Benutzeroberfläche synchrone Kommunikationswerkzeuge wie Text-Chat, Sprachkanal und Whiteboard (inklusive Zeichenwerkzeuqe) und ermöglicht es Ihnen und Ihren Teilnehmenden, in Echtzeit online miteinander zu kommunizieren und kollaborieren.

Der Chat im Web-Konferenz-System unterscheidet sich nicht von einem „normalen" Chat. Es gelten hier dieselben Regeln (die Chatiquette) bzw. können dieselben Methoden eingesetzt werden. Meist wird der Chat im Web-Konferenz-System dazu genutzt, das Geschehen auf dem Whiteboard zu kommentieren bzw. umgekehrt kann das Whiteboard dazu genutzt werden, Chatbeiträge zu illustrieren.

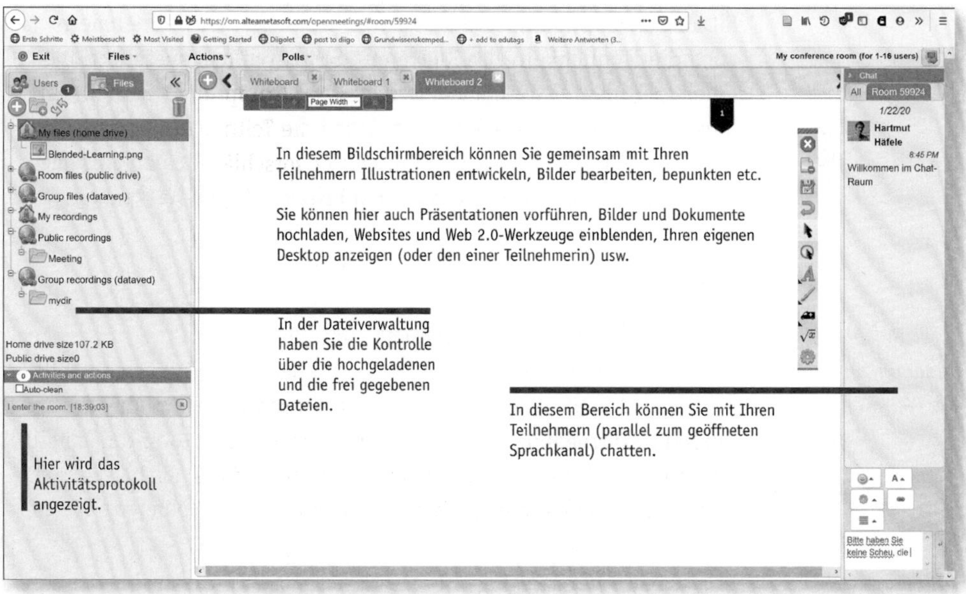

Die Bildschirmbereiche und Funktionen eines Web-Konferenz-Systems am Beispiel des Open-Source-Systems OpenMeetings.

Darüber hinaus können Sie auf dem Whiteboard gemeinsam mit Ihren Teilnehmern:

- Grafiken erstellen
- Mind- und Concept-Maps entwickeln
- Abfragen durchführen
- Websites (auch Web-2.0-Tools) besuchen
- Präsentationen durchführen

Beispiele dazu finden Sie im Methodenteil dieses Buches.

2.2 Die Vorbereitung der Arbeit mit dem Web-Konferenz-System

Die Einladung zum gemeinsamen Online-Termin

Da die Arbeit mit dem Web-Konferenz-System einigen Teilnehmern nicht bekannt sein wird, stellen Sie das Medium und die geplante Sitzung bereits in der Einladung vor. Geben Sie den Teilnehmern auch die Möglichkeit, das Konferenz-System und seine Funktionen bereits vor dem ersten gemeinsamen Online-Termin zu testen. So können Sie bei der gemeinsamen Arbeit davon ausgehen, dass die Handhabung bekannt ist und müssen nicht wertvolle gemeinsame Online-Zeit dafür opfern, um die Funktionen dieses Werkzeuges auszuprobieren.

Beispiel einer Einladung zur Arbeit im Web-Konferenz-System

Hallo, liebes Neue-Medien-Team!

Für die nächste Online-Sitzung haben wir uns etwas Besonderes einfallen lassen!

Wir werden euch vorstellen, wie die Arbeit im Web-Konferenz-System das kollaborative Lernen unterstützen kann.

Mit dem Konferenz-System werden wir einiges ausprobieren:

• **Einstiegsfrage – Bepunkten:** So wie in einem Präsenzseminar oft zuerst einmal ein Stimmungsbild der Teilnehmer/-innen erstellt wird, so werden wir dies auch mithilfe einer vorbereiteten Folie auf dem Whiteboard machen.

• **Folienpräsentation:** Da Sofie und Hemma ja beim ersten Präsenztermin nicht dabei waren und sich deshalb noch nicht richtig vorstellen konnten, kriegen Sie hier ihre „Chance". ;-) Sie bereiten eine kurze Präsentation über sich vor, welche wir uns dann gemeinsam anschauen können.

• **Chat- und Sprachkanal:** Das Konferenz-System bietet auch einen integrierten Chat sowie einen Sprachkanal. So können wir gleich im Anschluss an ihre Präsentationen Fragen an Sofie und Hemma stellen.

• **Mind Mapping (MM):** Dies ist eine tolle Methode, um auch online gemeinsam ein Thema zu bearbeiten. Beispielsweise, um eine einheitliche Struktur in ein vorgegebenes Thema zu bringen, oder um die Interessen der Teilnehmer/-innen an einer Thematik auszuloten. Wir werden die Methode später auch benutzen, um mit den Expertenthemen zu arbeiten (dazu mehr dann später ...). Damit wir schon mal in die Methode des MM hineinschnuppern können (soviel ich weiss, haben einige schon mehr als nur hineingeschnuppert ...), werden wir bei unserer Online-Sitzung das Web-Konferenz-System schließlich auch dazu nutzen, ein gemeinsames Mind-Map herzustellen.

Tja, das sind also unsere Pläne für Donnerstag, 15.00 bis 16.30 Uhr. Wir denken, das könnte recht interessant werden!

Wie erreicht ihr den gemeinsamen Arbeitsbereich:

Wir haben in ILIAS einen Kurs zum Thema „Neue Medien in der Lehre" mit der Kurs-Nr. WS20.xxx.077 eingerichtet.

Geht also zuerst zu www.nullzwodreivier.at; anschließend klickt auf den Link „login“ und gebt dort eure Nutzerkennung und euer Passwort ein.
Wir haben euch bereits dem richtigen Kurs zugebucht, ihr könnt also auch unter „Kurse an denen Sie teilnehmen“ nachschauen und in den Kurs „hineingehen“.
Nun wählt unter „Kommunikation“ den „Konferenzraum-NM“ aus und betretet diesen. Das Laden dauert ein bisschen (ca. 20 Sekunden).

Macht euch bitte vorab mit der Benutzung des Konferenz-Systems vertraut! Wie kann man zeichnen, schreiben, Farben geben etc. Schaut euch auch den Chat an, er bietet mehr Möglichkeiten als der einfache Chat, welchen wir letztes Mal benutzten (Private Fragen stellen etc. ...).

Für die Nutzung des Sprachkanals benötigt ihr ein Headset. Kontrolliert, ob euer Mikrofon offen ist und nicht übersteuert.

Überlegt euch auch, was ihr Sofie und Hemma fragen wollt!

Für die Online-Sitzung gilt natürlich wieder unsere bereits bewährte Chatiquette.

Sollte es einer oder einem von euch nicht möglich sein, zum ausgemachten Zeitpunkt den Arbeitsraum zu betreten, dann begebt euch bitte in den Instant Messenger unter www.qualifizierung.com.

Bis dann also im Arbeitsraum! :-)

2.3 Die Arbeit mit dem Web-Konferenz-System

Die Arbeit mit dem Konferenz-System ist sowohl für Sie als Moderator als auch für die Teilnehmer relativ komplex. So gilt es, sowohl auf den Sprachkanal, den Chat als auch auf das Whiteboard zu achten und zu moderieren.

Deshalb möchten wir für die Arbeit zwei Empfehlungen aussprechen:

Mit dem Chat beginnen
Wenn Sie oder Ihre Teilnehmer noch über relativ wenig Erfahrung mit Training im virtuellen Raum verfügen, starten Sie zuerst mit einem „normalen" Chat. Wenn Sie gemeinsam einen solchen abgehalten haben, müssen Sie sich nicht mehr so sehr auf das Handling konzentrieren, sondern können das Medium freier nutzen.

Das gilt auch, wenn Sie bereits über viel Erfahrung, die Teilnehmer jedoch über wenig bis gar keine Erfahrung verfügen.

Bereiten Sie Formulierungen (ein „Drehbuch") vor

Vorbereitete Formulierungen für den Chat und Sprachkanal

Gehen Sie die Online-Sitzung im Geiste durch und bereiten Sie jene Sätze in einer Textverarbeitungs-Software vor, die Sie auf jeden Fall benötigen werden. Notieren Sie auch die Adressen jener Websites, welche Sie während der Sitzung aufzurufen planen. Während der Online-Phase können Sie diese Textbausteine dann leicht in das entsprechende Textfeld einkopieren. So sparen Sie wertvolle Zeit und können Ihrer Online-Arbeit ein wenig von der Hektik nehmen.
Dies gilt gleichermaßen für die Arbeit mit dem Sprachkanal. Die vorbereiteten Formulierungen bzw. „Drehbücher", welche Sie im Methodenteil immer wieder als Beispiel finden, sind demnach als Vorschläge für den Einsatz im Chat und/oder Sprachkanal zu verstehen.

Hier ein Auszug unserer vorbereiteten Formulierungen zum Einstieg in die oben angekündigte Sitzung:

> Hallo miteinander!
> Herzlich Willkommen zu unserer zweiten Online-Sitzung!
> Habt ihr gleich „hierher" gefunden?
> Ist bei euch das Wetter auch so grauslig?
>
> Wie schon in der Einladung angekündigt, haben wir heute einiges an Programm! :-)
> Habt ihr schonmal online mit mehreren Leuten zusammen am Whiteboard gearbeitet?

> Es gibt einiges, was man da zusammen machen kann. Zum Einstieg ins heutige Seminar möchten wir, wie in einer f2f-Veranstaltung auch, erstmal nachfragen, wie es euch, den Teilnehmer/-innen, geht. Dazu haben wir uns zur Methode der „Punktabfrage" entschieden. Wir bitten euch, auf der Folie, die wir gleich aufrufen werden, eure Meinung mittels eines Punktes kundzutun.
>
> www.qualifizierung.com/whiteboard/wiegehts.htm
>
> Also, los gehts!
>
> Danke für die Punkte ...

2.4 Die Nachbereitung der Arbeit mit dem Web-Konferenz-System

Auch nach einer Sitzung im Web-Konferenz-System erhalten Sie – ähnlich wie beim Chat – ein Protokoll (und eine Aufzeichnung des Sprachkanals und der Whiteboard-Aktivitäten), welche vom System automatisch mitgeschnitten wurden.

Stellen Sie dieses Protokoll bzw. die gesamte Aufzeichnung – vielleicht auch zur Weiterarbeit – den Teilnehmern im begleitenden Diskussionsforum zur Verfügung.

Wie bei jedem Medium, welches wir im Seminar neu einsetzen, bitten wir die Teilnehmer auch nach der Arbeit mit dem Konferenz-System Whiteboard darum, uns kurz ihre Meinung zur Arbeit mit diesem Werkzeug zu schreiben und über den Einsatz der Methode zu reflektieren.

2.5 Zusammenfassend

Das Web-Konferenz-System ist ein Werkzeug, dessen großer Vorteil darin besteht, in Echtzeit mit den Teilnehmenden via Bild, Sprachkanal und Schrift kommunizieren zu können.

Die meisten kommerziellen Learning-Management-Systeme verfügen über ein integriertes Konferenz-System bzw. eine Schnittstelle zu externen Lösungen. Auch die Open Source Lernplattformen ILIAS und Moodle haben Schnittstellen zu entsprechenden Open Source Konferenzsystemen (wie bspw. OpenMeetings) bereits intergriert. Daneben existieren hochentwickelte Web-Konferenz-Systeme wie z.B. Zoom, Adobe® Connect und WebEx, die neben den beschriebenen Funktionalitäten zusätzlich noch Video-Conferencinq und Screen-Sharing beherrschen. Diese Systeme können auch in Form von Software as a Service (SaaS) als Monats- oder Jahresabo kostengünstig angemietet werden und empfehlen sich damit für selbständige Coaches und Trainer.

SaaS: Software as a Service

Die unter den *„Linktipps"* der Online-Ressourcen angeführten kostenlosen Werkzeuge haben sich im Praxiseinsatz als sehr brauchbare Alternativen zu den oben aufgeführten Produkten erwiesen.

Link in der Umschlagklappe.

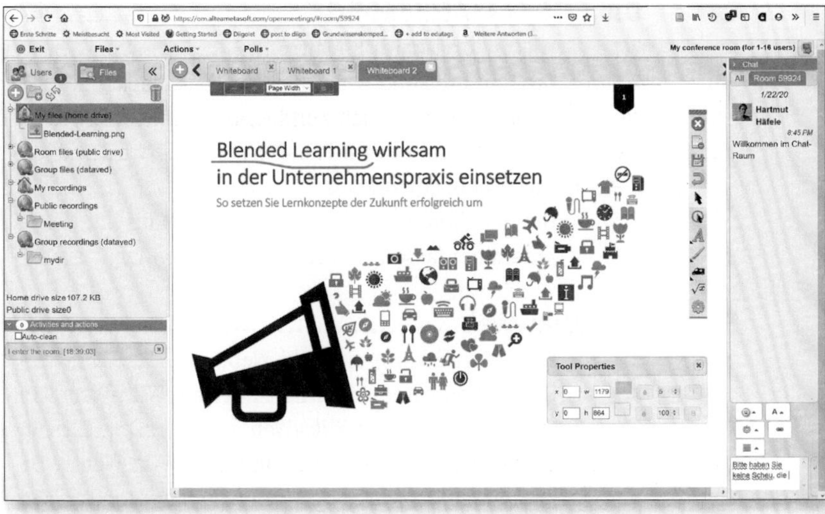

Das als Webapplikation (keine Installation ist notwendig) realisierte lizenzkostenfreie Open-Source-Konferenzsystem OpenMeetings bietet neben dem Sprachkanal und dem Textchat auch mehrere Whiteboards und Umfragen (https://openmeetings.apache.org).

II. Asynchrone Kommunikationstools

II. Asynchrone Kommunikationstools

1. Das Diskussionsforum

1.1 Was ist und kann ein Diskussionsforum?

Ein Diskussionsforum lässt sich mit einem schwarzen Brett vergleichen. Jeder kann dort seine Nachrichten in bestimmten Kategorien für alle sichtbar präsentieren. Wer die Nachricht liest, kann darauf reagieren – Fragen stellen, Kommentare abgeben, in Diskussion kommen. Da die Beiträge schriftlich verfasst werden, stellt ein Diskussionsforum eine detaillierte Übersicht zu einem bearbeiteten Thema dar.

Diskussionsforen werden zu unterschiedlichen Zwecken eingesetzt. Grundsätzlich ermöglicht die Arbeit mit Diskussionsforen, dass

- Sie und Ihre Teilnehmer unabhängig von Zeit und Ort miteinander kommunizieren können.
- Lehr- und Lernmaterial zur Verfügung gestellt wird.
- alle Teilnehmer die geposteten Informationen erhalten.
- die Beiträge für alle ersichtlich dokumentiert sind.

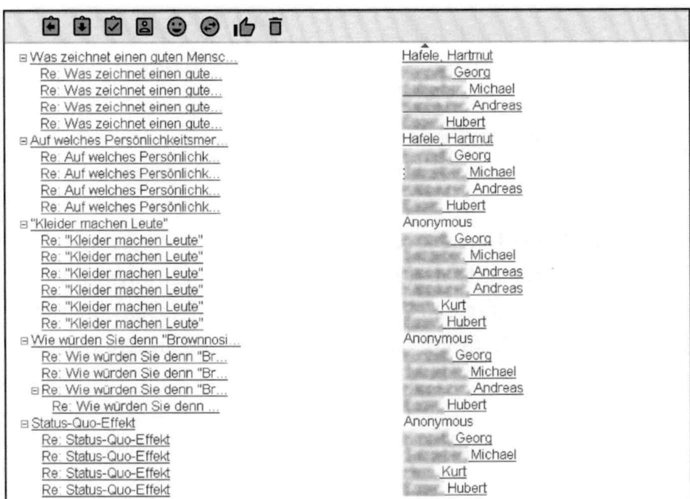

Ein Diskussionsforum mit „aufgeklappter" Baumstruktur, in der alle Diskussionsfäden („Threads") sichtbar sind.

1.2 Die Vorbereitung der Arbeit mit dem Diskussionsforum

- Stellen Sie sicher, dass Sie für Ihre Arbeit ein übersichtliches und benutzerfreundliches Diskussionsforen-Tool zur Verfügung haben.
- Starten Sie für jedes Thema ein neues Diskussionsforum.
- Informieren Sie Ihre Teilnehmer (per Instant Messaging oder E-Mail), sobald Sie ein neues Diskussionsforum eröffnen. Geben Sie in dieser Information bekannt, wozu dieses Diskussionsforum eröffnet wurde.
- Erwarten Sie nicht, dass Ihre Teilnehmer die Arbeit in einem neu eröffneten Diskussionsforum selbstständig beginnen. Verfassen Sie in jedem Diskussionsforum den ersten Beitrag selbst.
- Vereinbaren Sie mit Ihren Teilnehmern, welche Umgangsformen im Diskussionsforum herrschen sollten (siehe hierzu die *Netiquette* in Chat ab Seite 43).
- Formulieren Sie Ihre Erwartungen an die Teilnehmer in einer Benutzungsanweisung. Verweisen Sie auf die FAQs (*siehe dort*) und auch darauf, wie lange es höchstens dauern sollte, bis ein Beitrag beantwortet ist. Halten Sie Ihre Teilnehmer dazu an, mindestens zweimal wöchentlich in den Diskussionsforen zu arbeiten.
- Nutzen Sie die Möglichkeit, dass im Diskussionsforum jeder mit jedem diskutieren kann, und formulieren Sie entsprechende Aufgabestellungen.

1.3 Die Arbeit mit dem Diskussionsforum

Welche Foren benötigen Sie in jedem Seminar?

a) Cafeteria

In der Cafeteria treffen sich Ihre Teilnehmer zum informellen Gedankenaustausch – ähnlich der Cafeteria einer Universität oder eines Bildungshauses. Im Unterschied zu den „realen" Cafeterias müssen Sie Ihre Teilnehmer allerdings während der Online-Seminare dazu anhalten, sich öfter einmal in die Cafeteria zu begeben.

Anregungen zur Arbeit zum Treff im virtuellen Raum finden Sie in der Methode *„Cafeteria", Seite 247.*

b) Organisatorisches

In diesem Diskussionsforum sind alle offiziellen Mitteilungen gesammelt. So können Ihre Teilnehmer stets noch einmal nachsehen, was bis wann von ihnen zu erledigen ist, wo der nächste Chat stattfindet, wie der geladene Experte heißt etc.

Auch können Sie in diesem Diskussionsforum Umfragen, Prüfungsankündigungen, Prüfungsstoff usw. veröffentlichen.

c) Diskussionsforen zu Fachthemen

Wenn Sie für jedes Fachthema ein neues Diskussionsforum eröffnen, haben Sie und Ihre Teilnehmer die Inhalte des Seminars stets im Blick.

d) FAQ

In diesem Diskussionsforum veröffentlichen Sie (oder ein dazu beauftragter Teilnehmer) stets wiederkehrende Fragen. Sie können auch FAQ-Listen aus bereits abgehaltenen Seminaren teilweise in Ihr neues Seminar übertragen. So ersparen Sie sich die immer gleichen Erklärungen – beispielsweise zum technischen Handling des Videochats oder die Frage danach, wie viele Beiträge gepostet werden müssen, um ein Seminar positiv abzuschließen (das Pendant zur Frage nach der Anwesenheitszeit). Bitte beachten Sie hierzu auch die Methode *„Frequently Asked Questions“*, Seite 252.

e) Dokumentencontainer

Learning-Management-Systeme sind meist mit einem Dokumentencontainer ausgestattet, in den Dokumente geladen werden können, die dann allen Seminarteilnehmern zur Verfügung stehen. In der Mehrzahl der Diskussionsforen-Software ist es möglich, an Beiträge Dokumente anzuhängen und so allen Anwendern zur Verfügung zu stellen. Wenn Sie in Ihren Seminaren also nicht mit einem Learning-Management-System mit entsprechender Funktion arbeiten, richten Sie einfach ein Forum namens „Dokumentencontainer“ oder „Materialien“ ein, in dem Sie und Ihre Teilnehmer Dokumente für alle verfügbar machen können.

Linktipp
Dokumentencontainer in den Download-Ressourcen

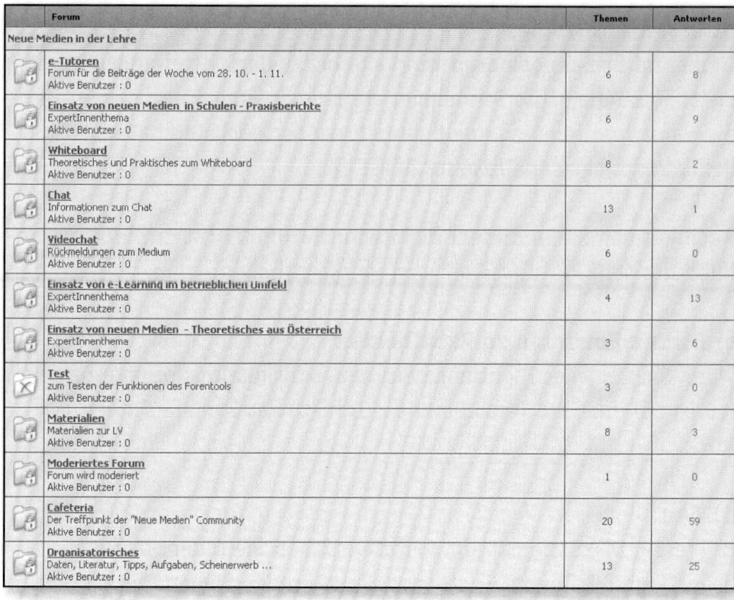

Forum	Themen	Antworten
Neue Medien in der Lehre		
e-Tutoren Forum für die Beiträge der Woche vom 28. 10. - 1. 11. Aktive Benutzer : 0	6	8
Einsatz von neuen Medien in Schulen - Praxisberichte ExpertInnenthema Aktive Benutzer : 0	6	9
Whiteboard Theoretisches und Praktisches zum Whiteboard Aktive Benutzer : 0	8	2
Chat Informationen zum Chat Aktive Benutzer : 0	13	1
Videochat Rückmeldungen zum Medium Aktive Benutzer : 0	6	0
Einsatz von e-Learning im betrieblichen Umfeld ExpertInnenthema Aktive Benutzer : 0	4	13
Einsatz von neuen Medien - Theoretisches aus Österreich ExpertInnenthema Aktive Benutzer : 0	3	6
Test zum Testen der Funktionen des Forentools Aktive Benutzer : 0	3	0
Materialien Materialien zur LV Aktive Benutzer : 0	8	3
Moderiertes Forum Forum wird moderiert Aktive Benutzer : 0	1	0
Cafeteria Der Treffpunkt der "Neue Medien" Community Aktive Benutzer : 0	20	59
Organisatorisches Daten, Literatur, Tipps, Aufgaben, Scheinerwerb ... Aktive Benutzer : 0	13	25

Einige der Foren des Seminars „Neue Medien in der Lehre“.

Die Moderation von Diskussionsforen

Platzieren Sie eine Eröffnungsmitteilung in das von Ihnen eingerichtete Diskussionsforum. Geben Sie an, in welchem Zeitabstand Sie die Einsendungen der Teilnehmer lesen werden, ob und wie Sie darauf reagieren.

Formulieren Sie einen kurzen Leitfaden zur Arbeit mit Diskussionsforen; insbesondere legen Sie genau fest, wie die Titel der Mitteilungen abgefasst werden sollen. Verweisen Sie auf die Einhaltung der *Netiquette*.

Seien Sie selbst ein aktives Mitglied und lassen Sie an Sie gestellte Fragen nie länger als 24 Stunden unbeantwortet.

Sie können die Moderation eines Diskussionsforums auch in die Hände Ihrer Teilnehmer geben ...

- indem Sie die Moderation rotierend (nach Alphabet, Geburtstag innerhalb des Jahres ...) an jeweils einen anderen Teilnehmer vergeben. Informieren Sie die Teilnehmer genau, welche Moderationsregeln Ihnen wichtig sind.

- Fordern Sie einen Teilnehmer per E-Mail oder Instant Messaging auf, auf bestimmte Einträge im Diskussionsforum zu antworten.

Diskussionsforen in Präsenzseminaren

Auch zur Begleitung von Präsenzveranstaltungen ist es sinnvoll, mit Diskussionsforen zu arbeiten, beispielsweise ...

- um alle Teilnehmer über die Ergebnisse, die in Untergruppen erarbeitet wurden, zu informieren. Dazu nennen Sie den Termin, an welchem die Ergebnisse im Diskussionsforum erscheinen müssen. Es ist für die Teilnehmer, die wahrscheinlich über wenig oder gar keine Online-Erfahrung verfügen, hilfreich, wenn Sie ihnen ein Dokument zum Download anbieten, in dem Sie veröffentlichen, wie ein Diskussionsforumsbeitrag strukturiert sein soll.
- wenn Sie schriftliches Material nicht für alle kopieren, sondern jenen, die daran interessiert sind, im Forum „Dokumentencontainer" hinterlegen.
- wenn Teilnehmer Recherchen zum Seminarthema betreiben und ihre Ergebnisse für alle veröffentlichen wollen.
- wenn Sie eine Diskussion, die im Seminar begonnen wurde, noch weiterführen möchten.
- wenn alle Seminararbeiten für Interessierte zur Verfügung gestellt werden sollen.
- wenn Sie für Ihre Teilnehmer auch nach dem Seminar für Fragen zur Verfügung stehen wollen.
- wenn die Teilnehmer von den Lernerfahrungen aller anderen profitieren sollen. Dann können Sie öffentliche Lerntagebücher initiieren.

Die Netiquette

In diesem Abschnitt finden Sie einen Vorschlag für die Netiquette in Diskussionsforen. Wählen Sie sich jene Punkte aus, die Sie für wichtig in Ihrem Seminar halten. Oder Sie stellen die gesamten Regeln Ihrer Seminargruppe vor, die sich dann mit Bepunkten für die wichtigsten Regeln entscheiden kann.

Die Netiquette

Achten Sie auf korrektes Deutsch
Versuchen Sie, Ihre Beiträge leicht verständlich und möglichst ohne Rechtschreibfehler zu verfassen. Auch Punkte und Kommas sollten selbstverständlich sein; durch Groß- und Kleinschreibung wird der Text leserlicher. Absätze lockern den Text auf, wenn sie alle paar Zeilen eingeschoben werden. Vermeiden Sie, Texte in Großbuchstaben zu schreiben, DENN DAS IST NICHT NUR SCHLECHT ZU LESEN, SONDERN GILT IM INTERNET ZUDEM ALS SCHREIEN. Verwenden Sie zur *Hervorhebung* das Stern-Symbol.

Sie sollten den Text vor dem Absenden noch einmal in Ruhe auf die gröbsten Fehler überprüfen. Wer sich ganz offensichtlich keine Mühe bei der Fragestellung macht, darf nicht erwarten, dass sich andere Leute die Mühe machen, diese zu beantworten.

Achten Sie auf die Betreff-Zeile
Wenn Sie einen Beitrag verfassen, achten Sie bitte besonders auf den Inhalt der Betreff-Zeile. Hier sollte in kurzen Worten der Inhalt des Beitrags beschrieben werden, sodass andere Leser entscheiden können, ob dieser Beitrag von Interesse für sie ist oder nicht.

Wenn Sie auf einen Beitrag antworten, zitieren Sie bitte
Machen Sie es sich jedoch zur Angewohnheit, nur gerade so viel Originaltext stehen zu lassen, dass den Lesern der Zusammenhang nicht verloren geht.

Seien Sie höflich
Auch wenn Sie unter Zeitdruck eine Frage oder eine Antwort veröffentlichen, lesen Sie diese bitte noch einmal durch, bevor Sie den Sende-Button drücken. Oft liest sich gerade ein unter Zeitdruck geschriebener Text negativer, als er eigentlich gemeint ist. Achten Sie darauf, dass Sie Ihre sarkastisch gemeinten Bemerkungen so mit einem Smiley ;-) oder Emoji (^_~) kennzeichnen, dass keine Missverständnisse provoziert werden. Bedenken Sie: In einem schriftlichen Medium kommt beim anderen nichts von Ihrer Mimik und Gestik rüber, die sonst im persönlichen f2f-Gespräch sicher funktionierende Signale wären.

Sagen Sie auch einmal „Danke"
Auch in der Kommunikation im virtuellen Raum wirkt sich ein Dankeschön positiv auf das Klima aus. Wenn Ihnen eine Antwort genutzt hat, freut sich der Schreiber sicher über eine freundliche Reaktion.

Weitere Anregungen zur Netiquette in Diskussionsforen und überhaupt im Web finden Sie in den buchbegleitenden Online-Ressourcen, Link in der Umschlagklappe.

Quellen finden Sie in den buchbegleitenden Online-Ressourcen

1.4 Die Nachbereitung der Arbeit mit dem Diskussionsforum

Diskussionsforen werden während des gesamten Online-Seminars eingesetzt. Meist sind die Diskussionen sehr rege, eine qualitativ hochwertige Arbeit ist möglich.

Dennoch kann die Kommunikation im Diskussionsforum manchmal ins Stocken geraten:

- Wenn beispielsweise Teilnehmer nichts in ein neu eröffnetes Forum schreiben, kann es daran liegen, dass sie nicht wissen, was genau von ihnen verlangt wird. Platzieren Sie eine Einstiegsmeldung, in der Sie ein Beispiel angeben. Weisen Sie auch darauf hin, dass Sie jederzeit für Fragen via E-Mail oder Instant Messaging (IM) kontaktiert werden können.
- Wenn sich nur wenige Teilnehmer an der Diskussion im Forum beteiligen, könnte es daran liegen, dass es für die anderen zu ungewohnt ist, sich schriftlich in Diskussionen und Arbeiten einzubringen. Holen Sie sich im Kapitel *„Die Arbeit mit der Gruppe“ (Seite 246 ff.)* Anregungen, welche Methode Sie einsetzen wollen, um die Hemmschwelle tiefer zu setzen.
- Sind es nur wenige Teilnehmer, die sich nicht an der Diskussion im Forum beteiligen, klären Sie die Ursachen mittels persönlicher E-Mails bzw. IM ab.
- Wenn die Beiträge der Teilnehmer immer weniger werden, kann das daran liegen, dass Sie sich schon lange nicht mehr in die Arbeit im Forum eingebracht haben und die Teilnehmer daraus schließen, dass diese jetzt erledigt ist.

Führen Sie eine kurze Methodenreflexion mit den Teilnehmern durch, nachdem Sie eine erste Übung im Diskussionsforum abgeschlossen haben. Diese kann zu wichtigen Rückschlüssen für die weitere Seminargestaltung führen.

1.5 Zusammenfassend

Das Diskussionsforum ist das wahrscheinlich am häufigsten eingesetzte Werkzeug zur Arbeit in Online-Seminaren. Dies ist vor allem auf die einfache Handhabung zurückzuführen und auch darauf, dass viel kostenlose Open-Source-Foren-Software im Internet verfügbar ist.

Die Beliebtheit der Diskussionsforen bei Trainern und Teilnehmern zeigt sich auch in der Fülle von Methoden im Abschnitt C, die Sie mithilfe dieses asynchronen Kommunikationswerkzeuges umsetzen können.

2. Die E-Mail – Altbewährt

2.1 Was ist und was kann E-Mail?

E-Mail bedeutet so viel wie „Elektronische Post“ und ist ein in Online-Seminaren altbewährtes asynchrones Kommunikationswerkzeug. Mehr als jedes andere Werkzeug ermöglicht E-Mail es Ihnen und Ihren Teilnehmern, in „persönlichen“ Kontakt zu treten. Darüber hinaus bietet das Medium die Möglichkeit, mit Mailinglisten zu arbeiten, in denen Sie mit Ihren Teilnehmern und externen Experten diskutieren können.

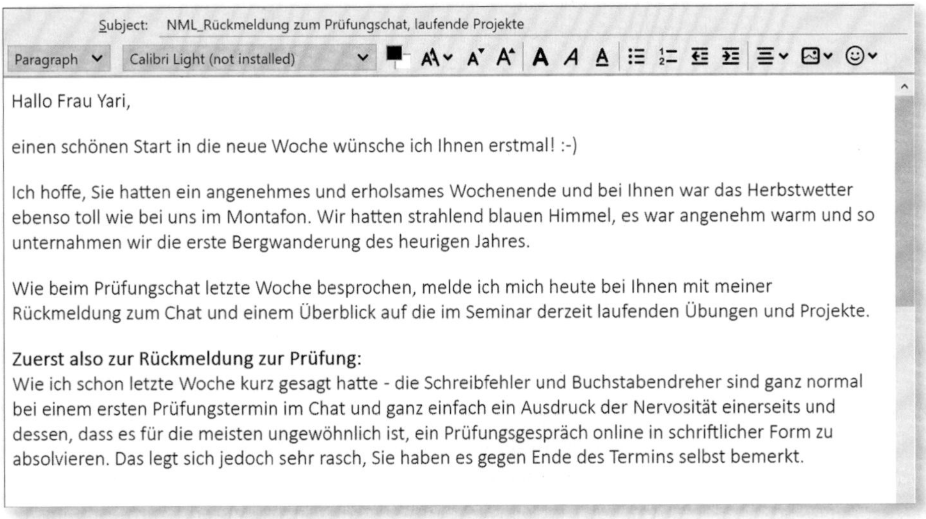

Subject: NML_Rückmeldung zum Prüfungschat, laufende Projekte

Paragraph | Calibri Light (not installed)

Hallo Frau Yari,

einen schönen Start in die neue Woche wünsche ich Ihnen erstmal! :-)

Ich hoffe, Sie hatten ein angenehmes und erholsames Wochenende und bei Ihnen war das Herbstwetter ebenso toll wie bei uns im Montafon. Wir hatten strahlend blauen Himmel, es war angenehm warm und so unternahmen wir die erste Bergwanderung des heurigen Jahres.

Wie beim Prüfungschat letzte Woche besprochen, melde ich mich heute bei Ihnen mit meiner Rückmeldung zum Chat und einem Überblick auf die im Seminar derzeit laufenden Übungen und Projekte.

Zuerst also zur Rückmeldung zur Prüfung:
Wie ich schon letzte Woche kurz gesagt hatte - die Schreibfehler und Buchstabendreher sind ganz normal bei einem ersten Prüfungstermin im Chat und ganz einfach ein Ausdruck der Nervosität einerseits und dessen, dass es für die meisten ungewöhnlich ist, ein Prüfungsgespräch online in schriftlicher Form zu absolvieren. Das legt sich jedoch sehr rasch, Sie haben es gegen Ende des Termins selbst bemerkt.

Eine persönliche E-Mail an eine Teilnehmerin.

2.2 Die Vorbereitung der Arbeit mit E-Mails

Ihr Auftritt nach außen

Außenauftritt

Sie haben die Möglichkeit, an jede Ihrer E-Mails automatisch eine Visitenkarte, die so genannte „Signatur“, anzuhängen. In dieser Visitenkarte scheinen alle Informationen auf, die für Ihren Korrespondenzpartner von Bedeutung sein können: Ihr Firmenname, die Adresse Ihrer Webseite, Ihre Postadresse, ... Wie auch bei gedruckten Visitenkarten können Sie diese nach Belieben gestalten. Beachten

Sie dazu jedoch auch die Netiquette und hängen Sie nicht allzu lange Signaturen an Ihre E-Mails an, da dies als unhöflich angesehen wird.

```
                              \\|//
                              ( .. )
-----------------------------oOO--( )--OOo------------------------
Dr. rer. nat. Hans Hugo
* Beratung
* Evaluation
* Projektmanagement
Postfach 1111, 1234 Xistadt
T:. 0[illegible]/56789, Fax. 0[illegible]/56789
E-mail: Hans@[illegible]
www.[illegible]
```

Ein Beispiel für die E-Mail-Signatur.

Vielleicht richten Sie für Ihre Seminare eine eigene E-Mail-Adresse und eine eigene Signatur ein. So können Sie, wenn Sie telefonisch nicht (oder nur in Ausnahmefällen) erreichbar sein wollen, beispielsweise Ihre Telefonnummer aus dieser Signatur entfernen.

Die Regeln des E-Mail-Verkehrs

Snail-Mail: Schneckenpost, traditionelle Briefpost

Im begleitenden Diskussionsforum „E-Mail" stellen wir den Teilnehmern die wichtigsten Regeln für die Kommunikation per elektronischer Post zur Verfügung. Da der Schriftverkehr via E-Mail in vielen geschäftlichen Bereichen der Snail-Mail und dem Telefon den Rang abgelaufen hat, ist es nicht nur für die Teilnahme an Online-Seminaren von Bedeutung, die wichtigsten „Benimmregeln" für die Verwendung von E-Mails zu kennen.

Regeln für E-Mails

- **Die Wahl des Betreffs:** Achten Sie auf die Aussagekraft des Betreffs und vermeiden Sie zu lange Betreffzeilen.
- **Realname:** Der Realname ist der wirkliche Name des Absenders (also Vor- und Nachname). Dieser sollte auf jeden Fall in der „From"-Zeile stehen. Das gilt auch dann, wenn er schon in der E-Mail-Adresse vorkommt, da die dortigen Angaben ohne wirkliche Aussage sind und, z.B. bei gemeinsamen Adressen, nicht mit dem Absender übereinstimmen müssen.

Selbstverständlich kann man dem Namen noch Spitznamen und Ähnliches hinzufügen.

- **Unterteilung in Absätze:** Texte lesen sich besser, wenn sich das Auge an irgendwelchen Punkten festhalten kann. Lange Textabschnitte sind schlecht lesbar; trennen Sie diese durch Leerzeilen.
- **Zeilenlänge und Umbrüche:** Brechen Sie Ihre Texte auf etwa 70 Zeichen pro Zeile um (die meisten E-Mail-Programme machen dies auf Wunsch automatisch).
- **Signaturen:** Am Ende einer (privaten) E-Mail können noch ein paar Zeilen mit Informationen aber auch witzigen Sprüchen o.Ä. angefügt werden. Für geschäftliche E-Mails gelten dieselben gesetzlichen Pflichtangaben wie für einen Geschäftsbrief, die idealerweise in der Signatur untergebracht werden.

Wichtig: Kommen Sie der Impressumpflicht in der Signatur nach.

- **Sprache:** Ihre Kompetenz im Umgang mit Sprache ist aufgrund des Fehlens eines persönlichen Eindrucks ein wichtiges Kriterium, nach dem Sie im virtuellen Raum bewertet werden. Viele Rechtschreib- und Grammatikfehler lassen Ihre Leser oft ungewollte Schlüsse ziehen. Verwenden Sie deshalb ausreichend Zeit darauf, Ihre E-Mails sorgfältig zu formulieren bzw. korrekturzulesen.
- **BCC (Blind Carbon Copy) sinnvoll nutzen:** Bei mehreren Adressaten, die sich nicht gegenseitig kennen, kann es aus Datenschutzgründen sehr empfehlenswert sein, die Adressen im BCC-Feld einzutragen. Nicht jeder ist begeistert, wenn seine Adresse ungefragt weitergegeben wird.

Auch für Antwortmails haben sich Regeln eingebürgert, die wir nachfolgend zusammenfassen:

Regeln für Antwortmails

- **Einleitung:** Wenn Sie an einer Mailingliste teilnehmen oder auf eine E-Mail antworten, die mehrere Empfänger erhalten haben, teilen Sie zu Beginn Ihrer Antwort mit, auf wen Sie sich beziehen.
- **Quoten:** Als Quoten bezeichnet man das Zitieren der vorangegangenen E-Mail durch Voranstellen des Größer-Zeichens (>) an jedem Zeilenanfang. Gequotet werden sollte gerade so viel, wie für das Verständnis der Antwort nützlich oder notwendig ist, also so wenig wie möglich. Das bedeutet, dass man jene E-Mail-

Teile, auf die man nicht eingeht (wozu meist auch die Signatur zählt) löschen kann.
- **Antwortempfänger:** Eine Besonderheit von Mailinglisten ist, dass über eine Adresse viele Personen erreicht werden. Bei der Antwort muss man also unterscheiden, ob man nur dem Absender der E-Mail antworten will oder ob die Antwort an alle Listenteilnehmer gehen soll. Dies geschieht durch die Auswahl der entsprechenden Adresse im „To"-Feld.

Diese und noch mehr Vorschläge für die Netiquette in E-Mails finden Sie wiederum in den Download-Ressourcen.

Die genannten Regeln sind vor allem für den Mailverkehr „nach außen", also für Experteninterviews oder das Senden von E-Mails in Mailinglisten wichtig. Wenn Sie schnell eine Rundmail an Ihre Teilnehmer senden, dann kann der Umgangston meist eher salopp sein und die Regeln auf ein Minimum gekürzt werden.

2.3 Die Arbeit mit E-Mails

Damit der Gebrauch von E-Mails reibungslos funktioniert und sich Ihre Teilnehmer auch nicht zieren, mit Ihnen in Kontakt zu treten, schicken Sie Ihnen eine Eröffnungsmail, in der Sie darauf eingehen,

- mit welchem Ziel Sie beabsichtigen, E-Mails zu nutzen.
- ob Sie in der Betreffzeile bestimmte Informationen wie z.B. Name, Kurskürzel etc. benötigen.
- innerhalb welcher Zeitdauer Sie auf Anfragen antworten werden und welche Zeitdauer Sie sich für eine Reaktion Ihrer Teilnehmer vorstellen.
- wieviel Text Sie pro E-Mail zu lesen bereit sind.
- wie Sie angesprochen werden möchten.

Fordern Sie die Teilnehmer dazu auf, Ihnen eine E-Mail-Adresse zukommen zu lassen, die für den Gebrauch im Kurs den anderen Teilnehmern zur Verfügung gestellt werden kann.

Mailinglisten

Wenn Sie beabsichtigen eine Mailingliste einzuführen, informieren Sie Ihre Teilnehmer darüber,

- wen Sie eingeladen haben, an dieser Liste teilzunehmen.
- ob die Teilnehmer ihrerseits Experten zur Mitarbeit an der Mailingliste einladen oder benennen dürfen.
- welche Themen in der Mailingliste besprochen werden.
- welche Arten der Netiquette erwartet werden (mehr dazu in der Methode *„Mailinglisten", Seite 185*).
- welches Ziel Sie mit der Einrichtung der Mailingliste verfolgen.
- ob und wie viele Kommentare Sie von den Teilnehmenden erwarten.

Zusätzlich zu den methodischen Vorschlägen, die wir für den Einsatz von E-Mails machen (siehe *„Methoden" ab Seite 62*), können E-Mails auch gut zu organisatorischen Zwecken verwendet werden, beispielsweise um an Ihre Teilnehmer Materialien zu verteilen oder um Seminararbeiten zugesandt zu bekommen.

2.4 Die Nachbereitung der Arbeit mit E-Mails

Wie in jeder Kommunikation kann es auch in jener via E-Mail zu Missverständnissen kommen. Da der Ton, der bekanntlich die Musik macht, sowie Mimik und Gestik fehlen und die Teilnehmer sich oft nicht gut oder gar nicht persönlich kennen, können solche Missverständnisse öfter einmal passieren.

Diese Möglichkeit ist von der Trainerin oder dem Trainer (die auch selbst davor nicht gefeit sind ;-)) stets im Auge zu behalten. Wir bereiten vor allem längere Phasen der Zusammenarbeit immer mit einer Reflexion der Teilnehmer über diese Zusammenarbeit nach.

2.5 Zusammenfassend

Nutzen Sie die Vertrautheit im Umgang mit E-Mails für Online-Seminare.

Dass E-Mails ein wichtiges Werkzeug zur Gestaltung von Online-Seminaren sind, wird bei der Seminarplanung oft vergessen: Zu modern klingt die Bezeichnung Online-Seminar und zu vertraut ist mittlerweile der Umgang mit E-Mails. Machen Sie sich diese Vertrautheit Ihrer Teilnehmer mit diesem Werkzeug zunutze und gestalten Sie vor allem den Beginn Ihrer Seminare via E-Mail – so können Sie die Hemmschwelle für das Online-Lernen um einiges niedriger setzen!

3. Das Wiki-Web

3.1 Was ist und kann ein Wiki-Web?

- Wikis sind einfach einsetzbare Werkzeuge, um gemeinschaftlich Inhalte zu erstellen und zu bearbeiten. Dies kann öffentlich oder in geschlossenen Gruppen realisiert werden.
- Wiki-Web ist die Kurzform für „WikiWikiWeb".
- *Wiki* ist der hawaiiansche Ausdruck für „schnell".

Damit ist schon sehr viel über Wiki-Webs gesagt.

Doch zuerst einmal ganz grundlegend:

Das Wiki-Prinzip

Ein Wiki-Web besteht aus untereinander verlinkten Einzelseiten, die Sie – wie jede andere Webseite auch – im Internet finden und besuchen können. Das Besondere an einer Wiki-Webseite ist jedoch, dass Sie dort nicht nur Informationen finden können, sondern diese – ohne über HTML-Kenntnisse zu verfügen – um eigene Informationen bereichern können. Eine Wiki-Webseite wird also von einer Person oder einer Gruppe initiiert, kann dann aber von jedem Besucher und jeder Besucherin verändert und ergänzt werden.

Das bedeutet, dass jeder, der eine Wiki-Webseite besucht, diese auch verändern kann und Sie so auf Wiki-Webseiten eine Fülle von Informationen aus den verschiedensten Gesichtspunkten betrachten können.

Wiki-Webs eignen sich im Rahmen von Online-Lernen vor allem, um Texte gemeinsam zu erstellen und zu bearbeiten.

Die Tatsache, dass die Benutzer von Wiki-Webs die Freiheit haben, den vorhandenen Inhalt zu korrigieren, zu ändern oder sogar zu löschen, ruft bei den meisten Internet-Nutzern anfangs Verwunderung hervor, ob dieses Prinzip überhaupt funktionieren kann. Die Praxis vieler seit Jahren bestehender Systeme beweist jedoch eindrücklich die Tauglichkeit des Konzeptes.

Ein „Best Practice"-Beispiel für das kollaborative Erstellen und Bearbeiten von Informationen stellt das 2001 gestartete Wikipedia-Projekt (*www.wikipedia.org*) dar. Bei diesem Wiki-Web arbeiten tausende von Freiwilligen an einer riesigen Web-Enzyklopädie. Inzwischen wurden in mehr als 290 Sprachen rund 50 Millionen Artikel verfasst. (Stand: Januar 2020, *http://stats.wikimedia.org*). Das Themenspektrum deckt dabei alle Wissensbereiche ab, die man sich von einem Nachschlagewerk erwartet.

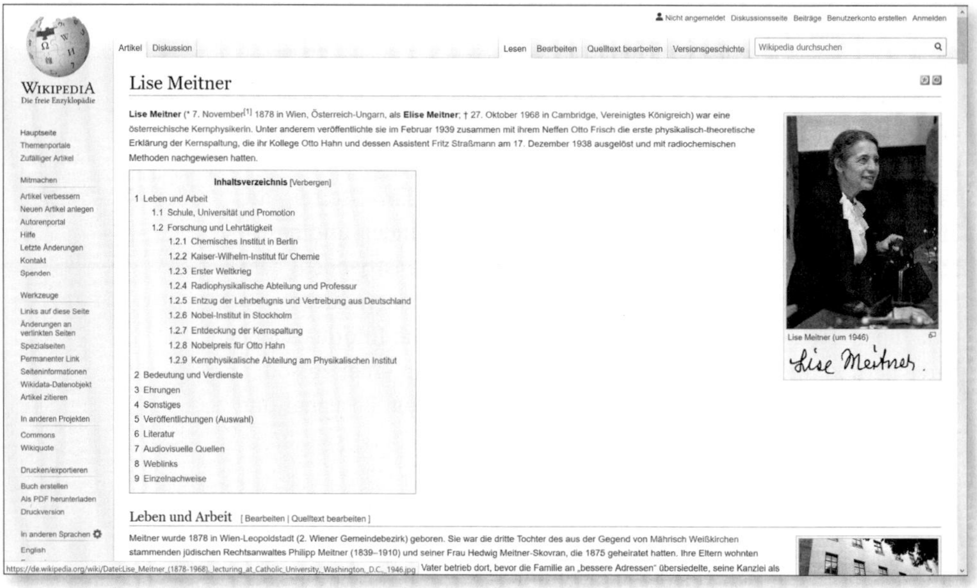

Eine Seite der Wikipedia, die sich mit Lise Meitner beschäftigt. Alle Links führen zu weiteren Seiten in der Online-Enzyklopädie. Jeder Besucher kann nach vorheriger Anmeldung jedes Thema um eigene Informationen bereichern (über den Reiter „Bearbeiten").

In Wiki-Webs sind sämtliche Versionen bzw. Bearbeitungsstände der Seiten stets einseh- und auch reaktivierbar (Link *„Versionsgeschichte"* in der obigen Abbildung). Das bedeutet, wenn Teilnehmer eine Version überschreiben, können Sie die vorherige Version, die möglicherweise von einem anderen Teilnehmer stammt, jederzeit nochmals aufrufen und auch wiederherstellen.

3.2 Die Vorbereitung der Arbeit mit dem Wiki-Web

Da Wiki-Webs immer noch ein relativ selten eingesetztes Werkzeug zur Gestaltung der Zusammenarbeit im Internet sind, setzen wir diese bisher nur in Seminaren ein, die mit einer Präsenzphase beginnen, in der wir die Handhabung des Wiki-Webs erläutern.

Dies wäre im Grunde nicht notwendig, da die Arbeit im und mit dem Wiki-Web prinzipiell sehr einfach ist.

In einem längeren Seminar ist es durchaus möglich, den Teilnehmern die URLs von Wiki-Webs zu nennen und sie zu beauftragen, sich umzuschauen und selbst Kommentare zu verfassen. Dies ist aufgrund der präzisen Anleitungen, die Sie in jedem Wiki-Web finden, leicht möglich. Eine gute Adresse zum Umschauen und Mitmachen ist z.B. das schon erwähnte Wikipedia-Projekt (Anlegen der eigenen Visitenkarte nach Anmeldung). Den Link zu einem „Sandkasten" zum Probieren finden Sie und Ihre Teilnehmer in den Download-Ressourcen.

3.3 Die Arbeit mit dem Wiki-Web

Um in Seminaren mit Wiki-Webs zu arbeiten, ist es zuerst notwendig, eine eigene Wiki-Webseite zu eröffnen. Dies funktioniert ganz einfach und kostenlos, beispielsweise im von uns initiierten Wiki-Web der Learnbits-Community, das Sie unter *http://wiki.qualifizierung.com* erreichen (*siehe die Abbildung weiter unten*). Dort finden Sie Schritt-für-Schritt-Anleitungen, wie Sie eigene Seiten erstellen können und auch Beispiele zum Einsatz von Wikis beim Online Lernen und Lehren.

3.4 Besonderheiten bei der Arbeit mit dem Wiki-Web

Wenn Sie mit dem Wiki-Web in Ihren Seminaren arbeiten, delegieren Sie viel inhaltliche Verantwortung an Ihre Teilnehmer. Deshalb ist es besonders wichtig, genau zu definieren, was die Aufgaben der Teilnehmer sind, zu welchen Themen Inhalte erarbeitet werden sollen und wann die Arbeit abgeschlossen ist.

Die Wikiquette

Da die Seiten, die mit dem Wiki-Web erstellt werden, gemeinsame Werke aller Beteiligten sind, ist es wichtig, Spielregeln auszuhandeln, um eine reibungslose Zusammenarbeit zu ermöglichen. Gemäß dem Wiki-Prinzip haben wir in unseren Seminaren die eingesetzten Spielregeln auf ein Mindestmaß reduziert. Unsere „Wikiquette" liest sich wie folgt:

- Werke, die im Wiki-Web erstellt werden, sind gemeinsame Werke aller Beteiligten.
- Es gibt kein Urheberrecht auf eingestellte Inhalte.
- Wenn verschiedene Meinungen über Inhalte bestehen, die sich nach Diskussionen nicht vereinen lassen, überschreibt man die Gegenmeinung nicht, sondern schreibt eine zusätzliche „Gegendarstellung" auf die Wiki-Seite.
- Wenn gemeinsam im Wiki-Web gearbeitet wird, schaut man mindestens dreimal wöchentlich auf der Seite vorbei, zumindest, um gestellte Fragen zu beantworten.
- Beim Umgang miteinander hält sich jeder an die allgemein im Netz übliche Netiquette.

Wenn die Arbeit im Wiki-Web richtig angelaufen ist, werden Texte verändert, Passagen gestrichen und hinzugefügt. Die wichtigste Aufgabe der Trainer besteht in dieser Phase darin, die aktiven Seiten öfters einmal zu besuchen, Kommentare abzugeben und gegebenenfalls die Teilnehmer darauf hinzuweisen, dass ältere Versionen der Seiten jederzeit einsehbar und reaktivierbar sind.

3.5 Zusammenfassend

Das Wiki-Konzept enthält zwei zentrale Ideen:

- Jeder (angemeldete) Besucher kann jede Seite verändern.
- Das Verändern und Erzeugen von Seiten wird so weit wie möglich erleichtert.

Damit ermöglicht das Wiki-Prinzip das Erstellen „Lernender Texte".

Wer nicht mit dem Wiki-Web arbeiten will, kann natürlich auch das Diskussionsforum verwenden. Manchmal wird die Arbeit mit diesem Werkzeug einen zusätzlichen Schritt von Ihrer Seite erfordern, etwa wenn alle gemeinsam ein Dokument kommentieren oder verbessern sollen. Dann müssen Sie öfter einmal das Dokument so veröffentlichen, wie es sich dann nach einigen Verbesserungen präsentiert. Diese Arbeit entfällt im Wiki-Web, da stets das aktuelle Dokument (sowie die vorherigen Versionen) für alle einseh- und bearbeitbar ist.

Die Wiki-Startseite der Learnbits-Community: wiki.qualifizierung.com.

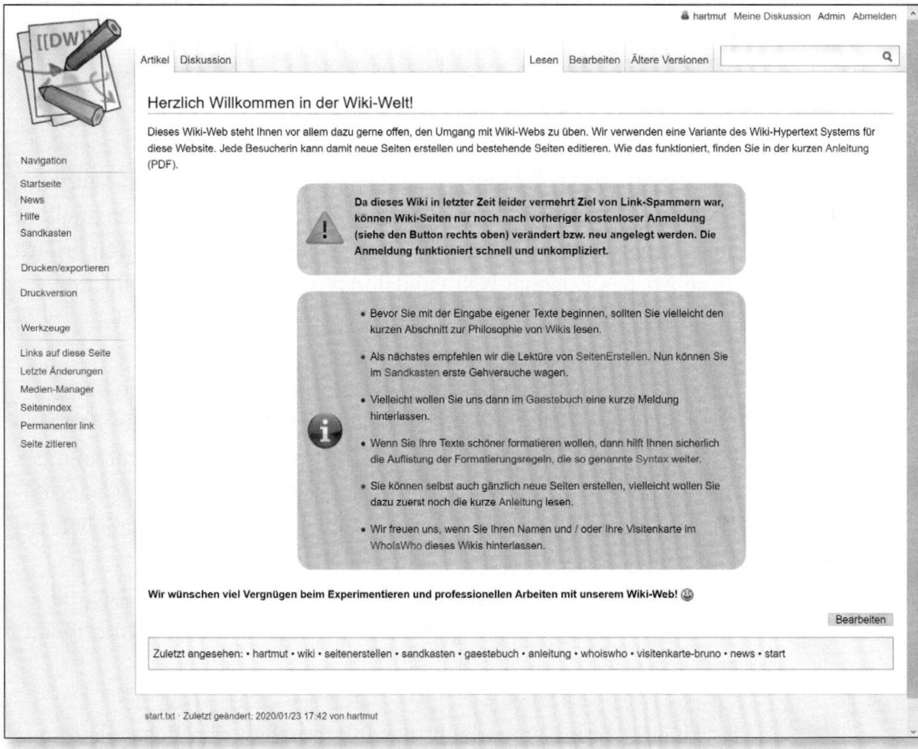

4. Das Weblog

4.1. Was ist und kann ein Weblog?

Weblogs sind meist private Internet-Websites, die in Form von kurzen Artikeln einen regelmäßigen Kommentar sowie Links zu einem bestimmten Thema, zu persönlichen Erlebnissen oder zum Welt- und Netzgeschehen auf der Startseite in chronologischer Struktur anbieten. Dabei werden die aktuellsten Einträge zuerst aufgeführt. Aus dieser tagebuch- bzw. logbuchartigen Struktur resultiert auch der Name: „Log" ist die Kurzform von „Logbook".

Das Führen eines Weblogs, das sogenannte Weblogging, ist seit dem Ende der 90er-Jahre des vorigen Jahrhunderts besonders im angloamerikanischen Sprachraum sehr beliebt; seit einigen Jahren erfährt diese Art des Personal Web Publishings auch in Europa mehr und mehr Verbreitung.

Weblogs dienen neben den etablierten Online-Zeitungen in erster Linie als zusätzliche Informationsquellen und gründen ihre Attraktivität in der subjektiv gefärbten und schnellen Berichterstattung der Autoren. Weblogs machen nicht selten schneller auf Trends oder Ereignisse aufmerksam, als dies den traditionellen Medien möglich ist.

Nützliche Features von Weblogs

Über die beschriebene Standard-Funktionalität hinaus bieten die gängigen Weblog-Werkzeuge zahlreiche nützliche Zusatzfunktionen an:

- Eine Suchfunktion erlaubt das Durchsuchen sämtlicher Beiträge nach Schlagworten.
- Eine Archivfunktion ermöglicht den Zugriff auf ältere Beiträge.
- Weblog-Besucher können die einzelnen Beiträge kommentieren und so mit den Autoren bzw. mit anderen Lesern in Diskurs treten.
- Beiträge können Kategorien zugeordnet werden, wodurch eine individuelle Strukturierung der Website möglich wird.
- Inhalte können von den Lesern bewertet werden.
- Eine Upload-Funktion ermöglicht das Anhängen von Dateien (Dokumente, Bilder etc.) an die Beiträge.

- Hochgeladene Bilder können in Alben eingeordnet und als Fotogalerien (Fotoblogs) zur Verfügung gestellt werden.

Diese Zusatzfunktionen machen Weblogs in vielfältiger Weise einsetzbar:

Einsatzmöglichkeiten von Weblogs

- zur Präsentation der eigenen professionellen (Trainer-)Tätigkeit,
- zur Begleitung eines Seminars oder einer Lehrveranstaltung,
- für die Reflexion der eigenen Tätigkeit (z.B. Lerntagebuch, E-Portfolio),
- zur Begleitung eines Projektes (z.B. Evaluationsstudie, wissenschaftliche Arbeit etc.),
- zur Schulung der Schreibkompetenz,
- als Werkzeug für das Wissensmanagement,
- zur Bildung von „Communities of Interest“,
- als Public-Relations-Werkzeug für Unternehmen.

4.2. Die Arbeit mit dem Weblog

WYSIWYG: What You See Is What You Get

Um Beiträge in einem Weblog zu veröffentlichen, benötigen die Teilnehmer keinerlei technische Kenntnisse: ein Online-WYSIWYG-Editor (WYSIWYG = What You See Is What You Get) erlaubt das Erstellen und Formatieren von Weblog-Einträgen, wie man es von der Arbeit mit Textverarbeitungs-Software gewohnt ist.

Aufgrund der großen Beliebtheit von Weblogs bieten mittlerweile zahlreiche Provider wie beispielsweise *www.blogger.com* und *www.wordpress.com* die Möglichkeit an, Weblogs kostenlos auf ihren Servern zu eröffnen und zu pflegen. Dieser Service wird meist über Online-Werbung finanziert.

Übungs-Weblog

Um erste Erfahrungen zu sammeln, haben wir für Sie unter *http://e-learning-seminarmethoden.blogspot.co.at* ein Weblog eröffnet. Den Usernamen und das Passwort für das Veröffentlichen eigener Beiträge finden Sie im Dokumentencontainer auf der Website zum Buch: *www.learnbits.com*. Im Weblog finden Sie rechts oben einen Link zu einem ausführlichen Hilfesystem, in dem in zahlreichen Schritt-für-Schritt-Anleitungen die Bedienung leicht verständlich erläutert wird.

Werkzeug zur sozialen Netzwerkbildung

Wie bei der Arbeit mit einem Wiki, delegieren Sie auch beim Einsatz von Weblogs in Ihren Seminaren viel inhaltliche Verantwortung an die Teilnehmer. Eine genaue Aufgabenteilung sowie klar umrissene Spielregeln sind deshalb sehr wichtig. Als Spielregeln haben sich jene, die wir für die Arbeit mit dem Diskussionsforum und dem Wiki-Web angeführt haben, bewährt.

4.3. Zusammenfassend

Wikis und Weblogs zählen zu den wichtigsten Vertretern sogenannter Social Software. Diese sehr populär gewordenen Systeme unterstützen im Sinne der Fortführung des Community-Gedankens neben dem Austausch und der Erstellung von Inhalten auch die soziale Netzwerkbildung und können dabei auch Einfluss auf die Spielregeln der sozialen Interaktion nehmen.

Weblogs eignen sich hervorragend zur Begleitung von (Online-) Seminaren und Lehrveranstaltungen sowie zum Führen von Lerntagebüchern und zur Pflege von E-Portfolios.

Weblog zur Begleitung einer Lehrveranstaltung.

Weblog Medienkompetenz

Begleitendes Weblog zur Lehrveranstaltung "Didaktik der wirtschaftlichen Fächer / Wirtschaftspädagogik"

Montag, 20. Januar 2020

Die Gapminder-Stiftung und die Web 2.0-Anwendung Trendalyzer (nicht prüfungsrelevant)

GAPMINDER

Die Gapminder-Stiftung wurde von Hans Rosling, Professor für Internationale Gesundheit am schwedischen Karolinska Institut, zusammen mit seinem Sohn Ola Rosling und seiner Schwiegertochter Anna Rosling Rönnlund gegründet.
Gapminder hat die Software Trendalyzer entwickelt, die (internationale) Statistiken verständlicher sowie interaktiv (und bei Bedarf animiert) darstellt. Das Ziel ist die Förderung einer auf Fakten beruhenden Sicht der Welt durch den verstärkten Einsatz und das Verständnis frei zugänglicher öffentlicher Statistiken. Auch die Grafiksoftware selbst steht allen kostenlos (auch für die Offline-Nutzung mit eigenen Daten) zur Verfügung. Das Datenmaterial von Gapminder stammt zum größten Teil von Unterorganisationen der UNO. Die durch Gapminder unterstützten Vorlesungen und Präsentationen von Hans Rosling haben viele Auszeichnungen gewonnen und können unter den beiden folgenden Links abgerufen werden: http://www.gapminder.org/answers/ http://www.gapminder.org/videos/
Etliche der veröffentlichten Präsentationen sind sehr für den Einsatz im Unterricht zu empfehlen, ebenso wie der Einsatz der Visualisierungs-Software Trendalyzer selbst. 2007 hat Google Trendalyzer - mit dem Ziel, Teile davon in eigene Produkte zu integrieren - aufgekauft und als Open Source Software frei verfügbar gemacht.
Hans Rösling ist am 7. Februar 2017 an Pankreaskrebs verstorben. Zu den Gapminder-Tools (Trendalyzer): https://www.gapminder.org/tools/

Life expectancy (years)
COLOR
FIND
ZOOM

Hartmut_haefele's Favorite Links on DWF from Diigo

- Microsoft ließ Skype-Gespräche praktisch ohne Datenschutz in China auswerten - Netzpolitik - derStandard.at - Web
- Traumjob E-Sportler: Wie man vom professionellen Computerspielen leben kann - E-Sport - derStandard.at - Web
- Trump löscht alte Presseaussendungen, Internetarchiv hilft aus - Netzpolitik - derStandard.at - Web
- Wiki-Watch
- WikiWatchdog

Learnabit.com - E-Learning News für Schulen und Hochschulen

- Programmieren lernen mit dem BBC Micro:Bit - 1/15/2020
- KABUs Zeitplatzabenteuer: Rätselbuch und Arbeitsblätter für Grundschulkinder - 1/15/2020
- Kabu, die Info-App für Kinder - 1/15/2020
- OER = Open Educational Resources in der Schule - 6/12/2019
- Zeit für die Schule - 6/7/2018

Labels

- Allgemeines (2)
- Anonymisierung (2)
- Business-Software (1)
- Darknet (1)
- Datenschutz (3)
- Definitionen (1)
- Digitale Schultasche (1)
- Digitalisierung

C

Die Methoden der Online-Seminarpraxis

Hier erfahren Sie,

- welche Methoden sich in der Online-Seminarpraxis in welcher Phase wirkungsvoll einsetzen lassen.
- welche Ziele Sie mit Einsatz der jeweiligen Methode umsetzen können.
- nach welchem Ablauf Sie dabei am besten vorgehen.
- wie Ihnen die skizzierten Erfahrungen der Autoren helfen werden, Stolpersteine bei der Ausführung zu umgehen.
- dass Sie die angeführten Beispiele gut als Vorlagen für Ihre eigenen Seminare nutzen können.

1. Vor Seminarbeginn

1. Vor Seminarbeginn

1.1 Hundert-und-eins Fragen

Kurzbeschreibung

Abklärung der Bedürfnisse und des Interesses der Teilnehmer vor Beginn eines Seminars.

Ziele

- Die Teilnehmer setzen sich bereits frühzeitig mit den Inhalten des Seminars auseinander.
- Sie können sich besser auf die Interessen der Teilnehmer vorbereiten.

Tools

E-Mail.

Wann einsetzen?

Einige Wochen vor Beginn eines Seminars.

Gruppengröße

Auch für große Gruppen geeignet.

Dauer

Einige Tage.

Ablauf

Die Voraussetzung für diese Übung ist, dass Sie über eine Teilnehmerliste mit E-Mail-Adressen bereits vor Beginn Ihres Seminars verfügen.

- Senden Sie zwei bis drei Wochen vor Beginn des Seminars eine Mail an die Teilnehmer, in der Sie diese auffordern, mindestens eine und höchstens fünf Fragen zu stellen, auf die sie gerne im Seminar Antworten finden würden.

- Sammeln Sie alle Antworten und senden Sie die komplette Liste an alle Teilnehmer mit der Aufforderung, die drei wichtigsten Fragen zu identifizieren und ein Ranking dieser drei zu bilden.

- Zu Beginn Ihrer Lehrveranstaltung können Sie dann jene drei oder fünf Fragen präsentieren, die am häufigsten genannt wurden und haben einen Einstieg, der sich an den Interessen der Teilnehmer orientiert.

Bemerkungen

Da es sich hier um ein E-Mail-Lernspiel handelt, besteht auch die Möglichkeit, für jeden eingereichten Vorschlag 10 Punkte zu vergeben.

Alle Teilnehmer, die die Top-5-Beiträge verfasst haben, erhalten 100, 70, 50, 30, 20 Punkte.

Der Sieger oder die Siegerin wird beim Seminar ganz besonders empfangen (dies zu initiieren ist natürlich nicht jedermanns Sache, kann aber zu einem gelungenen Start beitragen).

Erfahrungen

Eine einfach durchzuführende Methode, die auch für Präsenzveranstaltungen gut geeignet ist und den Teilnehmern das Gefühl gibt, dass ihre Interessen gewahrt werden.

Referenzen

Diese Methode haben wir in modifizierter Form aus Sivasailam Thiagarajans lesenswertem Artikel *„Zero Cost E-Learning"* übernommen.

1.2 Klärung der persönlichen Seminarziele

Kurzbeschreibung

Die Teilnehmer klären vor Seminarbeginn ihre mit der Seminarteilnahme verbundenen Ziele.

Ziele

- Die Teilnehmer setzen sich vor Seminarbeginn mit dem Seminar auseinander.
- Sie erhalten einen besseren Einblick in die unterschiedlichen Eingangsvoraussetzungen und Erwartungen.

Tools

E-Mail, Diskussionsforum.

Wann einsetzen?

Vor Seminarbeginn.

Gruppengröße

Für jede Gruppengröße geeignet.

Dauer

Wenige Tage.

Ablauf

Schicken Sie den Teilnehmern ca. 10 Tage vor Beginn des Seminars eine E-Mail, in der Sie sie bitten, die Fragen zu beantworten und die Antworten bis zu einem bestimmten Tag an Sie zurückzusenden.

Beispiel

> Schönen guten Tag, Herr Schneider,
>
> in 10 Tagen beginnt unser Online-Seminar zum Thema „Zeitmanagement".
>
> Um die Seminarzeit effizient zu nutzen, habe ich unten einige Fragen allgemeiner Art zusammengestellt, auf welche ich Sie bitte, mir bis zum 20. Januar per Mail zu antworten. Im Anhang finden Sie einen vorbereitenden Fragebogen zum Thema „Umgang mit meiner Zeit", welchen ich Sie auch bitte, ausgefüllt mit derselben Mail an mich zurückzusenden.
>
> Nun erstmal zu den allgemeinen Fragen:

1. Was sind die wesentlichen Ziele, die Sie mit dem Seminar verbinden?
2. Welche Inhalte laut Seminarbeschreibung sind für Sie besonders wichtig?
3. Welche zusätzlichen Themen würden Sie noch gerne behandelt wissen?
4. Welche Inhalte laut Seminarbeschreibung sind für Sie eher nicht so wichtig?
5. Welche Gründe sprechen für Sie dafür, dieses Seminar online zu besuchen?
6. Welche Befürchtungen verbinden Sie mit der Abhaltung dieses Seminars als Online-Seminar?

...

Die Vorab-Klärung von Zielen, Wünschen, Bedürfnissen etc. bietet sich auch an, wenn Sie Ihr Seminar als reines Präsenzseminar abhalten werden.

Kommentieren Sie vor allem die Erwartungen und Befürchtungen, die die Teilnehmer in Puncto Online-Seminar äußern, in Ihrer Begrüßungsmeldung auf dem Schwarzen Brett oder in der Cafeteria.

Um die Teilnehmer schon frühzeitig damit vertraut zu machen, dass die Kommunikation per E-Mail, Diskussionsforen etc. auch reibungslos verlaufen kann, bestätigen Sie allen den Erhalt der jeweiligen Mail und nehmen Sie gegebenenfalls auch kurz Stellung zum Inhalt. So wird schon frühzeitig und gleichsam ohne dass die Teilnehmer es merken, eine erste Verbindung aufgebaut.

1.3 Leitsätze bearbeiten

Kurzbeschreibung

Eine Möglichkeit, bereits vor Seminarbeginn mit den Teilnehmern auf inhaltlicher Ebene in Kontakt zu treten.

Ziele

- Die Teilnehmer setzen sich vor Seminarbeginn mit den Inhalten und dem Praxisbezug des Seminars auseinander.
- Der Trainer erhält Hinweise auf wichtige Seminarthemen.

Tools

E-Mail.

Wann einsetzen?

Vor Seminarbeginn.

Gruppengröße

Einzelarbeit. Für jede Gruppengröße geeignet.

Dauer

Eine Woche vor Seminarbeginn.

Ablauf

In Anlehnung an die Methode der Maßnahmenplanung (siehe Kapitel *„Der Transfer", Seite 308 ff.*) verwenden Sie diese Methode, um den Transfer bereits vor dem Seminarbeginn einzuleiten und gleichzeitig Rückschlüsse auf wesentliche Seminarthemen zu erhalten.

Geben Sie per persönlicher E-Mail an Ihre potenziellen Teilnehmer drei bis vier Leitsätze oder Aussagen zum Seminarthema vor. Bitten Sie sie, zu der Aussage/dem Leitsatz, die/der sie am meisten positiv anspricht, in Einzelarbeit folgende Fragen zu beantworten:

Beispiel

- Was ist es, was mich an dieser Aussage positiv anspricht?
- Und was spricht mich an diesem eben genannten Punkt positiv an?
- Was ist es, was diese Aussage für meine Arbeit wichtig macht?
- Und was ist an diesem genannten Punkt für meine Arbeit wichtig?

- Was erhoffe ich im Hinblick auf die Aussage/den Leitsatz vom Seminar?

Bitte um konkrete Aussagen! Statt „Tipps und Tricks" lieber: „Erfahrungsaustausch mit den Kollegen/-innen, wie diese mit Widerständen bei der Einführung von Mitarbeitergesprächen umgegangen sind".

Bemerkungen Sie können Ihren Teilnehmern zum besseren Verständnis der Vorgehensweise ein Beispiel zur Verfügung stellen:

Beispiel – Sie haben sich für den Leitsatz entschieden: „Mitarbeiter, die ein berufliches oder betriebliches Problem gelöst haben möchten, behalten für dieses während des gesamten Intervisionsprozesses die Verantwortung bei." (Brinkmann, Ralf. *Intervision:* Ein Trainingsbuch der kollegialen Beratung. Windmühle-Verlag, 2013)

- Was ist es, was mich an dieser Aussage positiv anspricht?

An diesem Leitsatz spricht mich positiv an, dass die Mitarbeiter, die ein Problem gelöst haben wollen, die Verantwortung für dieses während des Prozesses stets behalten.

- Und was spricht mich an diesem eben genannten Punkt positiv an?

Daran gefällt mir besonders, dass diese Mitarbeiter auch entscheiden können, welche Problemlösung sie für „ihr" Problem als sinnvoll erachten, da nur sie auch verantwortlich dafür sind, wie mit diesem Problem umgegangen wird ...

Erfahrungen Eine einfache Methode, die Trainer und Teilnehmer auf die Arbeit im Seminar vorbereitet. Auch für Teilnehmer, die noch über keine Online-Seminar-Erfahrung verfügen, ist dieser Einstieg ins Online-Lernen ohne Schwierigkeiten zu bewältigen.

1.4 Organisatorisches vor Beginn

Kurzbeschreibung

Verwenden Sie Online-Medien, um Ihren Teilnehmern vor Seminarbeginn Unterlagen zukommen zu lassen.

Ziele

- Die Teilnehmer können sich bereits vor Beginn mit den Unterlagen zum Seminar auseinandersetzen.
- Der organisatorische Aufwand für Sie wird minimiert.

Tools

Evtl. Dokumentencontainer oder Diskussionsforum oder Weblog, E-Mail.

Wann einsetzen?

Vor Beginn eines Seminars.

Gruppengröße

Für jede Gruppengröße geeignet.

Dauer

Kurz.

Ablauf

Sie schicken Ihren Teilnehmern eine E-Mail, in der Sie sie einladen, die von Ihnen in einem Diskussionsforum oder Dokumentencontainer bereitgestellten Materialien herunterzuladen oder Sie schicken die Materialien als Anhang an die Mail gleich mit.

Bemerkungen

Zusätzlich zur Literatur können Sie auch Handouts zum Download anbieten. Oder Sie verweisen auf wichtige Links, die sich die Teilnehmer vor Beginn des Seminars ansehen sollten.

Um sicherzugehen, dass diese Links auch besucht werden, können Sie beispielsweise mit den Teilnehmern das E-Mail-Spiel „101 Fragen" (*Seite 63*) vor Seminarbeginn durchführen.

Erfahrungen

Eine einfache Möglichkeit, den organisatorischen Aufwand zu verringern.

1.5 Vorbereitende Klärung

Kurzbeschreibung Die Teilnehmer artikulieren vor Seminarbeginn eigene Erwartungen und ihre Motivation zur Teilnahme.

Ziele Die Teilnehmer sind aufs Seminar eingestimmt.

Tools E-Mail.

Wann einsetzen? Vor Beginn eines längeren Seminars.

Gruppengröße Für jede Gruppengröße geeignet.

Dauer Wenige Tage.

Ablauf Schicken Sie ca. 10 Tage vor Beginn des Seminars an die Teilnehmer eine E-Mail, in der Sie diese bitten, die folgenden Fragen zu beantworten.

Beispiel

Sehr geehrte Frau Martin,

in einigen Tagen beginn unser Seminar „Mitarbeiter/-innenführung".

Um Sie bei der Vorbereitung zu unterstützen, haben wir einige Anregungen an Sie zusammengestellt, die Ihnen helfen, sich auf das Thema und Ihre Erwartungen dazu einzustimmen.

Diese Vorbereitung ist nur für Sie und wird nicht öffentlich gemacht. Sie können sie allerdings bestimmt auch sehr gut als Grundlage für die Bewertung Ihres Seminars und Ihres eigenen Lernfortschrittes nutzen!

Nehmen Sie sich dazu Ihre erste halbe Stunde Seminarzeit und beantworten Sie die folgenden Fragen:

1. Welche Motivation bringe ich selbst in dieses Seminar mit – was ist mein Erkenntnisinteresse?
2. Für welche konkreten Fragen/Probleme erwarte ich im Seminar eine Anregung/Hilfestellung?
3. Was soll sich nach dem Seminar verändert haben?
4. Wie könnte mich mein/e Vorgesetzte/r oder Kollegen/-in dabei unterstützen, das im Seminar Gelernte in die Praxis umzusetzen?
5. Was möchte ich gerne aus meiner Praxis/meiner Führungserfahrung (oder auch aus meiner Erfahrung als Geführte/r) einbringen? Was bringe ich mit? Und was möchte ich dabei nicht thematisieren?
6. Gibt es jemanden (an meinem Arbeitsplatz/aus dem Lehrgang), mit dem ich zu diesem Thema besonders gerne ins Gespräch kommen würde?

Wie bereits beschrieben: Die Antworten auf diese Fragen bleiben bei Ihnen und sollen Ihnen zur Vorbereitung aufs Seminar und auch zur Erfolgskontrolle nützlich sein. Wir freuen uns jedoch, wenn Sie uns die Antworten auf die ersten beiden Fragen per E-Mail zukommen lassen. So können wir uns noch besser auf Ihre Anliegen vorbereiten.

Bemerkungen

Die Antworten auf die Fragen 4-6 können von den Teilnehmern nochmals aufgegriffen werden, wenn der Transfer in die Praxis thematisiert wird.

Erfahrungen

Rund 30-50 Prozent der potenziellen Teilnehmer reagiert üblicherweise auf diese Mail mit einer Antwort auf die ersten beiden Fragen, was die Klärung der Eingangsvoraussetzungen für uns vereinfacht.

2. Der Beginn des Seminars/ eines neuen Themas

2. Der Beginn des Seminars/eines neuen Themas

2.1 5-Hauptwörter-Vorstellung

Kurzbeschreibung

Vorstellung der TeilnehmerInnen, indem diese sich mithilfe von fünf Hauptwörtern beschreiben.

Ziele

- Kennenlernen.
- Eisbrecher.

Tools

E-Mail, Diskussionsforum.

Wann einsetzen?

Zu Seminarbeginn.

Gruppengröße

Bis zu 15 Teilnehmer.

Dauer

Variabel. Geben Sie ein Datum vor, an dem alle Vorstellungen abgeschlossen sein müssen.

Ablauf

Laden Sie Ihre Teilnehmer per E-Mail ein, sich in der Cafeteria vorzustellen, erklären Sie ihnen in dieser Mail auch die Methode.

Beispiel

> Liebe Frau Waldhofer,
>
> nun hat unser Online-Kurs also angefangen!
>
> Damit alle Teilnehmerinnen und Teilnehmer wissen, wer im Kurs mit dabei ist, starten wir mit einer Vorstellungsrunde.
>
> Gehen Sie dazu bitte ins Diskussionsforum der Cafeteria und eröffnen Sie unter Ihrem Namen einen neuen Beitrag. Stellen Sie sich in diesem Beitrag bitte vor, indem Sie sich mithilfe von fünf Hauptwörtern beschreiben.

> Schreiben Sie zu jedem der Hauptwörter einen erklärenden Absatz, wieso Sie dieses Hauptwort für sich ausgesucht haben.
>
> Vielleicht ist es am einfachsten, Sie schauen sich dazu zuerst einmal meine Vorstellung an, die sich bereits in der Cafeteria befindet. ;-)

Eröffnen Sie die Vorstellungsrunde mit Ihrer eigenen Vorstellung:

> Guten Tag, liebe Teilnehmerinnen und Teilnehmer des Seminars „Lehren und Lernen mit dem Internet"! :-)
>
> Wie bereits in meiner Mail an Sie angekündigt, hier also meine 5-Hauptwörter-Vorstellung.
>
> Ich freue mich über Ihre Fragen und Rückmeldungen dazu!
>
> Mutter:
> Obwohl unsere Kinder mit 18 und 14 Jahren schon groß sind, haben sie immer noch einen sehr wichtigen Anteil an meiner Lebensgestaltung. Zu sehen, was für lernende Kinder und Jugendliche wichtig ist, hat mich auch dazu bewogen, mich zur Lernbegleiterin für Menschen mit Lernschwierigkeiten weiterzubilden.
>
> Erwachsenenbildnerin:
> Seitdem ich vor 10 Jahren als wissenschaftliche Mitarbeiterin nach Dublin gegangen bin und dort mit arbeitsuchenden Leuten gearbeitet habe, ist die Bildungsarbeit mit Erwachsenen mein Berufsthema. Dies stellt für mich eine ....

Begrüßen Sie jeden, der sich neu vorgestellt hat und stellen Sie jedem Teilnehmer eine Frage, die sich auf deren Vorstellung bezieht.

Bemerkungen

Sie können diese Vorstellungsrunde in der Cafeteria auch weiter laufen lassen, wenn der Kurs schon angefangen hat. Beauftragen Sie die Teilnehmer, zu mindestens fünf anderen Vorstellungen nachzufragen und/oder Kommentare abzugeben, sowie die Fragen, die an sie gerichtet wurden, zu beantworten.

Achten Sie dabei darauf festzulegen, dass pro Teilnehmer nicht mehr als drei Leute nachfragen dürfen. Dies hilft zu vermeiden, dass manche Teilnehmer sehr viele und andere keine Fragen zu beantworten haben.

Und wie immer: Geben Sie Termine an, bis wann die Fragen bzw. Antworten erledigt sein sollen.

Erfahrungen

Diese Methode „verleitet" dazu, sehr viel mehr von sich preiszugeben, als in einer normalen Vorstellungsrunde. Das ist beim Online-Lernen auf jeden Fall erwünscht, denn die fehlenden persönlichen Interaktionen können mit vielen persönlichen Informationen zumindest teilweise wettgemacht werden.

Referenzen

Die Methode basiert auf der „8-noun-introduction" des Bakersfield College (*www.bakersfieldcollege.com*).

2.2 Alliterative Vorstellungsrunde

Kurzbeschreibung Vorstellungsrunde, in der die Teilnehmer Stabreime verfassen.

Ziele
- Kennenlernen.
- Eisbrecher.

Tools Diskussionsforum.

Wann einsetzen? Zu Beginn eines Seminars oder als Einstieg in einen großen Themenblock.

Gruppengröße Ab zwei Personen. Auch für größere Gruppen geeignet.

Dauer Sehr kurzfristig. Geben Sie einen Termin an, an dem die Alliterationen veröffentlicht sein müssen.

Ablauf Fordern Sie die Teilnehmer auf, passend zum Seminarthema ein Eigenschaftswort zu finden, welches mit demselben Buchstaben anfängt wie ihr Name. Dazu passend soll auch ein Satz gebildet werden.

Ein Beispiel zum Thema „Kommunikation":

Beispiel

> Ich bin die kreative Kornelia.
> Kann kuriose Kenntnisse kommunizieren.

Bemerkungen Die Ergebnisse entsprechen zwar nicht immer allen Regeln der Grammatik, sind aber meist sehr lustig zu lesen.

Erfahrungen Es ist gar nicht so einfach, ein passendes Eigenschaftswort zu finden und dann auch noch einen „Stabreim" zu verfassen. Wenn die Teilnehmer dies versuchen, kommen sie schon ganz gut ins Seminarthema hinein.

2.3 Förderliche und hinderliche Rahmenbedingungen

Kurzbeschreibung

Rahmenbedingungen, die ein Vorhaben fördern bzw. hindern können, werden gesammelt, bewertet und diskutiert.

Ziele

Einflussfaktoren auf ein Vorhaben sicht- und besprechbar machen.

Tools

E-Mail, Diskussionsforum, evtl. Wiki-Web.

Wann einsetzen?

- Zum Seminarbeginn.
- Zum Projektstart.
- Als Transferübung.

Gruppengröße

Auch für große Gruppen möglich.

Dauer

- Für die Sammlung und Bewertung je 2-3 Tage.
- Zum Ausarbeiten von Strategien eine Woche.

Ablauf

Die folgenden Ausgangssituationen sind beispielsweise vorstellbar:

- Sie treten mit Ihren Teilnehmern darüber in Diskussion, welche Rahmenbedingungen sie als förderlich bzw. hinderlich für eine erfolgreiche Kursteilnahme ansehen.

- Zum Projektstart erheben Sie, welche Faktoren den definierten Projekterfolg fördern bzw. behindern könnten.

- Zum Seminarabschluss überlegen die Teilnehmer, welche Einflussgrößen die erfolgreiche Umsetzung des im Seminar Gelernten in der Praxis fördern bzw. hindern können.

Sammeln
Fordern Sie die Teilnehmer per E-Mail auf, alle förderlichen bzw. hinderlichen Einflussfaktoren zu notieren und Ihnen diese innerhalb von zwei Tagen zuzusenden.

Zusammenfassen
Fassen Sie die Listen alphabetisch zusammen und bereinigen Sie diese um Mehrfachnennungen. Gegebenenfalls fassen Sie (nach Rücksprache mit den AutorInnen) Begriffe zusammen.

Bewerten
Schicken Sie die zusammengefasste Liste per E-Mail an alle Teilnehmer mit der Bitte, die fünf wichtigsten förderlichen und die fünf wichtigsten hinderlichen Faktoren für sich ausfindig zu machen und zu bewerten. Die förderlichste Einflussgröße erhält dabei zehn Punkte, Nr. 2 erhält sechs Punkte, Nr. 3 drei Punkte, Nr. 4 zwei und Nr. 5 einen Punkt. Analog verfahren Sie mit den hinderlichen Einflussgrößen.

Nochmaliges Zusammenfassen – Gruppenmeinung
Fassen Sie die bewerteten Einflussgrößen zusammen und veröffentlichen Sie diese Liste im Wiki-Web oder im Forum. Sollten eine Teilnehmerin oder ein Teilnehmer eine Rahmenbedingung in der persönlichen Wertung an die erste Stelle gesetzt haben, die es nicht in die Gruppenmeinung „geschafft" hat, nehmen Sie diese ebenfalls in die Gruppenmeinung auf.

Strategienbildung
Fordern Sie die Teilnehmer nun dazu auf, im Wiki-Web oder im Diskussionsforum Strategien zu entwickeln:

- Wie können die förderlichen Rahmenbedingungen gestärkt werden?
- Wie können die hinderlichen Rahmenbedingungen geschwächt werden?

Bemerkungen

Nach der 3. Runde „Bewerten" können Sie eine zusätzliche Runde einschieben, in der Sie die Teilnehmer darum bitten, nun auch eine Liste mit den fünf förderlichsten und hinderlichsten Einflussgrößen zu erstellen, von denen sie denken, dass diese die Gruppenmeinung am ehesten widerspiegelt. So steigern Sie das Interesse auf die Veröffentlichung der Gruppenmeinung. Die Gewinnerin/der Gewinner darf sich von den anderen Teilnehmern etwas wünschen: Links zu Wunschthemen, ein Gedicht, Postkarten ...

Erfahrungen

Eine einfache Übung, mit der Sie schnell und tief in die Praxis der Teilnehmer vordringen. Wir haben diese Übung auch als Transferübung eingesetzt und für uns und alle Teilnehmer interessante Faktoren und Lösungsvorschläge erarbeitet.

2.4 Ganz genau hingeschaut: SWOT

Kurzbeschreibung

Strategien, Ziele o.Ä. werden von einer (heterogenen) Gruppe von Teilnehmern (Mitarbeitern) auf Herz und Nieren untersucht.

Ziele

Ihre Auftraggeber erhalten einen klaren Blick auf den Status Quo.

Tools

Je nach Anlass oder Vorliebe entweder:

- Diskussionsforum.
- Web-Konferenzraum.
- Wiki-Web.

Wann einsetzen?

Zu Beginn eines Prozesses.

Gruppengröße

5-100 Personen.

Dauer

Asynchron: Mehrere Tage je Phase.
Synchron: 1 bis X Seminartag(e).

Ablauf

SWOT ist ein Tool zur strategischen Planung und steht für:

S	Strengths (Stärken).
W	Weaknesses (Schwächen).
O	Opportunities (Möglichkeiten).
T	Threats (Risiken).

Es ist zielführend, in diesen Prozess Mitarbeiter aus unterschiedlichen Bereichen mit einzubeziehen. Da diese sich unter Umständen nicht am selben Ort befinden oder auch, weil es schwierig ist, einen Tag zu vereinbaren, an dem alle sich versammeln können, bietet sich eine Durchführung online an.

Vorbereitung
Klären Sie mit Ihrer Auftraggeberin, welches Thema Sie der SWOT Analyse unterziehen werden. Stimmen Sie ab, wie die einzelnen Fragen lauten sollen.

Mögliche Formulierungen für die SWOT-Analyse einer bestehenden Unternehmensstrategie mit dem Ziel, daraus eine neue Strategie zu entwickeln.

Beispiel

- **Stärken**: Was in Erstellung und Umsetzung der aktuellen Strategie ist uns gut gelungen?
- **Schwächen**: Was in Erstellung und Umsetzung der aktuellen Strategie ist uns nicht gut gelungen?
- **Möglichkeiten**: Was aus der aktuellen Strategie sollten wir unbedingt weiterführen?
- **Risiken**: Was aus der aktuellen Strategie sollten wir auf keinen Fall weiterführen?

Vergewissern Sie sich, dass alle Teilnehmerinnen und Teilnehmer über die Dokumente, welche der SWOT-Analyse unterzogen werden sollen, verfügen. Hier bieten sich z.B. je nach Größe ein Dokumentencontainer im Wiki-Web oder im Diskussionsforum an.

1. Präsentation der Themen

Auch wenn Sie planen, die Hauptarbeitsphase mittels Diskussionsforum oder Wiki-Web asynchron durchzuführen, empfiehlt es sich, das Thema und die Aufgabenstellung synchron mittels Webkonferenztool zu präsentieren. Für Teilnehmer, die an der Präsentation nicht teilnehmen können, steht die Aufzeichnung der Webkonferenz zur Verfügung.

2. Gruppenarbeitsphase

Wenn Sie diese Phase synchron gestalten, stellen Sie jeder Teilnehmergruppe von ca. 5-7 Personen ein eigenes Sitzungszimmer im Webkonferenztool zur Verfügung. Im Sitzungszimmer sind bereits vier Whiteboards eröffnet – jeweils eines für Stärken, Schwächen, Möglichkeiten und Risiken. Auf jedem Whiteboard ist nochmals die entsprechende Frage (siehe Beispiel oben) vermerkt. Die Gruppe hat 60-90 Minuten Zeit, um die Fragen zu diskutieren und die vier Whiteboards zu befüllen.

Wir haben für unser Beispiel eine asynchron mittels Wiki-Web gestaltete Gruppenarbeitsphase ausgesucht.

Dazu haben wir für jede Gruppe eine eigene Seite im Wiki-Web als Ausgangsseite sowie die vier Arbeitsseiten (Stärken, Schwächen, Möglichkeiten, Risiken) angelegt. Jede dieser Seite erhielt noch eine Diskussionsseite. Das stellt sicher, dass die vier Arbeitsseiten sozusagen „diskussionsbereinigt" sind und dass dort der gemeinsam erarbeitete Konsens festgehalten ist. Es dient somit der Übersichtlichkeit. Erst was den schriftlichen Diskussionsprozess durchlaufen hat, scheint auf einer der vier Arbeitsseiten auf.

Artikel | Diskussion | Lesen | Bearbeiten | Ältere Versionen

SWOT-Analyse

Inhaltsverzeichnis
- SWOT-Analyse
  - Gruppe Nord
    - Arbeitsseite Stärken
    - Arbeitsseite Schwächen
    - Arbeitsseite Möglichkeiten
    - Arbeitsseite Risiken

Gruppe Nord — Bearbeiten

Teilnehmerinnen und Teilnehmer: August Held, Birgitta Jorgensen, Claus Wintersteiger, Armin Wolfgruber, Susanna Zenklova

Laufzeit: 29. 1. - 7. 2. 2020

Aufgabenstellung:

Erstellen Sie eine SWOT-Analyse zur letzte Woche per Mail verschickten Strategie 20.

Falls Sie bei der Präsentation der Strategie am 29. 1. nicht dabei sein konnten, oder Sie sich einfach nochmal informieren möchten, finden Sie diese unter der Adresse http://www.webconferenz.com/Strategie20.

Sie finden im Anschluss die vier Arbeitsseiten zur SWOT-Analyse. Beachten Sie bitte, dass jeder dieser Seiten eine Diskussionsseite angefügt ist, auf welcher Sie das Thema diskutieren können. Erst nachdem Sie zu einem Konsens über einen Punkt gelangt sind, schreiben Sie diesen auf der entsprechenden Arbeitsseite fest. Sollten Sie es wünschen, steht Ihnen über die gesamte Zeit ein Konferenzraum unter http://www.webconferenz.com/Konferenzraum_Nord zur Verfügung.

Arbeitsseite Stärken — Bearbeiten

Zur Arbeitsseite Stärken

Arbeitsseite Schwächen — Bearbeiten

Zur Arbeitsseite Schwächen

Arbeitsseite Möglichkeiten — Bearbeiten

Zur Arbeitsseite Möglichkeiten

Artikel | Diskussion | Lesen | Bearbeiten | Ältere Versionen

Arbeitsseite Stärken

Strengths W O T

Veröffentlichen Sie hier die Gruppenmeinung zu den Stärken.

Zur Erinnerung nochmals die Fragestellung:
Was in Erstellung und Umsetzung der aktuellen Strategie ist uns gut gelungen?

Benutzen Sie diese Seite nur, um die Gruppenmeinung (oder einzelne, als solche gekennzeichnete Meinungen, welche sich nicht mit der Gruppenmeinung vereinbaren lassen) zu veröffentlichen.

Zur Diskussion der Gruppenmeinung nutzen Sie die Diskussionsseite Stärken

Unsere Themen:

- Weiterbildungsplan und -möglichkeiten für alle mit abgeschlossener Ausbildung
- Austauschprogramme für Techniker
- Strukturierung Arbeitszeit
- „Gesundes Unternehmen"

Zuletzt angesehen: • a_schwaechen • a_moeglichkeiten • a_risiken • swot • diskussionsseite_staerken • a_staerken

Artikel | Diskussion | Lesen | Bearbeiten | Ältere Versionen

Diskussionsseite Stärken

Diskutieren Sie hier die „Stärken". Jene Punkte aus Ihrer Diskussion, die in die Gesamtgruppe getragen werden können, halten Sie bitte auf der Arbeitsseite Stärken fest.

Bildungskonzept
Was meinst du damit? –> Für FK, mittleres Management? Alle
Azubis könnten besser eingebunden sein.
~~Ich meinte alle.~~
Schließe mich bei den Azubis an. Ok ich bin dabei, stimmt. Wie sollen wir es formulieren?

Bildungskonzept für alle Mitarbeiter außer Azubis.
Ja, und auch die Praktis scheinen nicht auf.
Haha ... für alle über 25
Stimmt eigentlich

Weiterbildungsplan und -möglichkeiten für alle mit abgeschlossener Ausbildung
Super!
Find ich gut
Ok
Ja gut!
Ok ... Ich schreibs dann mal vorne hin.

Zuletzt angesehen: • a_schwaechen • a_moeglichkeiten • a_risiken • swot • a_staerken • diskussionsseite_staerken

3. Präsentation der Ergebnisse
Die Ergebnisse können auf unterschiedliche Weise präsentiert werden. Sollte der Prozess mit einer Webkonferenz begonnen haben, bietet es sich an, diesen wieder mit einer solchen zu beenden.

Wir durften aber auch eine SWOT-Analyse begleiten, die von den Teilnehmern, die am Firmenhauptsitz vor Ort waren, den Auftraggebern live präsentiert und für die anderen Teilnehmer gestreamt wurde.

Eine andere Möglichkeit ist es, dass der Moderator die Ergebnisse je S-W-O-T zusammenfasst, zur Begutachtung online stellt oder den Verantwortlichen präsentiert.

Bemerkungen Ein großer Vorteil der Online-Durchführung der SWOT-Analyse ist, dass der Meinungsbildungsprozess und auch das Ergebnis für jene, die damit weiterarbeiten, nachvollziehbar, da dokumentiert (sei es auf Whiteboards und Chat im Webkonferenzraum, im Diskussionsforum oder wie im obigen Beispiel im Wiki-Web) ist.

Erfahrungen Eine Würdigung der Arbeit der Teilnehmer und auch eine Zeitersparnis stellt es dar, wenn die Auftraggeber der SWOT-Analyse zur Präsentation derselben eingeladen werden. Hier können evtl. Unklarheiten gleich beseitigt und möglicherweise auch Vereinbarungen zur Weiterarbeit mit den Ergebnissen getroffen werden.

2.5 Interessen und Hyperlinks

Kurzbeschreibung

Die Teilnehmer geben Hinweise auf ihre Interessen, indem sie dazu Hyperlinks veröffentlichen.

Ziele

- Kennenlernen.
- Eisbrecher.

Tools

Diskussionsforum.

Wann einsetzen?

Zu Beginn des Seminars, als Teil der Vorstellungsrunde.

Gruppengröße

Ist für jede Gruppengröße geeignet.

Dauer

Für die Veröffentlichung der Hyperlinks einen Tag, fürs Erraten einige Tage.

Ablauf

Fordern Sie die Teilnehmer auf, in der Cafeteria drei Hyperlinks zu veröffentlichen, die Folgendes repräsentieren:

- ihr Hobby
- ihre Tätigkeit
- ihr berufliches Interesse

Beispiel

Hallöle,

hier sind also meine drei (noch dazu echt gute) Links, die mein derzeitiges berufliches Interesse verraten. B:-)

Total leicht zu erraten !! :-D

www.webcitation.org/69PygUr4p
www.webcitation.org/69PytSq40
www.webcitation.org/69Pz2Aqo1

Na, dann viel Spaß
Xibille

Die anderen Teilnehmer haben dann einige Tage Zeit, um zu erraten, was dieses Interesse (Tätigkeit, Hobby etc.) sein könnte und dokumentieren ihren Tipp ebenfalls im Forum.

Bemerkungen

Wenn die Teilnehmergruppe recht groß ist, dann empfiehlt es sich, die Gruppe aufzuteilen, sodass jeder Teilnehmer die Links von nicht mehr als 5-7 Personen testen und deren Interessen erraten muss.

Diese Übung kann natürlich - ohne Raterunde - auch eingesetzt werden, um gute Links zum Seminarthema zu sammeln.

Erfahrungen

Gerade wenn nach beruflichen Interessen oder guten Links zum Seminarthema gefragt wird, ist diese Übung auch für die inhaltliche Seminararbeit interessant.

2.6 Kreativitätsmethoden im Chat

Kurzbeschreibung

Einige Methoden, um die geistige Beweglichkeit zu erhöhen oder einfach weil es Spaß macht.

Ziele

Lockerungsübungen fürs Gehirn.

Tools

Web-Konferenzraum, Chat, E-Mail.

Wann einsetzen?

- Zum Einstieg in ein Thema.
- Wann immer die Teilnehmer einen Kreativitätsschub in der Arbeit benötigen.

Gruppengröße

Unterschiedlich. Wird unten bei den jeweiligen Methoden beschrieben.

Dauer

Je nach Methode zwischen 5 und 30 Minuten.

Ablauf

Dalli-Klick
Teilen Sie die Teilnehmergruppe in zwei Teile. Sie geben ein Thema aus dem Seminar vor. Die Aufgabe der zwei Gruppen ist es nun, sehr schnell abwechselnd Begriffe aus diesem Themenkreis zu nennen. Für jede Gruppe kann ein Teilnehmer antworten, dies zählt für die gesamte Gruppe. Gewonnen hat, wer zuletzt ein passendes Wort findet. Dieses Spiel kann „ewig" dauern, es ist ganz toll zum Einstieg in eine Cyberstorming-Session oder einfach zum Beginn oder zum Ende eines Chats.

Analogietechnik
Zur Lösung eines Problems werden Analogien aus der Natur, Technik etc. gesucht. So werden verfestigte Denkstrukturen gelockert.

Beschreiben Sie in der Einladungsmail das Problem, für das Sie eine Neudefinition/Lösung/Fragestellung etc. suchen. So können die Teilnehmer einerseits schon angedachte Lösungen in den Chat mitbringen, sich andererseits von den Vorschlägen der anderen Teilnehmern zu neuen Lösungen inspirieren lassen. Diese Methode können Sie auch gut als Forumsmethode einsetzen.

Schnelligkeit
Formulieren Sie Fragen zum Seminarthema vor. Teilen Sie die Teilnehmer in 2-3 Gruppen auf. Die Gruppe des Seminarteilnehmers, der am schnellsten antwortet, bekommt einen Punkt.

Barometer-Übung
Wie viele Möglichkeiten fallen Ihnen ein, um mithilfe eines Barometers die Höhe eines Gebäudes festzustellen?

Lösungen:
Es gibt viele Lösungen, von denen aber die meisten Menschen nur wenige finden. Diese Aufgabe ist ein sehr gutes Beispiel dafür, dass man ein gewisses Maß an Informationen und Vorwissen braucht, um zu kreativen Lösungen zu kommen. Wir geben hier nur eine kleine Auswahl an:

- Sie messen den unterschiedlichen Luftdruck am Fuß und an der Spitze des Gebäudes und errechnen daraus die Höhe.
- Sie lassen das Barometer von dem Gebäude fallen und errechnen die Gebäudehöhe mithilfe des Fallgesetzes.
- Sie können das Barometer als Schenkel für eine Winkelmessung benutzen und dann die Gebäudehöhe mit dem Satz des Pythagoras berechnen.
- Sie können bei gleichem Sonnenstand die Schattenlänge des Gebäudes und des aufrechtstehenden Barometers messen. Aus den Schattenlängen lässt sich dann die Gebäudehöhe bestimmen.
- Und eine besonders kreative Lösung: Sie schenken jemanden das Barometer für die Berechnung der Gebäudehöhe.

Zweckentfremdung
Sammeln Sie Vorschläge, wozu man alles einen Hammer (Blumentopf, Kugelschreiber, Laptop ...) gebrauchen kann.

Bemerkungen

Außer beim ersten Chat, bei dem die Teilnehmer genug damit zu tun haben, sich auf das Kommunikationstool „Chat“ einzustellen, sind solche kurzen kreativen Übungen ein toller Einstieg für die Gruppe.

Erfahrungen

Die Übungen können auch als Wettbewerbsspiel zwischen zwei Gruppen ähnlich wie oben bei *„Dalli-Klick“* beschrieben, über das gesamte Seminar hinweg gespielt werden. Machen Sie vorher aus, was die Siegergruppe von der oder den anderen Gruppen bekommt (z.B. Tipps und Rückmeldungen zu Problemstellungen, ein Feedback, das nur aus guten Eigenschaften besteht und trotzdem wahr ist, eine Siegeshymne im Wiki-Web ...).

Referenzen

Die Barometer-Übung stammt aus dem Buch *„Brainpower"* von Antje Wolters und Joern J. Barmbeck.

2.7 Let's play Bingo!

Kurzbeschreibung

Ein Einstiegs-Eisbrecher, der sich auch über längere Zeit während des Seminars hinziehen kann. Let´s play Bingo!

Ziele

- Kennenlernen.
- Eisbrecher.
- In der Cafeteria gibt es stets ein Thema zu besprechen, der „persönliche" Kontakt der Teilnehmer ist gegeben.

Tools

Diskussionsforum, Dokumentencontainer.

Wann einsetzen?

- Zum Seminarbeginn.
- Zur Eröffnung der Cafeteria.
- Wenn Sie das Gefühl haben, es finden zu wenig persönliche Kontakte statt.

Gruppengröße

Auch für größere Gruppen geeignet.

Dauer

Als „Wettrennen" so kurz wie möglich oder gemütlich als Thema in der Cafeteria.

Ablauf

- Fertigen Sie nach dem unten stehenden Muster eine „Bingo-Karte" an, die Sie jedem Teilnehmer im Dokumentencontainer zum Download zur Verfügung stellen.
- Die Teilnehmer finden nun heraus, welche Person in welches Bingo-Feld passt (anhand der Vorstellungsrunde lässt sich hier schon viel herausfinden).
- Wenn eine passende Person gefunden ist, schreibt der Teilnehmer deren Namen ins dazugehörende Feld.
- In jedes Feld muss ein anderer Name eingetragen werden (wenn Ihre Gruppe dazu zu klein ist, geben Sie die Vorgabe, dass kein Name öfter als zweimal auftauchen darf).
- Jener Teilnehmende, der zuerst alle Felder ausgefüllt hat, veröffentlicht das „Ergebnis" in der Cafeteria.
- Bitten Sie nun die Teilnehmer nachzuprüfen, ob sich ihr Name wirklich in einem zu ihnen passenden Feld befindet.
- Nachdem die ersten drei ihr Ergebnis veröffentlicht haben, bitten Sie alle Teilnehmer, ihre Karte zu veröffentlichen.

Ein Beispiel für eine Bingo-Karte, die wir bei einem Seminar zum Thema E-Learning verwendet haben:

Beispiel

B	I	N	G	O
Raucht	Mag Serien	Hat keinen Führerschein	Spricht mehr als drei Sprachen	Ist Geo-cacherin
Hat eine eigene Homepage	Ist im selben Monat wie Sie geboren	Ist Vegetarier/in	Hat mehr als drei Kinder	Kocht gerne
Hat schon an einem Online-Seminar teilgenommen	Gibt selbst Seminare	Spielt ein Musik-instrument	Ist nicht verheiratet	Hat schon mal eine Berühmtheit getroffen
Hat ein Haustier	Benutzt (fast) nur Open-Source Produkte	Hat schon mehr als 10 Länder bereist	Schreibt Bücher	Trägt eine Brille

Bingo-Tabelle

Bemerkung

Da diese Übung länger andauern kann, sollen die fleißigen Bingo-Spieler „belohnt“ werden. Vielleicht erhalten die ersten drei von jedem Teilnehmer die Adresse eines Lieblings-Links zum Seminarthema, eine Postkarte oder einen Bilderwitz ...

Obige Bingo-Karte stellen wir Ihnen im Downloadbereich als Dokument-Vorlage zur Verfügung.

Erfahrungen

In manchen Gruppen bricht regelrecht die Bingo-Mania aus. Andere Gruppen wiederum brauchen anfangs gezielte Aufforderungen wie: „Stellen Sie sicher, dass Sie bis zur nächsten Woche zehn Kästchen mit den dazu gehörenden Namen versehen haben.“

2.8 Meine schlechteste Erfahrung

Kurzbeschreibung Die Teilnehmer teilen eine/s ihrer schlechten Erfahrungen/Erlebnisse zum Thema mit und die Art, wie sie damit umgegangen sind.

Ziele Dadurch, dass „offiziell" jeder schon mal Fehler gemacht hat, wird eine offene Lernatmosphäre und Fehlertoleranz geschaffen.

Tools Diskussionsforum.

Wann einsetzen? Zu Beginn eines neuen Themas, wenn sich die Gruppe schon kennt und ein wenig miteinander vertraut ist.

Gruppengröße Auch für größere Gruppen möglich.

Dauer Als reiner Einstieg ins Thema kurz, kann aber auch weiter bearbeitet werden.

Ablauf Bitten Sie Ihre Teilnehmer von einer Situation zu berichten, in der sie unpassend gehandelt oder reagiert haben.

Beispiel

Hallo, liebe E-Teaching-Community,

wie schon angekündigt, werden wir uns über die nächsten Wochen mit dem Thema „Gruppenprozesse" auseinandersetzen.

Da wir alle schon Präsenzseminare geleitet haben, gehe ich davon aus, dass ihr euch – genau wie ich mich – schon in Seminarsituationen gefunden habt, in denen ihr nicht so reagiert oder agiert habt, wie ihr es euch im Nachhinein gewünscht hättet. (Mal vorsichtig ausgedrückt) :-)

Beschreibt bitte im dafür eröffneten „Hoppala"-Forum eine solche Situation, eure damalige Aktion/Reaktion und was ihr heute machen würdet, wenn ihr nochmal in eine solche Situation kommen würdet.

> **Veröffentlicht eure Berichte bitte bis zum 18. November.**
>
> Wir werden mit diesen Erfahrungen weiterarbeiten und versuchen, sie aufs Online-Lernen zu übersetzen.
>
> Und damit das Forum nicht so leer ist, veröffentliche ich mal gleich als erste meinen „Gruppenprozess from Hell“ >;->

Bemerkungen

Diese Übung eignet sich gut, um damit weiterzuarbeiten, Strategien zu finden, aber auch, um den Gruppenmitgliedern zu zeigen, dass alle hin und wieder Fehler machen.

Eine weitere Möglichkeit zur Weiterarbeit könnte darin bestehen, die Teilnehmer aufzufordern, eigene Lösungsvorschläge für die dargestellten Situationen anderer TeilnehmerInnen zu finden.

Erfahrungen

Natürlich eignet sich diese Übung auch, um mit einer kritischen Freundin den beschriebenen Fall zu beleuchten und gemeinsam (neue) Lösungen zu finden.

Wenn die ersten Postings erschienen sind, dann ist es für alle leichter, ihre eigenen Erfahrungen zu veröffentlichen. Wir versuchen die erste Barriere aus dem Weg zu räumen, indem wir das Forum mit dem ersten Bericht eröffnen.

2.9 Mentoring

Kurzbeschreibung

Eine Methode für den Einsatz an Universitäten, Fachhochschulen und in langen Studiengängen. Studierende erhalten für ihr Studium einen Mentor.

Ziele

- Studienanfänger finden sich im Studium zurecht.
- Der Kontakt zwischen Institutsmitarbeitern und Studierenden wird intensiviert.
- Studierende und Institut profitieren vom Meinungsaustausch.

Tools

E-Mail.

Wann einsetzen?

Zu Beginn des Studiums.

Gruppengröße

Einzel- oder Teambetreuung.

Dauer

Mehrere Semester.

Ablauf

Zu Beginn des ersten Semesters stellt sich ein Institutsmitarbeiter bei einer Gruppe von Studierenden (oder bei jedem Studierenden einzeln) per E-Mail als persönlicher Mentor vor.

Beispiel

Schönen guten Tag,

Sie werden erstaunt sein, schon von uns zu hören, bevor Sie die erste Lehrveranstaltung besucht haben.

Wir vom Institut xy (oder der Studienrichtung xy) möchten Ihnen gerne bei einem guten Start in Ihr Studium behilflich sein und haben aus diesem Grund ein „Mentor/-innenkonzept" eingeführt.

Wahrscheinlich haben Sie es schon bei der Einschreibung bemerkt: Für sehr viele Studierende stehen nur wenige Ansprechpartner/-innen aus den Bereichen Organisation und Lehre zur Verfügung. Dem wollen wir, so gut es geht, entgegensteuern.

Das bedeutet, dass jede/r Mitarbeiter/-in des Institutes sich per E-Mail um eine Gruppe von Studierenden kümmert, ihnen mit Rat und sofern möglich auch Tat beisteht, wenn es um Studienfragen geht.

Ein weiteres Ziel des Mentoren/-innenkonzeptes ist es auch, dass Sie schon zu Beginn des Studiums andere Mitstudierende kennenlernen und neue Kontakte knüpfen.

Und natürlich ist es unser auch Ziel, von Ihnen im Laufe der Zeit Rückmeldungen zu Organisation und Lehre in Ihrem Studium und speziell an unserem Institut zu erhalten.

Wenn Sie also mit dabei sein wollen, schicken Sie mir bis zum 15. November eine kurze Bestätigungsmail an die oben angegebene E-Mail Adresse.

Nachdem Sie die Bestätigungen der Studierenden erhalten haben, initiieren Sie eine Mailingliste, über die Sie und die anderen Studierenden Kontakt zueinander halten. Veröffentlichen Sie am Institut (oder in einem Forum, das Ihr Institut für die Lehre betreibt bzw. per E-Mail) die Netiquette für die Mailingliste.

Bemerkungen

Wie unten unter „Erfahrungen" beschrieben: Der Aufwand für den Mentor geht recht schnell zurück, dem möglicherweise anfänglich höheren Arbeitsaufwand steht eine gute Kommunikationsbasis mit den Studierenden gegenüber.

Erfahrungen

Dieses Mentorenkonzept für Studienanfänger wurde zu Beginn unseres Studiums auch von einem Institut angeboten und von uns Studierenden mit freudiger Verwunderung angenommen (damals natürlich noch nicht online).

Zusätzlich zum Kontakt mit einer damaligen Assistentin war es für uns auch wichtig, mit anderen Studienanfängern Kontakte zu knüpfen. So trat die Rolle der Mentorin mit zunehmender Sicherheit im Studier-Alltag immer mehr in den Hintergrund, das „heimische Gefühl" beim Betreten des Instituts besteht allerdings heute noch.

2.10 Selbstbeschreibung

Kurzbeschreibung Vorstellungsrunde, in der die Teilnehmer sich selbst beschreiben.

Ziele
- Kennenlernen.
- Eisbrecher.

Tools E-Mail, Diskussionsforum.

Wann einsetzen? Zu Beginn eines Online-Seminars, das ohne Präsenztermin angefangen hat.

Gruppengröße Ist auch für größere Gruppen geeignet.

Dauer Kurz. Geben Sie einen Termin an, an dem die Vorstellungen in der Cafeteria veröffentlicht sein sollten.

Ablauf Fordern Sie Ihre Teilnehmer in Ihrer Eröffnungsmail auf, sich selbst zu beschreiben.

Beispiel

Herzlich willkommen zum Modul 1, den technischen Voraussetzungen für E-Learning!

Wir werden uns im Laufe unseres Moduls noch darüber unterhalten, welche E-Learning-Hilfsmittel unabdingbar und welche zwar nicht notwendig, aber angenehm sind. Eine digitale Kamera gehört in die zweite Kategorie.

Damit wir uns trotzdem ein Bild voneinander machen können, beschreiben Sie sich bitte wie folgt:

Stellen Sie sich vor, wir würden miteinander im selben Lift fahren. Wie würde ich erkennen, dass Sie es sind?

...

Bemerkungen

Eine witzige Erweiterung dieser Übung ist es, eine zweite Runde einzuschalten, in der die Teilnehmer nun die Aufgabe haben, sich aus der Perspektive ihres Haustieres, ihrer Studierenden (Lehrerfortbildung), ihrer Mitarbeiter (Führungskräfteschulung), ... zu beschreiben.

Dies kann auch ein guter Einstieg in eine Selbstbild-Fremdbild-Diskussion sein.

Erfahrungen

Durch die Art der Fragestellung bekommen Sie nicht nur (teils witzige) Beschreibungen der Äußerlichkeiten ihrer Teilnehmer, sondern oft auch noch kleine „Ticks" bzw. persönliche Besonderheiten „mitgeliefert".

Referenzen

Diese Methode wurde inspiriert durch die Arbeit David Kennedys, der an der schottischen University of Paisley unterrichtet (*http://itlearningspacescot.ac.uk*).

2.11 Stellen Sie sich mal bildlich vor!

Kurzbeschreibung Die Teilnehmer stellen sich online vor.

Ziele Kennenlernen.

Tools Web-Konferenzraum, Wiki-Web (Variation).

Wann einsetzen?
- Zum Seminarbeginn.
- Für die Arbeit mit der Gruppe.

Gruppengröße 5-7 Personen.

Dauer 90 Minuten.

Ablauf Fordern Sie die Teilnehmer auf, sich vor Beginn der gemeinsamen Online-Sitzung in einem Dokument kurz vorzustellen. Als Rahmen für die Vorstellung können Sie eine der unter „*Eisbrecher*" beschriebenen Möglichkeiten nutzen oder Sie wählen eine „einfache" Vorstellungsrunde, bei der jede und jeder kurz etwas über sich selbst schreibt.

Die Teilnehmer senden Ihnen das Dokument, auf dem sie sich (möglicherweise mithilfe von Fotos, Zeichnungen etc.) vorstellen, zeitgerecht vor Beginn der gemeinsamen virtuellen Sitzung zu.

Fertigen Sie aus den erhaltenen Dokumenten eine PowerPoint-Präsentation an, die Sie während der gemeinsamen Online-Sitzung im Whiteboard des Web-Konferenzraums vorführen.

Blenden Sie die Folien der Reihe nach ein und fordern Sie die entsprechenden Teilnehmer auf, die Fotos, Grafiken, Texte näher im Chat zu erläutern. Regen Sie die anderen Teilnehmer an, Fragen zu stellen.

Geben Sie pro Vorstellung ca. 10 Minuten Zeit.

Dazu ein Auszug aus unseren vorbereiteten Formulierungen, mit denen wir im Chat des Web-Konferenzraums die Vorstellung anmoderieren:

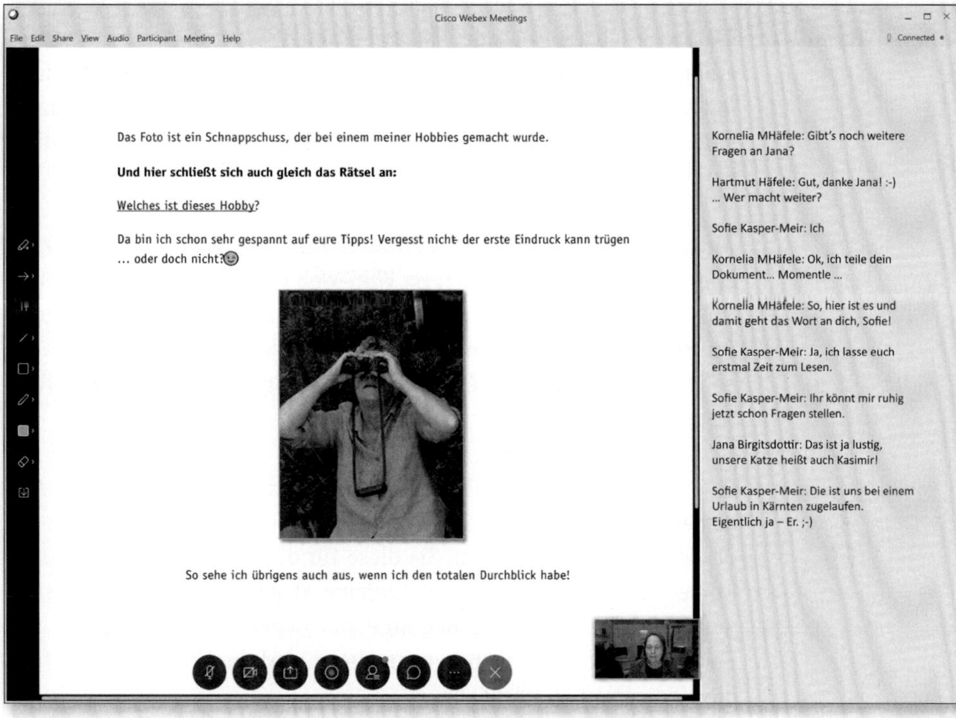

Die Vorstellung einer Teilnehmerin über das Whiteboard im Web-Konferenzraum.

Beispiel

> Nun möchten wir euch gerne einladen, eure Vorstellung zu präsentieren. Wir haben aus eurer Vorbereitung auch wiederum eine Folie fürs Whiteboard erstellt.
> Wir laden alle ein, die Folien zu lesen und Fragen zu stellen, wenn ihr etwas genauer wissen wollt.
> Wer fängt denn an?
> O.K., ich gebe die Moderation jetzt an dich ab. Bitte beantworte du die an dich gestellten Fragen!
> www.qualifizierung.com/whiteboard/hemma.htm

Unter der oben angeführten URL haben wir die unterschiedlichen Folien für die Teilnehmer abgespeichert. Wir bereiten alle Internet-Adressen vor, sodass wir diese während der Online-Sitzung nicht mehr eintippen müssen.

Variation Die beschriebene Methode via PowerPoint-Präsentation ist nur mit einigen Web-Konferenz-Systemen realisierbar und für Sie als Trainer mit viel Aufwand, der hauptsächlich technischer Natur ist, verbunden. Eine einfache Alternative zur obigen Vorgehensweise stellt diese Variante dar:

Anstatt Ihnen das Dokument mit den Vorstellungsdaten zu schicken, können die Teilnehmer auch im Wiki-Web eine Website vorbereiten. Ihnen bleibt beim gemeinsamen Online-Termin dann nur noch, die Internet-Seite aufzurufen, auf der sich die jeweilige Vorstellung befindet. Eine genauere Ausführung dazu finden Sie im Kapitel *Wiki-Web*, ab Seite 53.

Bemerkungen Da es sich bei der Vorstellungsrunde wahrscheinlich um den ersten gemeinsamen Online-Termin handelt, achten Sie auf die Moderation der Beiträge, auch wenn Sie diese für die Vorstellungsrunde für kurze Zeit an die jeweiligen Teilnehmer abgegeben haben. Diese sind jedoch möglicherweise zu Beginn damit überfordert, sich auf die Fragen und Antworten zu konzentrieren **und** die Verantwortung für die Moderation zu übernehmen.

Machen Sie die Teilnehmer auch auf die Möglichkeit aufmerksam, Sätze vorzuformulieren, das hilft ihnen, Nervosität abzubauen!

Erfahrungen Die Methode, sich im Konferenz-System vorzustellen, ist vor allem für Teilnehmer geeignet, die zumindest schon über Chat-Erfahrung verfügen. Ansonsten sind die Teilnehmer möglicherweise damit überfordert, das Werkzeug zu bedienen und sich auf die Vorstellungsrunde zu konzentrieren.

In diesem Fall empfehlen wir eine der anderen in diesem Buch beschriebenen Kennenlern-Methoden *(Seite 72 ff.)*.

2.12 Stellung beziehen

Kurzbeschreibung

Die Teilnehmer beziehen in der Gruppe zu einem Thema Stellung.

Ziele

- Die Teilnehmer setzen sich mit Aussagen, Bildern ... zu einem Thema auseinander und ordnen sich selbst zu.
- Herausfinden, wo die Gruppe steht.

Tools

Chat, eventuell Diskussionsforum.

Wann einsetzen?

- Am Seminarbeginn, als thematischer Eisbrecher.
- Zum Einstieg in ein Thema.
- Wenn es in der Gruppe kriselt oder nichts mehr weitergeht, um herauszufinden, was los ist.

Gruppengröße

Ab 10 Personen, für große Gruppen gut geeignet.

Dauer

Zur Ausarbeitung der Stellungnahme fünf Minuten. Pro Veröffentlichung aus jeder Ecke nochmals je eine Minute.

Ablauf

Sie geben zu einem Thema oder Szenario drei bis fünf mögliche Antworten vor. Zu jeder dieser Antwortmöglichkeiten haben Sie einen privaten Chatraum eröffnet.

Fordern Sie die Teilnehmer auf, sich für eine einzige Antwort oder Aussage zu entscheiden. Die Teilnehmer ziehen sich in jenen privaten Chatraum zurück, der für die Antwort steht, die sie favorisieren.

Alle, die sich in einem Chatraum befinden, einigen sich auf ein Statement, wieso sie sich für diese Antwort entschieden haben.

Dieses Statement wird wiederum im öffentlichen Chat präsentiert.

Beispiel

> Ich bitte Sie, sich zu überlegen, welche der folgenden Aussagen am ehesten Ihre Einstellung zum Online-Lernen repräsentiert. Vielleicht sind es ja mehrere Aussagen, mit denen Sie übereinstimmen,

wählen Sie jedoch jene aus, die für Sie das wichtigste Argument darstellt.

a. Der große Nachteil des Online-Lernens besteht darin, dass die soziale Interaktion zu kurz kommt.
b. Der große Vorteil des Online-Lernens besteht darin, dass viele Lernprozesse zeitlich unabhängig gestaltet werden können.
c. Der große Vorteil des Online-Lernens besteht darin, dass die Teilnahme unabhängig vom Wohnort möglich ist.
d. Online-Lernen verursacht im Vergleich zum Präsenzlernen zusätzlichen Aufwand.

Ziehen Sie sich jetzt bitte in jenen privaten Chatraum a), b), c) oder d) zurück, der am ehesten Ihre Meinung repräsentiert. Es ist nun 15.03 Uhr, wir treffen uns um 15.13 Uhr wieder hier mit je einem Statement aus jedem privaten Chatraum, warum Sie sich für diese Antwortmöglichkeit entschieden haben.

Bemerkungen

Wenn Sie diese Methode als Einstieg ins Seminar wählen, kann der Themenkreis, aus dem Sie die Statements wählen, durchaus auch privater Natur sein (Hobbys, Lieblingsessen, Lieblingsurlaubsland ...).

Wenn Sie diese Vorgehensweise wählen, um zu sehen, wie der Gruppenprozess läuft, dann können Sie mit den Statements aus den privaten Chaträumen sehr gut weiterarbeiten. Auf diese Art haben Sie sich einen ersten Überblick verschafft und allen Beteiligten die Möglichkeit gegeben, sich zuerst einmal im kleineren Rahmen der privaten Chats zu äußern.

Wählen Sie diese Methode schließlich als Einstieg in ein Thema, dann kann die Zeit in den privaten Chats sehr knapp bemessen werden und sie machen mit den Teilnehmern mehrere Runden durch, um ein umfassenderes Bild über Vorbildung, Interesse, Ablehnung ... zum zu bearbeitenden Thema zu erhalten.

Es ist natürlich auch möglich, diese Methode zur vertieften Bearbeitung ins Forum zu verlegen und zu jedem Statement ein Forum anzulegen, in dem sich die Teilnehmer austauschen, warum sie sich für die jeweilige Antwort entschieden haben.

Erfahrungen

Vergessen Sie nicht, einen „Zeitmeister“ zu bestimmen, der dafür Verantwortung trägt, dass sich die Teilnehmer nach der vereinbarten Zeit im privaten Chat wieder im gemeinsamen Chatraum einfinden. Dies kann beispielsweise der Teilnehmer in jedem privaten Chatraum sein, dessen Vorname mit dem ersten/letzten Buchstaben im Alphabet anfängt.

2.13 Thematische Eisbrecher

Kurzbeschreibung
Die Teilnehmer steigen mithilfe von gezielten Aufforderungen ins Thema ein.

Ziele
- Die Teilnehmer steigen ins Thema ein.
- Der Online-Trainer identifiziert Interessen, Wissensdefizite, Vorlieben, am/zum Thema.

Tools
Diskussionsforum.

Wann einsetzen?
- Zum Seminarbeginn.
- Zu Beginn eines Themas.

Gruppengröße
Auch für größere Gruppen geeignet.

Dauer
Sehr kurzfristig. Geben Sie einen Zeitpunkt an, an dem die Meinungen/Fragen veröffentlicht sein sollten.

Ablauf
Fordern Sie Ihre Teilnehmer auf, zu einem Thema Fragen zu stellen, ihre Meinung zu äußern, Interessen zu präsentieren ...

Nachfolgend einige Beispiele für thematische Eisbrecher:

Beispiel
- Stellen Sie zwei „brennende Fragen", von denen Sie hoffen, dass sie im Laufe dieses Seminars beantwortet werden.
- Beschreiben Sie, wie Sie das folgende Problem selbst lösen würden (bereits erfolgreich gelöst haben).
- Was ist Ihre persönliche Definition von „Traumberuf"?

Wenn Sie vermuten, dass die Teilnehmer zum Thema bereits eine gefestigte Meinung haben, mit/an der sie weiterarbeiten möchten, eignen sich (thematisch angepasst) die folgenden beiden Eisbrecher:

Beispiel

- Was ist Ihre Meinung zum Thema „Frauen in der Exekutive“?
- Vervollständigen Sie bitte die folgenden Sätze:
  Für Frauen in der Exekutive ist es wichtig, ...
  Eine weibliche Vorgesetzte ...
  Eigentlich bin ich ja ...
  Die größte Herausforderung für Frauen im Polizeidienst liegt in ...

Bemerkungen

Diese Übung ist auch geeignet, um Gruppen zu bilden. Fordern Sie im Anschluss an die Übung auf, dass sich Teilnehmer, deren Meinungen sich decken, oder jene, die ähnliche Fragen formuliert haben zu Gruppen zusammenschließen.

Beachten Sie dazu auch die Bemerkungen und Erfahrungen zum Thema *„Die Arbeit mit der Gruppe“, Seite 247 ff.*

Erfahrungen

Die Übung ist sehr unproblematisch in der Durchführung und bringt für Teilnehmer und Trainer Einblicke in die Einstellungen und Wünsche aller am Seminar Beteiligten.

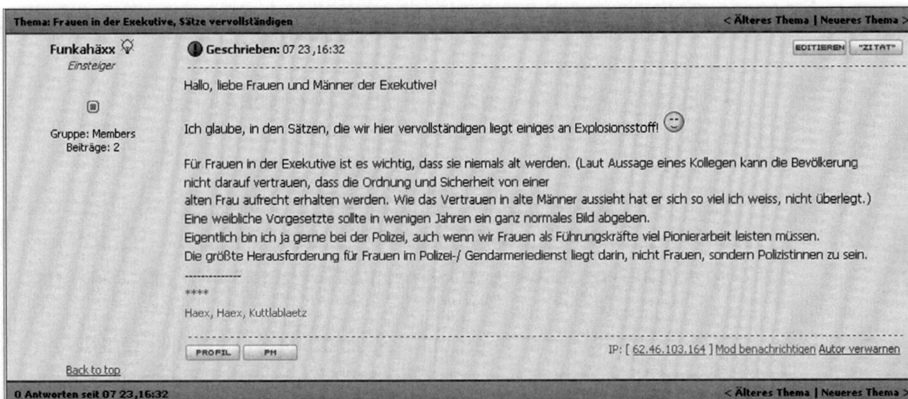

Der thematische Eisbrecher „Sätze vervollständigen“.

2.14 Visitenkarten erstellen

Kurzbeschreibung Eine Vorstellungsrunde, die über den gesamten Kurs vertieft wird.

Ziele
- Kennenlernen.
- Community Building.

Tools Diskussionsforum, Wiki-Web(Variante), Weblog (Variante).

Wann einsetzen? Zu Beginn des Seminars anfangen; kann bis zum Ende des Seminars als lebendiger Teil der Cafeteria weitergestaltet werden.

Gruppengröße Bis 15 Personen.

Dauer Wenn ausschließlich als Vorstellungsrunde angewandt, dann kurz. Jede Weiterentwicklung während des Seminars erfordert ebenfalls nur sehr wenig Zeit.

Ablauf Bitten Sie Ihre Teilnehmer, sich in der Cafeteria sehr bunt vorzustellen. Dazu stellen diese in einem eigenen Beitrag in der Cafeteria die folgenden Informationen zur Verfügung:

- Ein Foto
- Den Lieblingslink fürs private Surfen
- Den Lieblingslink fürs berufliche Surfen
- Einen Bilderwitz
- Eine tolle und eine nicht so tolle Charaktereigenschaft
- ...

Diese persönliche Galerie kann während des Seminars erweitert werden, indem vielleicht Weihnachtsgrüße dazu kommen, Urlaubsfotos, ein Motto fürs Seminar, Angebote zu Hilfestellungen im Seminar ...

Variante Anstatt die Informationen im Diskussionsforum zu veröffentlichen, können Ihre Teilnehmer eine eigene Seite im Wiki-Web gestalten.

Eine solche Seite wird durch Kommentare und Rückfragen der Kollegen immer lebendiger und kann während des gesamten Seminars durch die Teilnehmer ausgebaut werden.

Bemerkungen

Wenn Sie eine Website zum Kurs gestalten, gibt es auch die Möglichkeit, die Fotos der Teilnehmer nach Wohnort zugeordnet auf einer Landkarte zu veröffentlichen.

Erfahrungen

Wenn Sie alle paar Wochen eine Mail an die Teilnehmer schicken und ihnen vorschlagen, ihre persönliche Visitenkarte mit bestimmten Themen auszubauen, entwickelt sich die Cafeteria bestimmt zu einem Treffpunkt in Ihrem Kurs!

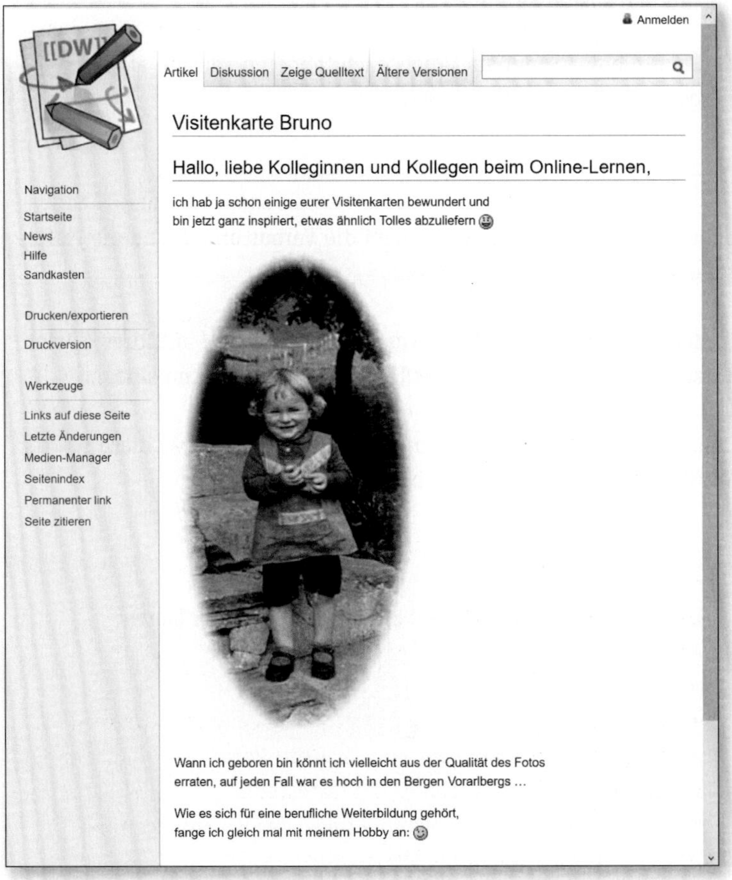

Die Online-Visitenkarte eines Teilnehmers.

2.15 Wie lautet die Frage?

Kurzbeschreibung

Vorstellungsrunde, in der die Teilnehmer anhand von gegebenen Antworten die dazu passende Frage finden.

Ziele

- Kennenlernen.
- Eisbrecher.

Tools

E-Mail, Diskussionsforum.

Wann einsetzen?

Zu Beginn eines Seminars. Auch nach längeren Pausen, als Lockerungsübung in der Cafeteria möglich.

Gruppengröße

Ab zwei Personen. Auch für größere Gruppen geeignet.

Dauer

Geben Sie einen Termin an, zu dem die Vermutungen und die Auflösung veröffentlicht sein müssen.

Ablauf

Fordern Sie in einer Eröffnungsmail die Teilnehmer auf, drei Wörter aufzuschreiben, die für sie/ihr Umfeld von Bedeutung sind.

Danach versuchen alle Teilnehmer herauszufinden, was diese Wörter mit der Schreiberin zu tun haben, was sie bedeuten.

Beispiel

Da fange ich ganz einfach mal an. Meine drei Wörter lauten:

- grün
- Fahrrad
- Schlaf

Nun, ich freue mich schon auf eure fragenden Vermutungen! ;-)

Die Fragen, die die Teilnehmer dazu stellen, lauten beispielsweise:

- Was für eine Farbe hat dein Pullover?
- Womit fährst du zur Arbeit?
- Was fehlt dir heute?

Bemerkungen

Die Methode eignet sich dazu, dass sich die Teilnehmer in die anderen hineinversetzen und sich auch vor Augen führen, dass die anderen Schreiber etwas sehen, wenn sie zum Fenster hinaus sehen, sich in einem Zimmer aufhalten, besondere Vorlieben haben ... kurz, dass sie die anderen auch als Menschen wahrnehmen.

Diese Methode kann auch abgewandelt – besonders für größere Gruppen – durchgeführt werden: Im ersten Schritt versuchen die Teilnehmer jeweils paarweise herauszufinden, welche Frage zum veröffentlichten Wort ihres Partners passt. Die Partner stellen sich dann gegenseitig im Forum vor.

Erfahrungen

Die vielen Fragen, die gestellt werden, sollten auch beantwortet werden. Dies führt dazu, dass nicht nur die Aufgabe an sich gelöst wird, sondern ein Austauschprozess auf der persönlichen Ebene initiiert wird, der die Cafeteria sehr lebendig macht.

Auf diese ungezwungene Art geben die meisten Teilnehmer viel mehr Informationen von sich preis, als sie dies beispielsweise in einer f2f-Veranstaltung zu Beginn tun würden.

2.16 Wie sieht es denn hier aus?

Kurzbeschreibung

Die Teilnehmer beschreiben den Raum, in dem sie sich aufhalten, während sie am Seminar teilnehmen.

Ziele

- Eisbrecher.
- Kennenlernen.

Tools

Diskussionsforum.

Wann einsetzen?

Zu Beginn des Seminars.

Gruppengröße

Für jede Gruppengröße geeignet.

Dauer

Kurz. Geben Sie einen Termin an, an dem die Beträge veröffentlicht sein sollten.

Ablauf

Fordern Sie Ihre Teilnehmer auf, neben einer kurzen Selbstbeschreibung auch den Raum zu beschreiben, von dem aus sie am Seminar teilnehmen.

Beispiel

Guten Tag und herzlich willkommen,

wie jedes Seminar möchten wir auch dieses mit einer Vorstellungsrunde beginnen. Im Gegensatz zu einem Präsenzseminar fehlen uns bei einem Online-Seminar vor allem die Bilder.

Darum bitten wir Sie, sich und den Raum, von dem aus Sie am Seminar teilnehmen, zu beschreiben.

- Was sehen Sie, wenn Sie sich im Raum umsehen?
- Was, wenn Sie zum Fenster hinaussehen?
- Wie sieht es auf Ihrem Schreibtisch aus?
- Sind Sie eher sportlich oder elegant gekleidet?
- ...

Erfahrungen

Eine Einstiegsübung, die nicht allzu „steil" ist und bei der die Teilnehmer so richtig ins Schreiben kommen können.

2.17 Zwei Wahrheiten und eine Lüge

Kurzbeschreibung

Vorstellung aller Teilnehmer, indem sie drei Statements, von denen eines eine Lüge ist, über sich machen.

Ziele

- Kennenlernen.
- Eisbrecher

Tools

E-Mail, Diskussionsforum.

Wann einsetzen?

- Zu Beginn des Seminars.
- Möglicherweise nach einem ersten f2f-Termin, um die Online-Phase zu beginnen.

Gruppengröße

Bis zu 15 Personen.

Dauer

Geben Sie ein Datum vor, an dem Fragen und Antworten im Forum spätestens ersichtlich sein müssen.

Ablauf

Laden Sie Ihre Teilnehmer per E-Mail ein, sich in der Cafeteria vorzustellen. Erklären Sie ihnen in dieser Mail auch die Methode.

Beispiel

> Schönen guten Tag, Herr Konzett,
>
> Sie haben Ihre Kolleginnen und Kollegen ja schon ein bisschen bei unserem ersten Treffen letzte Woche kennengelernt. Vielleicht haben Sie sich in der kurzen Zeit auch schon ein Bild von der einem oder dem anderen machen können.
>
> Um uns besser kennenzulernen, beginnen wir auch die Online-Phase mit einer Vorstellungsrunde.
>
> Die Vorstellungsrunde trägt den Namen „Zwei Wahrheiten und eine Lüge".

> Schreiben Sie drei Dinge über sich: Ihre Vorlieben, was Sie gerne essen, welche Filme Sie mögen. Zwei der Dinge müssen wahr sein, eine Äußerung ist eine Lüge! :->
>
> Eröffnen Sie dazu in der Cafeteria einen „Neuen Beitrag" mit Ihrem Namen.
>
> Bitte erledigen Sie Aufgabe bis zum 18.4.
>
> Bis zum 21.4. haben Sie dann Zeit, die Wahrheiten und Lügen der anderen TeilnehmerInnen zu lesen. Geben Sie bei jedem Beitrag eine Vermutung darüber ab, welches denn die Lüge ist. Und - ganz wichtig: Begründen Sie Ihre Vermutung!
>
> Viel Spaß bei dieser ersten Übung! :-D
> Kornelia & Hartmut

Wenn alle Beiträge und Vermutungen veröffentlicht sind, fordern Sie die Teilnehmer auf, das Rätsel nun zu lösen und dabei auch auf die Vermutungen, die geäußert wurden, einzugehen.

Bemerkungen

Diese Übung kann auch abgewandelt werden:

Bevor sie Vermutungen äußern, welches der Statements eine Lüge ist, verfassen die Teilnehmer Fragen zu den Statements. Nachdem diese Fragen beantwortet wurden, ist es vielleicht einfacher (oder noch schwieriger?), die Lüge ausfindig zu machen.

Jedenfalls wird der Umgang miteinander im virtuellen Umfeld länger geübt und so auch selbstverständlicher.

Erfahrungen

Wie alle Eisbrecher „funktioniert" auch diese Übung erst, nachdem Sie Ihre eigene Vorstellung gepostet haben. Die Teilnehmer sind sich noch sehr unsicher, was von ihnen erwartet wird, deshalb warten sie erstmal darauf, dass jemand mit gutem Beispiel voran geht.

3. Die inhaltliche Arbeit

3. Die inhaltliche Arbeit

3.1 +/– Analyse

Kurzbeschreibung

Die Teilnehmer erstellen eine Checkliste mit den größten Vor- und Nachteilen ihrer Organisation, ihrer Position, der Arbeit im Seminar ... sowie Strategien, diese zu fördern bzw. zu beheben.

Ziele

- Den Praxisbezug zum Thema herstellen.
- Die Meinungen aller Teilnehmer zu einem Thema transparent machen.
- Lösungen für Probleme finden.

Tools

E-Mail, Diskussionsforum.

Wann einsetzen?

- Zum Einstieg ins Thema.
- Zum Start eines Projektes.

Gruppengröße

Einzelarbeit, für jede Gruppengröße geeignet.

Dauer

2-3 Wochen.

Ablauf

Die Themen, die Sie mithilfe einer +/– Analyse bearbeiten können, sind vielfältig. Es können dies beispielsweise Stärken und Schwächen einer Organisation, einer Position, einer geplanten Neuerung, eines Produktes oder auch die Qualität des Seminars sein.

Wichtig ist nur, dass es positive und negative Aspekte des Themas gibt und dass die Teilnehmer Einfluss auf die zukünftige Gestaltung desselben nehmen können.

Erste Mailrunde

In der ersten Runde fordern Sie die Teilnehmer per E-Mail auf, positive und negative Aspekte zum gemeinsam gewählten und definierten Thema zu notieren und diese bis zu einem bestimmten Zeitpunkt an Sie zurückzusenden.

Beispiel erste Mailrunde

Liebe Christine,

wie im Forum angekündigt, werden wir in dieser Übung die Stärken und Schwächen deiner Organisation, sowie Wege, damit umzugehen, erheben.

Diese Übung ist die Gelegenheit, dich zum Unternehmen zu äußern. Alle Äußerungen werden zur Weiterarbeit zur Verfügung gestellt und sind - dafür garantieren wir - anonym!

Schreibe jetzt zum Thema „Kommunikation im Unternehmen" 3-5 Punkte auf, die du als negativ und ebenso 3-5 Punkte, die du als positiv erlebst.

Sende diese Liste bis zum 25.7. an uns weiter.
Wir sammeln alle Ergebnisse und werden damit weiterarbeiten.

Liebe Grüße aus dem föhnigen Fraxern

Zweite Mailrunde

Wenn die Ergebnisse der ersten Mailrunde bei Ihnen eingetroffen sind, sammeln Sie diese. Zur Wahrung der Anonymität kann es förderlich sein, wenn Sie die Ergebnisse nach positiven und negativen Aspekten alphabetisch sortieren; so ist aus den 3er- oder 5er-Blöcken nicht herauszufiltern, von wem sie stammen könnten.

Schicken Sie diese Liste an alle Teilnehmer, mit der Aufforderung, alle Aspekte durchzusehen und die jeweils drei wichtigsten für sich zu kennzeichnen und zu bearbeiten.

Beispiel zweite Mailrunde

Liebe Christine,

danke für die Liste der von dir als positiv und als negativ erlebten Aspekte zum Thema „Kommunikation im Unternehmen".

Unten haben wir alle Rückmeldungen, die wir zu diesem Punkt erhalten haben, aufgelistet. Lies sie dir bitte in Ruhe durch.

Suche dann jene drei positiven und jene drei negativen Punkte, die für dich am wichtigsten sind, heraus und schreibe sie in der Reihenfolge: am Wichtigsten, am Zweitwichtigsten, am Drittwichtigsten auf.

Nun nimm dir den wichtigsten positiven und den wichtigsten negativen Punkt nochmal vor.

Überlege dir dazu:
Für den wichtigsten negativen Punkt:

- Was erscheint dir dabei besonders problematisch?
- Was wäre für dich eine Lösung dieses Problems?
  (Wie soll es sein, warum soll es so sein, in welche Richtung soll es gehen?)
- Auf welchem Weg könnte die Lösung verwirklicht werden?

Für den wichtigsten positiven Punkt:

- Was ist für dich dabei besonders hilfreich?
- Für wen könnte die Kenntnis über diesen Punkt auch hilfreich sein?
  (Wem wirst du diesen Aspekt als hilfreich vorstellen?)

Schick uns die E-Mail mit deinen wichtigsten Punkten und den Überlegungen dazu bis zum 2.8.

Nimm dir die Zeit, die unten stehende Liste aufmerksam durchzuarbeiten – wann sonst bekommst du so viele Meinungen zur Kommunikation im Unternehmen!

Liebe Grüße nach Bischofshofen
Kornelia & Hartmut

*****

Liste der negativen Aspekte:

Abteilungsleiter stellen eine Blockade dar.
Das Intranet wird nie aktualisiert.
Es gibt kein Schwarzes Brett.
Von unten nach oben geht nichts.
...

Dritte Mailrunde
Nachdem die Rückmeldungen zu den wichtigsten positiven und negativen Aspekten aller Teilnehmer bei Ihnen eingelangt sind, ermitteln Sie alle Aspekte, die die meisten Nennungen erhalten haben (Vorschlag: Jede Platzierung auf dem ersten Platz bringt fünf, auf dem zweiten Platz drei und auf dem dritten Platz zwei Punkte).

Senden Sie den Teilnehmern nun eine Liste der drei positiven und negativen Aspekte, die die meisten Punkte erlangt haben und fordern Sie sie dazu auf, zum erstplatzierten positiven und negativen Punkt von Ihnen vorgegebene Fragen zu beantworten.

Beispiel dritte Mailrunde

Liebe Christine,

danke für deine Überlegungen zu den wichtigsten positiven und negativen Aspekten der Kommunikation im Unternehmen!

Unten findest du jene drei Punkte, die die meisten Meldungen der gesamten Gruppe als positive bzw. negative Aspekte erhalten haben.

Schau sie dir noch mal an, möglicherweise findest du die eine oder andere Nennung aus deiner persönlichen Liste wieder!

Nimm dir nun den wichtigsten positiven und den wichtigsten negativen Aspekt dieser Liste vor und beleuchte sie nach den folgenden Gesichtspunkten:

Den wichtigsten negativen Aspekt:
Weshalb ist dieser Aspekt für die Gruppe der Teilnehmer/-innen so negativ besetzt?
Schreibe dazu drei Antworten auf.
Beleuchte jede der drei Antworten mithilfe der zweiten Frage, welche lautet: „Was ist das für die Teilnehmer/-innen so Negative an dieser Antwort?"

Du hast jetzt also drei Antworten auf die Frage, weshalb der genannte Aspekt so negativ besetzt ist. Jede dieser Antworten hast du nochmals hinterfragt und nachgesehen, was denn daran so negativ ist. Auch darauf hast du dir jeweils eine Antwort aufgeschrieben. Schau dir diese Antworten nun noch ein weiteres Mal an, indem du dir die dritte Frage stellst: „Was ist daran so negativ?"

Nun hast du den wichtigsten negativen Aspekt sehr tief hinterfragt und vielleicht Gesichtspunkte gefunden, die so nicht an der Oberfläche lagen. Aufgrund der Antworten, die du gefunden hast, versuche die letzten beiden Fragen zu beantworten:

- Wie kann dieser negativ bewertete Aspekt positiver gestaltet werden?
- Was kann die Gruppe der Teilnehmer/-innen dazu beitragen?

Ähnlich gehen wir mit dem wichtigsten positiven Aspekt der Liste vor.

Frag dich zuerst: „Weshalb ist dieser Aspekt für die Teilnehmer/-innen so positiv besetzt?"
Schreibe auch hierzu drei Antworten auf. Stelle dir für jede der drei gefundenen Antworten die zweite Frage, welche lautet: „Was ist daran für die Teilnehmer/-innen so positiv?"
Und auch die dritte Frage setzt an den Antworten auf die zweite Frage an und lautet: „Was ist daran so positiv?"

Mit deinen Antworten hast du eine Reihe von Anhaltspunkten zu den positiven Auswirkungen von Unternehmenskommunikation gefunden.

Nimm diese Antworten und überleg dir anhand des **von dir in deiner Liste aus der zweiten Mailrunde** am negativsten gewerteten Aspekts, wie du diese positiven Auswirkungen in der Kommunikation deiner Abteilung verankern könntest.

- Was konkret könntest du dazu beitragen?
- Was konkret möchtest du verwirklichen?

Sende uns deine Antworten bis zum 14.8. zu, wir veröffentlichen sie im Anschluss im Forum „+/- Analyse", wo es auch Gelegenheit zur Diskussion geben wird.

Vierte Runde – Veröffentlichung
Veröffentlichen Sie die Sammlung der Antworten in einem dafür eröffneten Forum und laden Sie die Teilnehmer zur Diskussion oder Bewertung der Antworten ein.

Variationen

Variation 1 Im Anschluss an die Veröffentlichung können Sie die Teilnehmer einladen, die in der dritten Mailrunde angedachten Verbesserungsschritte zu konkretisieren. Dies kann z.B. im Rahmen einer Fallstudie oder in Zusammenarbeit mit der kritischen Freundin/dem kritischen Freund realisiert werden. Genaueres zum Einsatz dieser Methoden finden Sie weiter hinten in diesem Kapitel bzw. im Kapitel *„Sonstige Methoden", Seite 328 ff.*

Variation 2 Die Teilnehmer führen eine +/– Analyse der Seminargruppe im Hinblick auf das Lernklima durch.

Bemerkungen

Für diese Übung ist es förderlich, wenn die Teilnehmer der selben Organisation angehören oder – in unterschiedlichen Organisationen – den selben Beruf ausüben.

Dieses E-Mail-Spiel ermöglicht es, anonym an den Stärken und Schwächen zu arbeiten. Weisen Sie auf diesen Vorteil hin, besonders wenn Ihre Teilnehmer der selben Organisation angehören, kann dies ein wichtiger Hinweis sein!

Die Übung kann Auftakt zu einem Projekt sein, in dem die wichtigsten Aspekte umgesetzt werden.

Erfahrungen

Eine Übung, die es ermöglicht, in kurzer Zeit viele Anregungen und Strategien zu sammeln. Die Schriftform zwingt die Teilnehmer dazu, sich konkret auszudrücken und sich mit den Themen auseinanderzusetzen.

Betreuen Sie das Forum, in dem Sie die Ergebnisse veröffentlichen, weiter. Hier werden noch einige interessante Diskussionen stattfinden.

3.2 Betriebserkundung

Kurzbeschreibung Sie erkunden mit Ihren Teilnehmern Betriebe online.

Ziele
- Erfahrungsaustausch.
- Benchmarking.

Tools Diskussionsforum, E-Mail, evtl. Instant Messaging.

Wann einsetzen? Um Praxis ins Seminar zu holen.

Gruppengröße Auch für große Gruppen geeignet.

Dauer Mehrere Wochen.

Ablauf Eine Betriebserkundung im Online-Seminar erfolgt durch das Erkunden des Internetauftritts von Unternehmen, gegebenenfalls gepaart mit Interviews mit Firmenmitarbeitern und zusätzlichen Informationen zum Unternehmen, die im Internet verfügbar sind.

Klären Sie zuerst grundsätzlich:
- Wollen Sie das Seminarthema ausschließlich aufgrund des Internetauftritts von Unternehmen bearbeiten?
- Oder möchten Sie mit Ihren Teilnehmern zusätzlich Kontakt zu Verantwortlichen verschiedener Bereiche eines/mehrerer Unternehmen aufnehmen und so das Seminarthema bearbeiten?

Definieren Sie die Ziele Ihrer Erkundung:
- Wollen Sie einfach wissen, wie sich andere Unternehmen im Zusammenhang mit dem Seminarthema präsentieren?
- Wollen Sie Ihren Teilnehmern ermöglichen, ihr Unternehmen mit dem/den Marktleader/-n bezüglich bestimmter Aspekte zu vergleichen?
- Wollen Sie Berufseinsteigern ermöglichen, interessante Unternehmen kennenzulernen?
- Wollen Sie praktische Beispiele für die Arbeit im Seminar erhalten?
- ...

Spähen Sie (vielleicht gemeinsam mit Ihren Teilnehmern) besonders interessante Websites aus. Dies können Websites der Marktführer, besonders innovative, interessante, ... Seiten sein.

Was sind die Themen und Fragen, die im Rahmen der obigen Ziele erkundet und geklärt werden sollen? Prinzipiell lassen sich für Betriebserkundigungen Themen aus diesen sechs Blickwinkeln unterscheiden:

- technologischer Aspekt
- wirtschaftlicher Aspekt
- sozialer Aspekt
- berufsorientierender Aspekt
- Konsumentenaspekt
- ökologischer Aspekt

Referenzen

Genauere Ausführungen zu diesem Punkt und eine Fülle von präzisen und hilfreichen Anleitungen zu Betriebserkundungen in Präsenzveranstaltungen, die Sie auch für Online-Betriebserkundungen einsetzen können, erhalten Sie unter:

- *http://archive.is/p6jBR* beim Institut für Bildungsforschung, Wien.
- *www.planet-beruf.de* bei der Bundesagentur für Arbeit.

Lassen Sie die Teilnehmer die Erkundung durchführen.

- Präzisieren Sie mit jeder Gruppe nochmals Ziele und Fragen der Erkundung.
- Vereinbaren Sie mit jeder Gruppe Termine, an denen Erkundungsergebnisse per E-Mail an Sie weitergeleitet werden müssen.
- Stehen Sie den Gruppen jederzeit als Berater via E-Mail zur Verfügung.
- Manchmal wird es notwendig sein, für die Teilnehmer eine „offizielle" E-Mail zu verfassen, die diesen ermöglicht, mit Verantwortlichen der Unternehmen in Kontakt zu treten.

Machen Sie die Ergebnisse der Erkundung allen zugänglich, indem Sie sich für eine oder mehrere der folgenden Varianten entscheiden:

- Die Gruppen veröffentlichen ihre Erfahrungen und die Antworten auf die vorher gemeinsam definierten Fragen in einem dafür vorgesehenen Forum.
- Die Gruppen schreiben einen Erkundungsbericht und senden diesen an alle Teilnehmer.
- Jede Gruppe bereitet eine Präsentation vor, die mithilfe von Whiteboard und/oder Videochat abgehalten wird.
- Die Gruppen bereiten Informationsmaterialien über die erkundeten Unternehmen vor und arrangieren ein Experteninterview mit ihren Ansprechpartnern im Unternehmen.

Reflektieren Sie die Methode und gehen Sie dabei vor allem auf die Besonderheiten einer Online-Betriebserkundung ein:

- Informationsbeschaffung im Internet.
- Kommunikation mit Fremden via E-Mail, Chat etc.
- Zusammenarbeit der Gruppen.

Bemerkungen Für die Durchführung von Interviews mit Ansprechpartnern der erkundeten Unternehmen erhalten Sie Anregungen unter den Methoden *Expertenbefragung (Seite 141)* und *Expertenchat (Seite 143)*.

Erfahrungen Eine beliebte Methode in Präsenzseminaren, vor allem dann, wenn es sich bei der Gruppe der Teilnehmer um eine – was die berufliche Tätigkeit anbelangt – relativ homogene Gruppe handelt.

In der beschriebenen Form können Sie diese Methode auch in Ihrem Online-Seminar mit viel Spaß und einer Fülle von Ergebnissen für die Teilnehmer einsetzen.

3.3 Cyberstorming

Kurzbeschreibung

Die Kreativitätsmethode Brainstorming im virtuellen Raum.

Ziele

Das Finden möglichst vieler Alternativen.

Tools

Web-Konferenzraum, Chat, Diskussionsforum, E-Mail.

Wann einsetzen?

- Zu Beginn eines Themas.
- Zur inhaltlichen Arbeit.

Gruppengröße

Bis zu 15 Personen.

Dauer

30-45 Minuten.

Ablauf

Vorbereitung
Teilen Sie Ihren Teilnehmern in der Einladung zum Chat mit, dass Sie ein Online-Brainstorming planen. Geben Sie das Thema allerdings noch nicht an, denn beim Brainstorming sollen möglichst viele Ideen möglichst spontan generiert werden.

Beispiel

Liebe Pflege-Community,

ich lade euch hiermit zu unserer nächsten Online-Session ein.
Sie findet wie besprochen am

Freitag, 28. August, 17.15 Uhr bis 18.45 Uhr

statt.

Diesmal werden wir mit der Methode des „Brainstorming" arbeiten. Informationen zum Brainstorming – oder genauer gesagt „Cyberstorming", da es sich um ein Brainstorming im virtuellen Raum handelt – findet ihr im dazu eröffneten Forum. Lest euch diese Informationen vor dem Chattermin genau durch. Wenn ihr dazu Fragen habt, wendet euch bitte vor unserem gemeinsamen Online-Termin an mich.

Hinterlegen Sie Informationen zur Methode zum Download, damit diese beim Chat nur noch kurz erklärt werden muss.

Der Chat
Beginnen Sie den Chat wie üblich mit einer ca. 5-minütigen offenen Redezeit, in der Sie die Teilnehmer begrüßen etc.

Dann erklären Sie nochmals kurz (mithilfe bereits vorbereiteter Sätze) die Regeln des Brainstorming:

Beispiel

Gut, nachdem jetzt alle da sind und der Chat auch bei allen funktioniert, starten wir! :-)
Beim Brainstorming geht es darum, so viele Ideen wie nur möglich zu generieren.
Darauf, wie umsetzbar, sinnig oder unsinnig die Ideen sind, kommt es jetzt **überhaupt nicht** an!
Im Gegenteil – und das ist die Regel Nr. 1 beim Brainstorming: **Spinnen ist erlaubt!!** :-D
Das bedeutet: Lasst es in eurem Kopf stürmen, produziert Ideen, seid kreativ.
Die zweite Regel ist fast noch besser: **Klauen ist erlaubt!** ;-)
Das bedeutet: Es gibt kein Urheberrecht auf eine Idee, das Ergebnis des Brainstormings ist ein Gruppenergebnis.
Ihr könnt also Ideen, die vor euch produziert wurden, aufgreifen und abändern - so, wie ihr wollt.
Nur eines ist beim Brainstorming eigentlich verboten, und das ist Regel Nr. 3: **Bewerten ist verboten!!**
Also: „Das geht doch nicht" oder „Wir machen das aber immer so" und „Das kostet zu viel" – all diese Killerphrasen haben hier **nichts** zu suchen! :-0
Das Bewerten, Untersuchen, Abwägen ... erfolgt erst später, hat hier in diesem kreativen Prozess erstmal noch keinen Platz.
Und nun noch das Thema, zu dem wir brainstormen werden. Schreibt es euch bitte auf, damit ihr es immer vor euch habt:

Was können wir tun, damit es auf der Internen Medizin keine Gangbetten mehr gibt?

Im darauf folgenden kreativen Prozess von ca. 20-25 Minuten sammeln die Teilnehmer Ideen zur Fragestellung. Lassen Sie sich durch etwa auftauchende Pausen nicht entmutigen – ein Brainstorming dauert eigentlich selten kürzer als 20 Minuten (siehe dazu die unten stehenden *Bemerkungen*).

Wenn alle Ideen gesammelt sind, stellen Sie das Chat-Protokoll ins dafür vorgesehene Forum. Fordern Sie die Teilnehmer auf, sich das Protokoll durchzuarbeiten und sich in 10 Minuten wieder im Chatraum zu treffen.

Nun geht es darum, Unklarheiten bei den Nennungen zu beseitigen. Es ist Zeit nachzufragen, was mit den einzelnen Ideen gemeint war. Noch immer ist eine Wertung nicht erlaubt!

Wenn alle Nennungen klar sind, dann ist die Ideenfindungs-Phase des Brainstorming beendet.

Die Weiterarbeit am kreativen Prozess
Am nächsten Tag laden Sie die Teilnehmer per E-Mail zur Weiterarbeit am Kreativitätsprozess ein:

Beispiel

> Hallo, liebe Online-Pfleger/-innen,
>
> toll ist das gestrige Brainstorming gelaufen! Und die Ideen, die ihr zusammengetragen habt, sind rekordverdächtig! :-) Da fragt man sich, wieso es denn wirklich noch Patientenbetten auf den Gängen gibt. ;-)
>
> Die Liste mit den gesammelten Ideen habt ihr euch gestern noch durchgelesen. Wenn euch nicht klar ist, was mit einer einzelnen Meldung gemeint ist, fragt doch bitte hier im Forum nach und antwortet bis morgen Abend auf offene Fragen, die eines eurer Statements betreffen.
>
> Lest euch die Liste noch einmal genau durch und überlegt euch, mit welchen Ideen ihr gerne weiter arbeiten würdet. Das müssen immer noch nicht jene sein, die besonders „seriös“ klingen,

sondern jene, bei denen es euch so richtig in den Fingern juckt, sie mal auszuprobieren, umzusetzen ...

Die Ideen, an denen ihr weiterarbeiten wollt, bitte ich euch zu bepunkten. Ihr habt insgesamt 5 Punkte zur Verfügung, die ihr auf mindestens 2 Ideen aufteilen sollt (also z.B. 1 x 4 + 1 x 1 oder 5 x 1 oder 1 x 2 + 1 x 3, o.k. ?).

Schickt eure ausgewählten Ideen und die Punkte, die ihr dafür vergebt, in einer E-Mail

bis Mittwoch, 2. September, 16.00 Uhr

an mich, ich werde sie bis Donnerstag um 10.00 Uhr veröffentlichen.

Der Zweck unseres Brainstormings war es, Projekte zu definieren, um ein bestehendes Problem zu bearbeiten. Darum wählten wir die unten beschriebene weitere Vorgehensweise. Auf die selbe Art lassen sich auch Themen für Seminararbeiten, PowerPoint-Präsentationen, Schwerpunkte für Seminarinhalte etc. erarbeiten.

Wir veröffentlichten die Liste mit den Bepunktungen im Forum „Brainstroming".

Die fünf Themen, die am meisten Punkte erhalten hatten, wurden als Projekte weiterbearbeitet. Es wäre beispielsweise auch möglich, aus diesen fünf Themen Expertenthemen *(Seite 148)* zu machen und die Ideen so weiterzubearbeiten.

Bemerkungen

In einem f2f-Brainstorming besteht die Rolle des Moderators vor allem darin, die Ideen kommentarlos niederzuschreiben. Diese Aufgabe entfällt im Chat, da die Teilnehmer ihre Ideen selbst schreiben. Dennoch muss der Moderator auch beim Cyberstorming der Versuchung widerstehen, sich selbst aktiv in die Ideensammlung einzubringen. Ihre Aufgabe besteht jetzt vor allem darin, den Kreativitätsprozess im Gang zu halten.

Beachten Sie dabei die Kurve der Ideen-Generierung:

Ideengenerierungskurve

Nach ca. 10-15 Minuten wird eine Kreativitätspause auftreten. Diese gilt es, als Moderator zu überbrücken und die Teilnehmer durch Nachfragen zum weiteren Sammeln von Ideen anzuregen. Die in der zweiten Phase gesammelten Ideen sind meist noch kreativer als jene, die in der ersten Phase gesammelt wurden.

Erfahrungen

Die Teilnehmer brauchen schon Chat-Erfahrung, um mit dieser Methode im Chat arbeiten zu können. So müssen sie sich nicht mehr auf das Tool, sondern können sich ganz auf ihre Ideen konzentrieren.

Das Brainstorming ergibt noch bessere Ergebnisse, wenn Sie die Teilnehmer unmittelbar vor dem Chat in ein Forum einladen und sie etwa die folgende Aufgabe lösen lassen:

> Hallo miteinander,
>
> als Vorbereitung auf unseren kreativen Prozess des Cyberstormings lade ich euch ein, in die Antwort auf diesen Beitrag möglichst viele Sätze zu schreiben, deren Wörter mit den folgenden Buchstaben in der folgenden Reihenfolge beginnen:
>
> u h n e
>
> Beispiele:
> Uns hilft nur essen.
> Udo holt ne Eule.
> ...
>
> Der Sinn der Sätze ist, wie ihr seht, nicht so wichtig!

Variation

Cyberstorming im Wiki-Web
Statt im Chat können Sie ein Cyberstorming auch im Wiki-Web abhalten.

Eröffnen Sie eine Seite im Wiki-Web, auf der Sie das Problem definieren sowie eine eindeutige Fragestellung verfassen. Veröffentlichen Sie auf der Seite auch nochmals die Regeln für das Brainstorming, gegebenenfalls adaptiert fürs Wiki-Web und den Zeitpunkt, bis zu dem das Brainstorming abgeschlossen sein sollte.

Beispiel

Liebe Pflege-Community,
bei unserem letzten gemeinsamen Termin habt ihr die Patientenbetten, die auf dem Gang platziert werden, als großes organisatorisches Problem für euch definiert. Um Möglichkeiten zum Umgang mit diesem Problem zu finden, laden wir euch zu einem Brainstorming im virtuellen Raum ein.

Die Frage, zu der wir euch bitten, Lösungen im folgenden Brainstorming zu finden, lautet:

Wie können wir Gangbetten verhindern?

Schreibt alle Ideen, alle Lösungsvorschläge auf, auch wenn sie euch auf den ersten Blick noch so „unsinnig“ erscheinen mögen! Die Überprüfung der Umsetzungsmöglichkeit erfolgt erst in einem zweiten Schritt. In diesem Schritt wollen wir so viele Ideen wie möglich generieren.

Haltet euch beim Ideenfindungsprozess an keine Regeln, außer an die folgenden:

1. Spinnen ist erlaubt!
Schreibt alle Ideen auf, die euch zur Frage in den Sinn kommen, zensiert euch nicht selbst!

2. Klauen ist erlaubt!
Wenn euch eine Idee eines eurer Vorschreiber gefällt, dann greift diese auf, verändert und verbiegt sie. Es gibt keine Urheberschaft auf Ideen, das Ergebnis des Brainstormings ist ein Gruppenergebnis! Schaut darum auch öfter mal hier vorbei, vielleicht stehen hier wieder neue Ideen, die euch zu weiteren inspirieren …

3. Bewerten ist verboten!

Das einzige Verbot beim Brainstorming:
Geht nicht – gibt's nicht!

Wenn euch eure eigenen oder die Ideen von anderen total verrückt erscheinen: umso besser!

Schreibt eure Ideen in Stichworten oder kurzen Sätzen bis zum 24. September auf diese Seite und vergesst nicht, mindestens 3 x in dieser Zeit hier vorbeizuschauen!

Die Weiterarbeit mit den gefundenen Ergebnissen erfolgt analog zum oben Beschriebenen.

SimpleChat!

Datum / Zeit	Name	Nachricht
Aug 25, 14:35	**hartmut**	Gut, nachdem jetzt alle da sind und der Chat auch bei allen funktioniert, starten wir !
Aug 25, 14:36	**hartmut**	Beim Brainstorming geht es darum, so viele Ideen wie nur möglich zu generieren.
Aug 25, 14:36	**hartmut**	Darauf, wie umsetzbar, sinnig oder unsinnig die Ideen sind, kommt es jetzt **überhaupt nicht** an !
Aug 25, 14:36	**hartmut**	Im Gegenteil - und das ist die Regel Nr. 1 beim Brainstorming: **Spinnen ist erlaubt !!**
Aug 25, 14:36	**hartmut**	Das bedeutet: Lasst es in eurem Kopf stürmen, produziert Ideen, seid kreativ.
Aug 25, 14:36	**hartmut**	Die zweite Regel ist fast noch besser: **Klauen ist erlaubt !**
Aug 25, 14:36	**hartmut**	Das bedeutet: Es gibt kein Urheberrecht auf eine Idee, das Ergebnis des Brainstormings ist ein Gruppenergebnis.
Aug 25, 14:36	**hartmut**	Ihr könnt also Ideen, die vor euch produziert wurden aufgreifen und abändern so wie ihr wollt.
Aug 25, 14:37	**hartmut**	Nur eines ist beim Brainstorming eigentlich verboten und das ist Regel Nr. 3: **Bewerten ist verboten !!**
Aug 25, 14:37	**hartmut**	Also: "Das geht doch nicht" oder "Wir machen das aber immer so" und "Das kostet zuviel" - all diese Killerphrasen haben hier **nichts** zu suchen !
Aug 25, 14:37	**hartmut**	Das Bewerten, Untersuchen, Abwägen ... erfolgt erst später, hat hier in diesem kreativen Prozess erstmal noch keinen Platz.
Aug 25, 14:38	**hartmut**	Und nun noch das Thema, zu dem wir Brainstormen werden. Schreibt es euch bitte auf, damit ihr es immer vor euch habt: "Was müssen wir tun, damit es keine Gangbetten mehr gibt?"

Cyberstorming im Chat.

3.4 Coaching

Kurzbeschreibung

Die Qualität Ihres Coachings hat nichts mit der räumlichen Entfernung zu Ihren Klienten zu tun.

Ziele

- Ihre Klienten sparen Fahrzeit, indem das Coaching online stattfindet.
- Sie als Coach sind wettbewerbsfähiger und erschließen neue Märkte.

Tools

Web-Konferenzraum.

Wann einsetzen?

Besonders geeignet in der Klärungsphase oder immer wieder einmal.

Gruppengröße

Meist 1:1.

Dauer

45-60 Minuten.

Ablauf

Die Gestaltung eines Onlinecoachings unterscheidet sich kaum von einem Coaching, bei dem Sie sich mit Ihrem Klienten im selben Raum befinden.

Im Coaching geht es für uns Coachs vor allem darum, zuzuhören und Fragen zu stellen, die dem Coachee helfen, seine Lösung zu finden.

Die Durchführung mittels Webkonferenz ermöglicht Ihnen und Ihren Klienten, dass

- Sie von Angesicht zu Angesicht miteinander kommunizieren.
- Sie sofort aufeinander eingehen können.
- Sie gemeinsam Bilder und Dokumente entwerfen können.
- Sie Ziele o.Ä. konkret formulieren und festschreiben können.

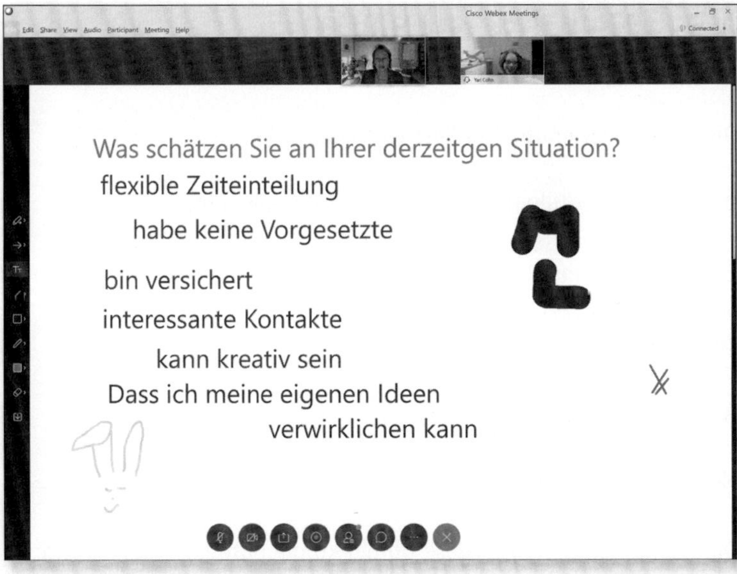

Bemerkungen

Eine Coachingeinheit, die mittels Webkonferenz durchgeführt wird, zwingt uns geradezu klar zu sein, da wichtige Aussagen in Schriftform für alle Beteiligten sichtbar (und wenn geünscht auch später immer wieder einsehbar) festgehalten werden.

Erfahrungen

Eine Ausnahme stellen Interventionen im Raum wie z.B. Aufstellungen dar. Hier können wir Onlinecoaching nicht empfehlen, diese Interventionen benötigen unserer Erfahrung nach die Anwesenheit aller Partner im selben Raum.

3.5 Die Hälfte der Hälfte

Kurzbeschreibung Die Teilnehmer erarbeiten Kernaussagen.

Ziele Der bearbeitete Inhalt wird auf den Punkt gebracht.

Tools Diskussionsforum, E-Mail.

Wann einsetzen? Zum Abschluss eines Themas.

Gruppengröße Auch für große Gruppen geeignet.

Dauer Mehrere Tage.

Ablauf Die Ausgangspunkte für diese Übung können unterschiedlich sein:

- Sie haben in Ihrem Seminar (virtuell oder f2f) an wichtigen Eigenschaften/Merkmalen gearbeitet (Eine „gute" Lehrerin ist ...; Was muss alles bei der Einführung von Personal berücksichtigt werden ...; Was sind die Voraussetzungen an einen idealen Untersuchungsgegenstand ...; usw.).
- Sie haben in Ihrem Seminar (virtuell oder f2f) ein Brainstorming zu einem Thema veranstaltet.
- Sie haben Ihre Teilnehmer aufgefordert, in ein Forum zu posten, welches die für sie wichtigsten Aussagen zum bearbeiteten Thema sind.
- Sie haben Ihren Teilnehmern eine Liste mit Aussagen (wie z.B. die Netiquette oder die Vorgehensweise, ein Problem zu lösen etc.) zur Verfügung gestellt.
- ...

Auf jeden Fall bildet eine Liste von Merkmalen, (Verhaltens-)Anweisungen usw., die allen Teilnehmern vorliegt, den Ausgangspunkt.

- Fordern Sie in der ersten Runde die Teilnehmer per E-Mail auf, diese Liste in eigenen Worten auf exakt 32 Begriffe einzugrenzen und im Forum zu veröffentlichen.

- Nun bewertet ein externes Richterteam (evtl. bestehend aus Kollegen, mit denen Sie zusammenarbeiten) die Vorschläge und veröffentlicht die Top 3.
- In den nächsten Runden werden die Teilnehmer aufgefordert, die Wortanzahl ihrer Aussagen kontinuierlich schrumpfen zu lassen: erst auf 16, dann acht, vier und schließlich auf zwei Worte. Die Teilnehmer müssen „lediglich" darauf achten, dass der Sinn der Aussage bestehen bleibt.

- Nach der Schlussrunde bewertet das externe Richterteam die Top-3-Zusammenfassungen jeder Runde und veröffentlicht ihre Entscheidung.

Jede Zusammenfassung, die prämiert wurde, erhält Punkte; z.B. für einen „Rundensieg" 5, für einen zweiten Platz 3 und für einen dritten Platz 2 Punkte. Jene drei Teilnehmer, die die meisten Punkte erhalten haben, bekommen von den übrigen Teilnehmern ein Geschenk (Ideen dazu finden Sie in der Methode *„Das können Sie sich schenken", Seite 250)*.

Bemerkungen

Diese Übung bringt die relevanten Ergebnisse eines Themas kurz und knapp auf den Punkt und zwingt die Teilnehmer dazu, sich zu überlegen, welche Aussagen wirklich wichtig sind.

Erfahrungen

Die Hälfte der Hälfte ist ein einfach zu organisierendes Lernspiel mit tollem Endergebnis.

Referenzen

Dieses Lernspiel haben wir in abgewandelter Form aus Sivasailam Thiagarajans lesenswertem Artikel *„Zero Cost E-Learning"* übernommen.

3.6 Einen gemeinsamen Nenner finden

Kurzbeschreibung Die Teilnehmer finden die passende Definition eines zentralen Begriffs.

Ziele
- Begriffsklärung.
- Im Berufsleben täglich verwendete Begriffe präzisieren.
- Verstehen, dass Begriffe unterschiedlich verwendet werden.

Tools E-Mail, Diskussionsforum.

Wann einsetzen?
- Um für ein Thema zu sensibilisieren.
- Um ein Thema abzuschließen.
- Um eine Diskussion anzufachen.

Gruppengröße Einzelarbeit, die Gruppe sollte dennoch nicht größer als 30 Personen sein.

Dauer Je nach Gruppengröße.

Ablauf
- Schreiben Sie Ihre Definition eines Begriffs auf, der für das Seminar zentral ist.
- Senden Sie eine E-Mail an den Teilnehmer, der laut Reihenfolge zuerst kommt (Anregungen zum Bilden von Reihenfolgen finden Sie im Kapitel *„Sonstige Methoden", Seite 328 ff*). Fordern Sie diesen Teilnehmer auf, Ihre Definition nach dem eigenen Verständnis zu verändern und nur diese Definition an die nächste Person und an Sie weiterzuleiten usw.
- Schicken Sie eine E-Mail an alle Teilnehmer, in der Sie die Spielregeln erklären.

Beispiel

> Liebe Controlling-Community,
>
> das Setting unserer nächsten E-Mail-Übung erinnert vielleicht ein wenig an die Situation in manchem Unternehmen: Sie müssen sich mit vorgegebenen Tatsachen abfinden (der Definition, die Sie in der E-Mail erhalten), diese im Rahmen der Möglichkeiten

entsprechend der eigenen Bedürfnisse verändern und dann weiterleiten ohne zu wissen, was dabei herauskommt. ;-)

Konkret geht es um Folgendes:
- Ich schicke die für mich gültige Definition des Schlagwortes „Marktorientiertes Controlling" an die/den Erste/n in der vereinbarten Reihenfolge.
- Diese/r verändert die gegebene Definition so, dass sie möglichst gut an die eigene herankommt und schickt diese ohne die ursprüngliche Definition an die/den Nächste/n in der Liste und an mich weiter, welche/r wiederum gleich fortfährt:

a) Die erhaltene Definition verändern.
b) Nur die neue Definition an die/den Nächste/n und an mich schicken.

Ausgangspunkt Ihrer Definition ist auf jeden Fall jene, die Sie per E-Mail zugesendet bekommen. Hier können Sie etwas dazuschreiben oder auch weglassen, sie ein wenig umändern, aber auf keinen Fall können Sie sie einfach ignorieren und nur Ihre eigene Definition weiterleiten!

Schicken Sie die neue Definition jeweils innerhalb eines Werktages weiter.

Variation

Wenn alle Definitionen eingetroffen sind, schicken Sie die gesamte Liste mit der Bitte um Kommenterierung an alle Teilnehmer. Veröffentlichen Sie die Liste und die Kommentare im Diskussionsforum.

Sie können die Liste der Definitionen auch, anstatt sie zum Schluss an die Teilnehmer zu schicken, in einem Diskussionsforum veröffentlichen und die Teilnehmer auffordern, sie zu diskutieren.

Bemerkungen

Wenn Sie diese E-Mail-Übung mit Mitarbeitern einer Firma durchführen, so kann es von Vorteil sein, die Reihenfolge geheimzuhalten.

Erfahrungen Eine einfache Übung, die den Blickwinkel sowohl der Teilnehmer als auch der Trainer erweitert!

3.7 Eins, zwei, vier

Kurzbeschreibung

Die Teilnehmer erarbeiten aufgrund ihrer praktischen Erfahrung Listen mit wichtigen Merkmalen/Anforderungen zum Seminarthema.

Ziele

- Erfahrungsaustausch.
- Lernen aus der Praxis der Teilnehmer.

Tools

Diskussionsforum, E-Mail.

Wann einsetzen?

Jederzeit im Laufe eines Seminars, wenn Sie die Teilnehmer in ihrer Professionalität bestärken wollen bzw. deren professionelle Sicht ins Seminar holen möchten.

Gruppengröße

Auch für große Gruppen geeignet.

Dauer

Mehrere Wochen:
- Für die Einzelarbeit: 1 Woche
- Für die Zweier-Teamarbeit: 2 Tage
- Für die Vierer-Teamarbeit: 1 Woche
- Für die Achter-Teamarbeit: 1 Woche

Ablauf

Die Geschichte schreiben

Fordern Sie Ihre Teilnehmer per E-Mail auf, sich eine Situation zu überlegen, in der sie besonders erfolgreich kommuniziert, geführt, verkauft, Konflikte gelöst ... (oder was auch immer Ihr Seminarthema ist) haben.

Lassen Sie Ihre Teilnehmer diese Situation beschreiben und geben Sie ihnen Anhaltspunkte, worauf sie bei der Beschreibung achten sollen. Wir haben diese Übung bei einem Führungskräftetraining eingesetzt und den Teilnehmern die folgenden Anhaltspunkte mitgegeben:

Beispiel

> Beschreibe eine „Führungs-Legende“ – eine Geschichte, in der du gut geführt hast oder gute Führung erlebt hast.

- Was war die Ausgangsposition?
- Welche Personen sind an der Geschichte beteiligt?
- Wie hat die Führungsperson agiert/reagiert?
- Wie hat der/die Geführte agiert/reagiert?
- Was macht diese Geschichte zu einer Geschichte über gute Führung?

Näheres zur Gruppeneinteilung finden Sie im Kapitel „Sonstige Methoden", ab Seite 328 ff.

Schicke deine Geschichte per E-Mail bis zum 14.11. an deine/n Partner/-in.

Lest bis zum 15.11. die Geschichte eures Partners durch und stellt, wenn notwendig, dazu Rückfragen.

Vervollständigt eure Geschichte aufgrund der Rückfragen so, dass sie für Außenstehende nachvollziehbar ist und schickt sie per E-Mail wiederum an eure/n Partner/-in und auch an mich.

Herausfiltern von Attributen
Zwei Zweier-Teams bilden nun ein Vierer-Team. Die Mitglieder des Vierer-Teams senden sich gegenseitig die überarbeiteten Geschichten zu und klären, wenn notwendig, Rückfragen der neuen Teammitglieder ab.

Zu viert arbeiten sie eine Liste von Attributen aus. In unserem beschriebenen Fall wurden Attribute ausgearbeitet, die in den folgenden Kategorien zusammengefasst wurden:

- Persönlichkeitsmerkmale erfolgreicher Führungskräfte.
- Rahmenbedingungen für erfolgreiche Mitarbeitergespräche.
- Qualitätsmerkmale von Teams.

Diese Kategorien von Attributen wurden aufgrund der Geschichten, die die Teilnehmer erzählten, erstellt; sie ergaben sich also im Laufe der Übung.

Für die Zusammenarbeit nutzten die Teilnehmer gerne Instant Messaging wie beispielsweise *Signal.org*, das im Vergleich zu WhatsApp abhörsicher ist, sowie die von uns für die Vierer-Teams eröffneten Foren.

Die Weiterarbeit mit den Attributen

Das Ergebnis dieser Übung stellten Checklisten (die Listen der Attribute) dar, die die Teilnehmer in ihrer Praxis anwenden konnten.

In unserem Fall zogen wir die Liste der Persönlichkeitsmerkmale erfolgreicher Führungskräfte nochmals heran, um eine Überprüfung des Selbstbildes und des Fremdbildes durchzuführen.

Dazu forderten wir die Teilnehmer auf, sich selbst anhand der Liste auf einer Skala von 1-5 einzuschätzen. Gleichzeitig sollten sie 2-3 Teilnehmer auffordern, sie ebenfalls anhand der Liste einzuschätzen und diese Einschätzung an sie per E-Mail zu senden.

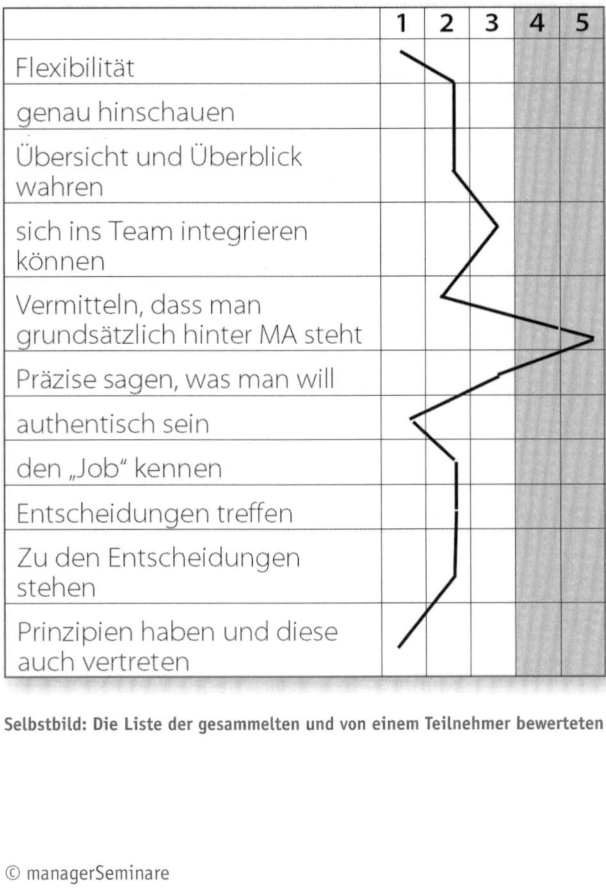

Legende:
1 = sehr stark vorhanden
2 = stark vorhanden
3 = vorhanden
4 = kaum vorhanden
5 = nicht vorhanden

Selbstbild: Die Liste der gesammelten und von einem Teilnehmer bewerteten Attribute.

Bemerkungen

Es ist natürlich auch möglich, die Ergebnisse in einem Forum zu veröffentlichen und diese dort zu diskutieren.

Erfahrungen

Die eigene Praxis ins Seminar zu holen, macht den Teilnehmern online genau so viel Spaß wie in einer Präsenzveranstaltung.

Wir haben die Erfahrung gemacht, dass es für viele Teilnehmer hilfreich ist, wenn wir im Anschluss an die Selbstbild-Fremdbild-Übung nachfragen, wie zufrieden sie mit den Ergebnissen sind, wo sich ihr Selbstbild mit dem Fremdbild deckt und wo diese auseinanderklaffen.

3.8 Expertenbefragung

Kurzbeschreibung

Die Experten stehen mit Ihren Teilnehmern in E-Mail-Kontakt.

Ziele

- Das Einbringen neuer Sichtweisen ins Seminar.
- Die Teilnehmer lernen mit dem Medium „E-Mail" umzugehen.

Tools

E-Mail, Diskussionsforum.

Wann einsetzen?

Zur Vertiefung eines Themas.

Gruppengröße

Entweder Einzelkontakte oder Gruppen von 2-3 Teilnehmern.

Dauer

Einige Wochen.

Ablauf

Bitten Sie eine Kollegin, befreundete Praktiker oder Theoretiker, mit Ihren Teilnehmern für einige Wochen per E-Mail oder Mailingliste zu korrespondieren.

Beauftragen Sie jeden Teilnehmer dazu, die wichtigsten Aussagen und Schlüsse aus den E-Mails zusammenzufassen und im Forum zu veröffentlichen.

Als Gegenleistung können Sie anbieten, die gesamte Korrespondenz zusammenzufassen und zur Verfügung zu stellen, den Zugang ins Forum der Zusammenfassungen gewähren, oder die Teilnehmer bearbeiten eine Fragestellung, einen Fall etc.

Variation

Diese Übung können Sie auch sehr gut im Anschluss an eine Lehrveranstaltung an einer Universität/Fachhochschule einsetzen. Bitten Sie eine Kollegin, einen Kollegen von einer anderen (ausländischen?) Uni, mit Ihren Studierenden zu einem bestimmten Thema in E-Mail-Kontakt zu treten.

Im Gegenzug dazu bieten Sie der Person an, mit ihren Studierenden per E-Mail zu einem Thema zu diskutieren.

Möglicherweise freut sich eine emeritierte Kollegin über die Möglichkeit, mit Studierenden in Meinungsaustausch zu treten!

Bemerkungen

Begrenzen Sie die Anzahl der E-Mails, die jeder Teilnehmer an den Korrespondenzpartner schicken kann.

Erfahrungen

Im Rahmen unserer Zusammenarbeit mit Kolleginnen und Kollegen findet sich immer jemand, der sich eine Zeit lang als Spezialist zur Verfügung stellt. Dies beruht natürlich auf Gegenseitigkeit. ;-)

Die Vorteile dieser Methode liegen unserer Meinung nach nicht nur bei den Teilnehmern und dem Trainer. Auch der Experte bekommt neue Einblicke und Fragestellungen in bekannte Themen.

3.9 Expertenchat

Kurzbeschreibung

Die Teilnehmer diskutieren online und in Echtzeit mit einer Expertin oder einem Experten.

Ziele

- Vertiefen eines Themas.
- Einbeziehen neuer Meinungen.

Tools

Chat, Web-Konferenzraum, E-Mail.

Wann einsetzen?

Zum Abschluss eines Themas.

Gruppengröße

- Wenn Sie diskutieren wollen: 5-7 Personen.
- Als Frage-Antwort-Spiel auch für größere Gruppen geeignet.

Dauer

1 Stunde.

Ablauf

Meist ergibt sich die Idee zum Expertenchat aus dem Seminarverlauf: Ein Thema wird ausführlich behandelt, könnte man dazu nicht diese oder jene Persönlichkeit einladen?

Im Gegensatz zu Präsenzveranstaltungen kann dies sehr leicht ermöglicht werden: Schließlich muss der Experte nicht erst einen langen Anfahrtsweg in Kauf nehmen und womöglich einen ganzen Tag opfern, sondern er kann vom Computer seines Arbeitsplatzes aus mitchatten.

Vorbereitung des Expertenchats

Finden Sie gemeinsam mit den Teilnehmern ein Ziel für den Chat (Information, Diskussion, Bewerbung, ...). Je nach definiertem Ziel werden Sie die Veranstaltung anders anlegen bzw. ist auch die Vorbereitung des Experten eine andere.

Normalerweise soll in einem Expertenchat neben einer kurzen Informationsphase vor allem diskutiert werden. In diesem Fall empfiehlt es sich, die Teilnehmer zu beauftragen, Fragen zu finden, die sie stellen möchten. Sammeln Sie die Fragen im begleitenden Diskussionsforum. Falls notwendig, formulieren Sie einige gemeinsam mit den Teilnehmern um.

Laden Sie Teilnehmer und Experten mit einer detaillierten E-Mail nochmals ein, in der Sie auf jeden Fall auflisten:

- Thema und Ziel des Chats
- Vorstellung der Expertin
- Die Teilnehmergruppe
- Wo befindet sich der Chat (unter welcher URL ist er zu erreichen)?
- Von wann bis wann dauert der Chat?
- Was passiert mit dem Chatprotokoll?
- Wer ist der Moderator?
- Was passiert, wenn der Chat nicht funktioniert? Alternative: Sie treffen sich im Wiki-Web oder im Forum.

Durchführung des Expertenchats
Ein Expertenchat wechselt meist ab zwischen Frage-und-Antwort-Spiel und Diskussion.

Wenn die Diskussion zu unübersichtlich zu werden droht, gibt es mehrere Möglichkeiten:

- Die Diskutierenden müssen sich bei Ihnen zu Wort melden („Hand heben").
- Sie führen die Diskussion als *„Kreisgespräch" (Seite 181)* durch.
- Ein Teilnehmer diskutiert alleine mit dem Experten (Die Teilnehmer für diesen Fall schon vorher benennen).
- Sie lassen keine Diskussion unter den Teilnehmern, sondern nur mit dem Experten zu.

Die Moderationsregeln orientieren sich hier am freien Chat und vor allem an der Moderation von f2f-Expertengesprächen.

Nachbereitung des Expertenchats
Die Nachbereitung des Expertenchats erfolgt nach dem selben Muster wie die Nachbereitung des freien Chats und die Nachbereitung eines f2f-Expertengesprächs.

Bemerkungen Für Online-Seminare gelten die selben Vorgehensweisen wie für f2f-Veranstaltungen bezüglich Information über Teilnehmer, Honorargestaltung etc.

Erfahrungen

Manche Experten wollen vor dem Chat bezüglich der zu erwartenden Fragen gerne gebrieft werden. Nachdem Sie die Fragen schon vorher mit Ihren Teilnehmern gesammelt haben, ist dies kein Problem.

Achten Sie jedoch darauf, dass der Experte schon noch die eine oder andere Frage akzeptiert, die sich aus dem Diskussionsverlauf ergibt.

Bereiten Sie einen Expertenchat möglichst gut vor; Absprachen während des Chats sind nur sehr schwer durchzuführen.

3.10 Expertenforum

Kurzbeschreibung Experten stehen im Diskussionsforum Frage und Antwort.

Ziele Expertenwissen zur Verfügung stellen.

Tools Diskussionsforum, Abstimmungs-Tool der Lernplattform.

Wann einsetzen?

- Zum Ende der Bearbeitung eines Themas.
- Begleitend zur Bearbeitung eines Themas.

Gruppengröße Bis zu 15 Personen.

Dauer Mehrere Tage bis zu mehreren Wochen.

Ablauf Klären Sie zuerst mit Ihren Teilnehmern mittels *„Online-Umfrage" (Seite 265)* ab, ob diese auch daran interessiert sind, mit einem Experten zu diskutieren.

Fragen: Expertin zum Thema "Personalentwicklung" :: Stimmen insgesamt: :6		
Wahl der Antworten	Stimmen	Statistiken
ja	5	[83.33%]
nein	1	[16.67%]
Du hast bereits abgestimmt		

Beispiel

Liebe Personalerinnen und Personaler,

unser Thema „Wie können Personalressourcen optimal genutzt werden" ist um eine heftig diskutierte Facette reicher: „Was tun, mit Frauen (oder Männern) in Führungspositionen, die in Karenz sind?"

Zu diesem Thema würde ich sehr gerne eine Personalentwicklerin der XyZ AG, Deutschland einladen, uns im Forum Frage und Antwort zu stehen. Die XyZ AG nimmt beim Thema „Mitarbeiter/-innenkarenz" seit Jahren eine Vorreiterstelle ein.

> Bevor ich sie anfrage, möchte ich allerdings sicher sein, dass euer Interesse am Thema vorhanden ist und ihr in einen Meinungsaustausch mit einer Praktikerin einsteigen wollt. ;-)
>
> Aus diesem Grund bitte ich euch, die oben stehende Umfrage bis spätestens Freitag, 18. März zu beantworten.

Erst wenn die große Mehrheit ihrer Teilnehmer sich interessiert zeigt, sammeln Sie Diskussionspunkte mit Ihren Teilnehmern – und laden Sie den Experten ein.

Bemerkungen

Weisen Sie die Teilnehmer vor Beginn der Expertendiskussion auf die Einhaltung der Netiquette – auch untereinander – hin.

Vereinbaren Sie mit dem Experten fixe Zeiten, an denen er ins Forum schaut und auf die Fragen der Teilnehmer antwortet.

Erfahrungen

Möglicherweise ist es sinnvoll, einen Teilnehmer zu beauftragen, eine FAQ-Liste mit im Expertenforum schon oft gestellten Fragen anzulegen, auf die bei Bedarf hingewiesen werden kann.

Im Falle von sehr großem Interesse (Einzelner) kann es notwendig sein, die Anzahl der Meldungen pro Woche zu limitieren.

3.11 Expertenthemen

Kurzbeschreibung

Bei der Arbeit mit der Methode der Expertenthemen sind die Teilnehmer die ausgewiesenen Spezialisten für den Inhalt, der bearbeitet wird.

Dies stellt hohe Anforderungen an die Motivation und den Einsatz der Teilnehmer und erfordert seitens des Trainers Organisationstalent sowie die Fähigkeit, Prozesse zu initiieren und am Laufen zu halten.

Wenn die Auseinandersetzung mit einem Thema im Seminar sehr intensiv sein soll, ist diese Methode jedoch wirklich zu empfehlen.

Ziele

- Die Teilnehmer setzen sich vertieft mit einem Thema auseinander.
- Die Teilnehmer übernehmen innerhalb des Seminars Verantwortung für das bearbeitete Thema.
- Die Zusammenarbeit der Teilnehmer wird auf strukturierte Art sehr intensiv.
- Ein Thema wird von unterschiedlichen Seiten beleuchtet und gründlich bearbeitet.

Tools

Diskussionsforum, unterschiedliche synchrone Kommunikationswerkzeuge zur Zusammenarbeit der Experten.

Wann einsetzen?

Zur inhaltlichen Arbeit.

Gruppengröße

Zur Bearbeitung der Expertenthemen eignen sich, je nach Größe der Gesamtgruppe, 2-5 Personen. Sollte die Gesamtgruppe größer als 40 Personen sein bzw. sollten mehr als 5 Untergruppen gebildet worden sein, so ist es sinnvoll, dass jede Untergruppe mit nicht mehr als 3-4 anderen Untergruppen zusammenarbeitet.

Dauer

- Für den ersten Schritt bis zu einer Woche.
- Für den zweiten Schritt bis zu zwei Wochen.
- Für den dritten Schritt bis zu zwei Wochen.
- Für den vierten Schritt bis zu zwei Wochen.

Da die Methode der Expertenthemen sehr komplex ist, erfordert sie auch genaue Erklärungen. Zur Veranschaulichung und vielleicht zum sofortigen Ausprobieren haben wir die Erläuterungen, die wir den Teilnehmern zukommen lassen, für Sie im Folgenden abgedruckt.

Ablauf

Beispiel: Vorstellen der Methode

Hallo, liebe Community,

die heutige Aufgabe ist statt einer Seminararbeit zu sehen. Sie macht zwar ein bisschen mehr Aufwand, bringt dafür aber auch sehr viel an neuem Wissen, sowohl inhaltlich als auch methodisch.

Die Methode:
Die Methode der Expertenthemen setzen wir gerne bei Präsenz-Veranstaltungen ein. Kurz gesagt geht es darum, dass die Teilnehmer/-innen sich in ein Thema einarbeiten und für dieses Thema für alle (also sowohl für die anderen TN als auch für die LG-Leitung) Experten/-innen sind. Normalerweise bearbeiten wir dann ein Projekt, und aus jedem Expertenthema sitzt ein/e Experte/-in in einer Projektgruppe. So sind unterschiedliche Experten/-innen zu einem Projektteam vereint.

Wer sich für die Methode genauer interessiert, bitte einfach eine kurze Nachricht an mich.

Nun aber zur Vorgehensweise in diesem Seminar:
Wir haben drei Expertenthemen mit dazu passenden Literaturtipps ausgewählt. Es sind dies:

Vorstellen der Themen

- Einsatz von neuen Medien in Schulen – Praxisberichte.
- Einsatz von E-Learning im betrieblichen Umfeld.
- Einsatz von neuen Medien – Theoretisches und die hierzulande herrschende Praxis.

Zu jedem dieser Themen haben wir ein neues Forum eröffnet. Die Literatur, die wir für euch zusammengestellt haben, ist im jeweiligen Forum kurz beschrieben und auch dort zum Download zur Verfügung gestellt.

Vorgehensweise
Schritt 1

Erster Schritt:
Sucht euch ein Thema aus, in dem ihr Experte/-in werden wollt. Tragt euch im entsprechenden Forum ein, sodass wir wissen, zu welchem Thema ihr gehört. Es dürfen pro Thema nicht mehr als fünf Experten/-innen mitmachen. Wenn das Thema schon belegt ist, müsst ihr euch leider für ein anderes entscheiden. Also – je schneller ihr seid, umso eher bekommt ihr euer Thema!

Schließt euch dann mit eurem/eurer Partner/-in kurz und schreibt gemeinsam in „euer" Forum, warum ihr euch für euer Thema entschieden habt.

Für diesen Schritt habt ihr bis zum 17. November Zeit.

Schritt 2

Zweiter Schritt:
Arbeitet euch anschließend in die angegebene Literatur ein. Natürlich könnt ihr auch weiterführende Literatur verwenden!

Schreibt in euer Forum eine kurze Zusammenfassung eurer Artikel, und was ihr an eurem Thema besonders interessant findet.

Für diesen Schritt habt ihr bis zum 8. Dezember Zeit.

Schritt 3

Dritter Schritt:
Nun werden Fragen an die Experten/-innen gestellt. Damit es aber nicht zu kompliziert wird, mehr darüber später ...

Viele Grüße und viel Erfolg
Kornelia & Hartmut

So sah ein Forum aus, das wir für die Experten des Themas „Einsatz von E-Learning im betrieblichen Umfeld" eingerichtet haben:

Hallo an die Experten/-innen zum betrieblichen E-Learning,

hier die Literaturtipps zum Thema:

Einsatz von E-Learning im betrieblichen Umfeld

Klickt einfach die jeweilige Überschrift an und ihr könnt den dazu gehörenden Artikel herunterladen.

- Selbststeuerung des Lernprozesses
  Sieben Thesen zur Selbststeuerung des Lernprozesses aus der Sicht des Personalwirtschafters. Einsatz von E-Learning in Unternehmen. 6 Seiten.

- E-Enabling von Mitarbeitenden
  Kurzaufsatz zu Chancen und Gefahren des Einsatzes von E-Learnings in Großunternehmen. 6 Seiten.

- E-Learning ist kein Allheilmittel
  Ein paar Gedanken zu E-Learning (ebenfalls aus betrieblicher Sicht). 5 Seiten.

- ...

Eröffnung des Forums für ein Experten-thema

Nun haben die Teilnehmer Zeit, sich in die Literatur zu vertiefen und sich je nach Interesse zu einem Thema zum Experten weiterzubilden.

Zum angekündigten Datum haben sich alle für ein Thema entschieden und diese Entscheidung auch kurz begründet.

---- Martina ---- ---- Wolfgang ---- ---- Werner ----
Unsere Gründe für die Themenwahl sind unterschiedlich. Grundsätzlich interessiert es uns, einmal über den „Tellerrand zu schauen".
Wir haben bisher mit gemischten Gefühlen die Implementierung von E-Learning an der Hochschule kennengelernt. Nun wollen wir unseren

Begründung der Themenwahl

> Horizont erweitern, in der Hinsicht, dass wir uns auf eine andere Bildungsschiene konzentrieren: die betriebliche Aus- und Weiterbildung.
>
> Wir finden, es ist eine Herausforderung für ein Unternehmen, die Akzeptanz bei ihren Mitarbeitern hinsichtlich des Einsatzes von E-Learning-Maßnahmen zu fördern. Es wird ja oft von „learning on demand" gesprochen und von den vielen Kosteneinsparungen (örtlich, zeitlich).
>
> Uns interessiert die Rolle der Bildungsverantwortlichen, wie sie positioniert sind im Unternehmen, was sie für interne Öffentlichkeitsarbeit für E-Learning betreiben und wie sie auf die Bedürfnisse der Mitarbeiter eingehen. Wissensmanagement war für uns bisher nur ein Begriff mit wenig Bedeutung, wir möchten mehr damit assoziieren können.
>
> Unser Anliegen ist es auch, für unseren evtl. späteren Beruf als „Medien-Pädagogen/-in" Kompetenzen zu erwerben, in diesem Fall Fachwissen. Vielleicht sind wir ja später in der betrieblichen Aus- und Weiterbildung tätig??? :-)

Die Begründung der Themenwahl wird von allen Teilnehmern in ihren Expertenforen veröffentlicht. So wissen alle Gruppenmitglieder, wer sich für welches Thema interessiert und auch wo dabei die Interessensschwerpunkte sind.

Die nächste Ankündigung im Forum „Organisatorisches" bezieht sich auf die folgenden Schritte:

> Hallo, liebe Community,
>
> die Begründungen der Themenwahl sind von allen Gruppen in den jeweiligen Foren veröffentlicht und von euch bestimmt auch schon gelesen worden (Wenn nicht, schnell nachholen!).
>
> Nun lade ich euch zum nächsten Teil der Übung ein, der mit dem **dritten Schritt** beginnt.

Lest zuerst die Zusammenfassungen durch, die eure Kollegen/-innen zur Literatur ihres Themas verfasst haben. Dabei ergeben sich für euch sicherlich einige Fragen. Oder ihr wollt zu einzelnen, in der Zusammenfassung gemachten Statements mit den Experten/-innen oder den anderen Teilnehmern/-innen in Diskussion treten.

Dazu gibt euch dieser **dritte Schritt** die Möglichkeit:

Schritt 3

- Lest euch die Zusammenfassungen der anderen Experten/ -innen durch.
- Notiert euch schon während des Lesens Fragen, die ihr an die Experten/-innen habt. Es können dies Fragen zum Inhalt sein, Anregungen für eine Diskussion oder einfach „Nachfragen", weil ihr etwas nicht verstanden habt.

Wir eröffnen morgen, Dienstag, ein neues Forum. Dieses Forum ist dann ausschließlich für die Beantwortung und Diskussion der Expertenfragen reserviert.

Schreibt eure Fragen in dieses Forum. Bewahrt dabei bitte die folgende Form:

Überschrift: An wen richtet sich eure Frage; Stichwort zum Inhalt eurer Frage.
In den Text: Die Frage, warum stellt ihr sie, was interessiert euch dran, in welchem Zusammenhang ist die Frage für euch aufgetaucht. Vielleicht auch, welche Meinung habt ihr dazu (Wenn ihr die Experten/-innen nach ihrer Meinung fragt).

Zu jedem Expertenthema sollten von euch **zwischen drei und fünf Fragen** formuliert werden. Achtet darauf, dass zumindest auch eine Frage dabei ist, die der konstruktivistischen Schule verpflichtet ist!

Es geht jetzt erstmal nur darum, die Fragen zu formulieren! Dafür habt ihr bis zum **16. Dezember** Zeit.

Und danach gibt's eine Pause, versprochen! ;-)

> Sollte ich mich unklar ausgedrückt haben oder ihr wollt noch etwas anmerken – ich freu mich über Rückmeldungen!
>
> Liebe Grüße aus dem Montafon

Nachdem alle Fragen gesammelt sind, beantworten die Experten diese. Nachfolgend wiederum die Arbeitsanleitung:

> Hallo liebe Expertinnen,
> Hallo liebe Experten,
>
> toll, da stehen ja schon einige sehr interessante Fragen im Forum! :-) Ich bin schon sehr gespannt auf die Antworten und vor allem auch auf die Diskussionen, die sich hoffentlich noch ergeben werden! :-D
>
> Nun, der
>
> *Schritt 4*
>
> **vierte Schritt**
>
> ist ja nicht schwer zu erraten! ;-)
>
> Bitte antwortet im jeweiligen Experten/-innenteam gemeinsam auf die Fragen, die an euch gerichtet worden sind. Zur Absprache eurer Antworten stehen euch wiederum euer Forum, der Chat oder auch das Whiteboard zur Verfügung.
>
> Nehmt auch an den Diskussionen im Forum teil. Wie ich schon mal geschrieben habe: Ich mag nicht so gerne schreiben, ihr sollt mindestens XXX Diskussionsbeiträge leisten. Wir meinen, es sind erstens nicht so viele Diskussionsthemen und zweitens müssten diese für uns alle interessant sein. So nehmen wir an, dass schon jede/r in jedem Thema ein(ige) Mal(e) vertreten sein wird!
>
> Ja, jetzt kommen natürlich die Weihnachtsfeiertage, da verliert auch das interessanteste Thema seinen Reiz. :-)

> Vielleicht bekommt ihr während der Ferien ja trotzdem mal Lust und ihr schreibt was; wäre schön! Ansonsten habt ihr für diesen vierten Schritt Zeit bis zum
>
> **8. Januar.**
>
> Bitte gebt allen, die auf die von euch gestellten Fragen antworten, auch ein Feedback, ob die Frage für euch so beantwortet ist.
> ...

Die Expertenthemen können auf unterschiedliche Weise abgeschlossen werden.

Die folgenden Möglichkeiten haben wir bereits eingesetzt:

- Chat, in dem jede Gruppe 20 Minuten moderiert, die Ergebnisse zusammenfasst und abschließende Fragen beantwortet.
- Zusammenfassung der wichtigsten Diskussionspunkte und Präsentation am Whiteboard. Jede Gruppe hat 20-30 Minuten Zeit und moderiert ihren Teil selbst.
- Präsentation der Ergebnisse in einer abschließenden Präsenzphase.

Egal, für welche Möglichkeit wir uns entschieden haben, den Schlusspunkt unter diese Aufgabe setzt immer eine abschließende Reflexion der Teilnehmer, welche sie uns via E-Mail zusenden.

Projekt

Projektarbeit

Nach dem vierten Schritt besteht auch die Möglichkeit, das Wissen der Experten zu nutzen, um gemeinsam Projekte abzuwickeln.

Eine Projektgruppe besteht dabei aus je einem Mitglied jedes Expertenthemas.

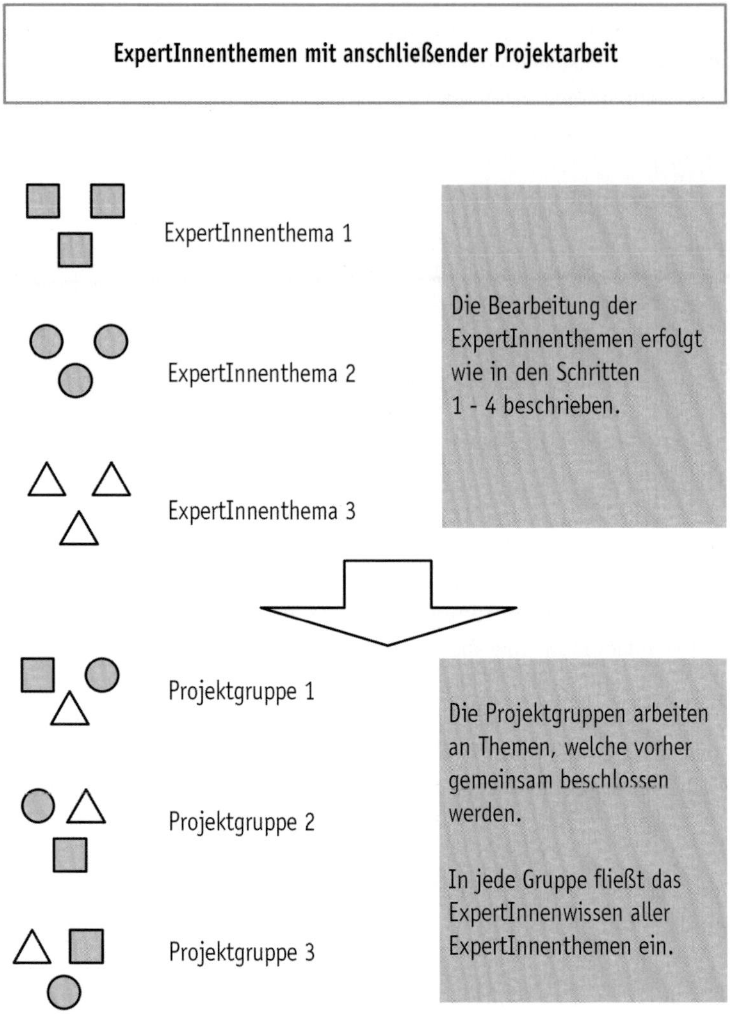

Diese Vorgehensweise ist besonders für längere Lehrgänge zu empfehlen. Die Ergebnisse, die erzielt werden, sind beachtlich und auch die Motivation der Teilnehmer ist sehr hoch, da sie jederzeit mit ihrem Expertenwissen gefragt sind.

Es empfiehlt sich jedoch, erst einmal mit der „Light-Version" zu beginnen und die anschließende Projektphase erst dann einzusetzen, wenn Sie Erfahrungen mit der Methode der Expertenthemen gesammelt haben.

Bemerkungen

Bei der Arbeit an Expertenthemen können unterschiedliche Werkzeuge eingesetzt werden. Das Diskussionsforum eignet sich dabei sehr gut zur Dokumentation der Arbeit.

Darüber hinaus setzen wir mindestens eine Sitzung im Web-Konferenzraum ein. Diese Termine, an denen alle gleichzeitig online sind, werden genutzt, um den Forschritt in den Themen kurz zu präsentieren und um Fragen an die anderen Expertengruppen bzw. an uns zu stellen.

Die methodischen und auch inhaltlichen Gestaltungsmöglichkeiten sind sehr vielfältig. Wir haben oben eine Möglichkeit beschrieben, es lassen sich zur Vorgehensweise jedoch viele Variationen denken.

Diese Methode verlangt vom E-Trainer ganz besonders die Fähigkeit zum Organisieren und Strukturieren des Lernprozesses ab. Inhaltliche Experten sind die Teilnehmer!

Erfahrungen

Möglicherweise klingen die obigen Beschreibungen nach viel Arbeit. Nun, das stimmt! Dennoch – diese Arbeit lohnt sich für Sie und Ihre Teilnehmer bestimmt.

Die Teilnehmer arbeiten sehr gerne mit dieser Methode, und ihr Status als Experte wirkt zusätzlich motivierend. Es ist auch schon vorgekommen, dass sich im Anschluss an ein Expertenthema eine Projektgruppe zur weiteren Zusammenarbeit, auch noch nach dem Seminar, gebildet hat.

Die Gruppenfindung funktioniert reibungslos, da sie über die Themen geschieht und klar definiert ist, wie viele Personen höchstens eine Gruppe bilden dürfen.

Fast ohne es zu merken, setzen die Teilnehmer bei der Arbeit mit der Expertenmethode die unterschiedlichen Kommunikationswerkzeuge ein, etwa, um gemeinsame Statements zu erarbeiten oder zur Gedankensammlung.

3.12 Fallstudienarbeit

Kurzbeschreibung

„A case study is a case to study" (R. Stake, 2005).

Ziele

- Erfahrungslernen und Weiterentwickeln der eigenen Professionalität.
- Arbeiten an einer konkreten und für den Einzelnen relevanten Fragestellung.
- Erforschen einer speziellen Thematik aus der eigenen Praxis.
- Kennenlernen eines Instrumentes zur Bearbeitung einer komplexen Berufswelt und/oder zur Reflexion der eigenen Rolle.
- (Weiter-)Entwicklung beruflichen Wissens in einem Diskurs mit anderen Experten dieses Berufes.

Tools

Diskussionsforum, E-Mail, Weblog.

Wann einsetzen?

Zur intensiven Auseinandersetzung mit der Praxis der Teilnehmer und den Seminarinhalten.

Gruppengröße

Meist Einzelarbeit, jedoch hoher Beratungsaufwand. Pro Trainer/Tutorin 12-15 Personen möglich.

Dauer

- Für die Klärung der Ausgangssituation: 1 Woche.
- Für den Import von Wissen: 4-6 Wochen.
- Umsetzen des Gelernten/Neuen: Je nach Projektgröße zwischen 4 und 8 Wochen.
- Durchatmen, Umschauen: 1 Woche.
- Überprüfung und Reflexion: 2 Wochen.
- Formulieren und Verbreiten: 2-4 Wochen.

Ablauf

Die folgende Abbildung soll einen Überblick über den Ablauf und die Schwerpunkte der Fallstudienarbeit geben. Wir gehen auf den folgenden Seiten näher auf die einzelnen Punkte ein.

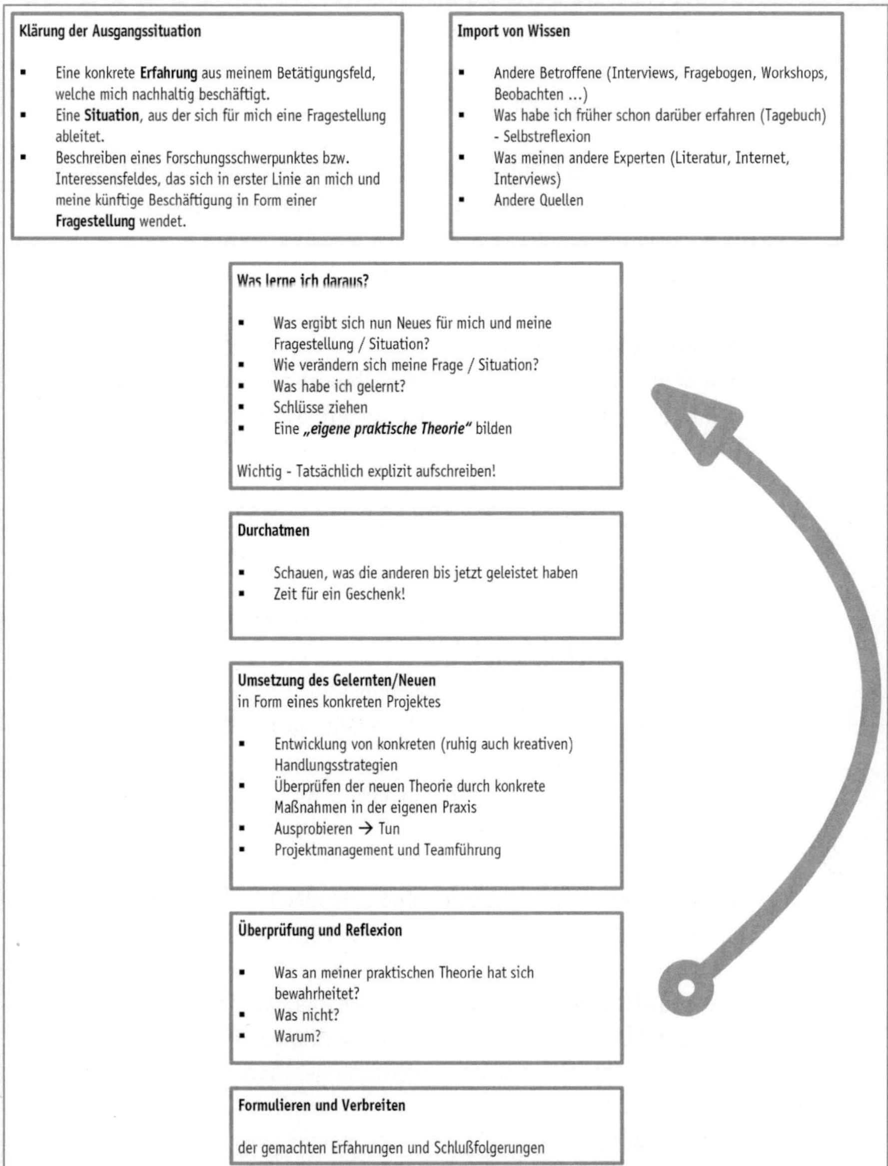

Das „Y-Modell“ der Fallstudienarbeit (Quellen: Altrichter/Posch).

1. Klärung der Ausgangssituation

Die folgenden Fragen helfen Ihren Teilnehmern, die Ausgangssituation zu klären:

- Wo stehe ich momentan?
- Was beschäftigt mich?
- Was bringe ich mit?

Fordern Sie Ihre Teilnehmer auf, über diese Fragen schriftlich nachzudenken und eine konkrete Erfahrung/Situation sowie die sich daraus ableitende Fragestellung zu beschreiben und dies unter einer passenden Überschrift im Diskussionsforum zu veröffentlichen.

2. Import von Wissen
Die Schlagworte, die unter dieser Überschrift stehen, lauten: Verständnis vertiefen – was meinen andere dazu?

Die Teilnehmer recherchieren zum Thema, treten in Mailkontakt mit Experten. Sie sind jedoch auch eingeladen, die Fälle der anderen Teilnehmer zu lesen und gegebenenfalls Anmerkungen und Vorschläge aus der eigenen Praxis zu einzelnen Themen zu machen.

3. Was lerne ich daraus?
Die Teilnehmer stellen sich die folgenden Fragen:
- Was ergibt sich nun Neues für mich, meine Fragestellung und meine Situation?
- Wie verändert sich meine Situation nun?
- Was habe ich gelernt?

Diese Fragen sind ausführlich und schriftlich zu beantworten – eine Tätigkeit, die vielen Teilnehmern zu Beginn recht schwer fällt.

Das schriftliche Ziehen von Schlüssen aus dem importierten Wissen und die Ableitung einer eigenen persönlichen Theorie und deren Veröffentlichung im Diskussionsforum gehören zu diesem Schritt.

4. Durchatmen
Eine wichtige Stufe, die wir in unsere Online-Seminare eingebaut haben, ist erst einmal wieder Luft zu holen, sich umzusehen, was die anderen bis jetzt geleistet haben.

Jetzt wäre auch die Zeit, sich gegenseitig ein Geschenk zu machen (*„Das können Sie sich schenken!“, Seite 250*).

5. Umsetzen des Gelernten/Neuen in Form eines Projektes
Hilfreich ist es in dieser Phase, wenn die Teilnehmer sich innerhalb des Seminars eine kritische Freundin oder einen kritischen Freund (*Seite 342*) suchen, um Feedback zur eigenen Vorgehensweise einzuholen (*siehe hierzu auch den Linktipp am Ende dieser Methode*).

6. Überprüfung und Reflexion
Auf dieser Stufe ist es besonders förderlich, wenn die Teilnehmer ein Lerntagebuch geführt haben.

Nun werden die entwickelte praktische Theorie, die daraus abgeleiteten Handlungsschritte und Lösungen einer Reflexion unterzogen.

Fordern Sie die Teilnehmer auf, die Ergebnisse der Reflexion und Schlussfolgerungen, die sie daraus ableiten, im Diskussionsforum zu posten.

7. Formulieren und Verbreiten der gemachten Erfahrungen und Schlussfolgerungen
Dieser Schritt birgt in Online-Seminaren nicht mehr viel Arbeit in sich: Durch die konsequente Verschriftlichung der geleisteten Arbeit müssen die Teilnehmer nur noch ein „Gerüst“ um ihre Beiträge im Diskussionsforum, in den E-Mails etc. bauen, das interessierten Lesern hilft, die Vorgehensweise und die gewonnenen Erkenntnisse zu verstehen.

Bemerkungen

Diese Methode klingt aufwendig? Nun, das stimmt! Wenn Sie wollen, können Sie zum Start einzelne Teile ausprobieren, bevor Sie sich der (logistischen) Herausforderung stellen, die gesamte Übung im Online-Seminar durchzuführen.

Schon wenn Sie mit Ihren Teilnehmern „nur“ die Schritte 1-3 bearbeiten und reflektieren, holen Sie ein großes Stück Praxis ins Seminar!

Erfahrungen

Die folgenden Tätigkeiten haben wir als hilfreich bei der Durchführung von Fallstudien erlebt:

- Eröffnen Sie ein Forum mit FAQs zur Fallstudie.
- Verfassen Sie monatlich einen Trainingsbrief mit methodischen Anregungen.
- Stellen Sie mit jeder Teilnehmerin und jedem Teilnehmer monatlich mindestens 1 x persönlichen E-Mail-Kontakt her, vielleicht, indem Sie auch inhaltliche Anregungen „mitliefern".
- Um die Finger auf der Tastatur zu lockern, aber auch um die Scheu abzubauen, Sätze öffentlich festzuschreiben, können Sie Übungen wie das gemeinsame Verfassen einer Geschichte (*z.B. Seite 239*) oder das Schreiben von Meldungen in der Cafeteria im Laufe der Übung initiieren. Solche Übungen tragen auch dazu bei, dass die Teilnehmer sich nicht zu sehr voneinander entfernen – eine Gefahr, welche die konzentrierte Arbeit an Fallstudien auch in Präsenzseminaren mit sich bringt.
- Fordern Sie Ihre Teilnehmer auf, während der Arbeit an der Fallstudie besonders gewissenhaft ihr Lerntagebuch zu führen (*Seite 279*).

Interessante Informationen und Anregungen zu Fallstudien finden Sie in den buchbegleitenden Download-Ressourcen. Den Link finden Sie in der Umschlagklappe.

3.13 Folien-Präsentation, Online-Vortrag

Kurzbeschreibung

Vorbereitete Präsentations-Folien werden online vorgeführt und diskutiert.

Ziele

Input und gemeinsame Arbeit am Thema.

Tools

Web-Konferenzraum: Whiteboard, Chat, Sprachkanal.

Wann einsetzen?

Für die inhaltliche Arbeit.

Wir verwenden diese Methode als Möglichkeit, ein Thema zu präsentieren und in Echtzeit für Nachfragen und/oder Diskussionen zur Verfügung zu stehen.

Gruppengröße

7-10 Teilnehmer.

Dauer

90 Minuten.

Ablauf

Bereiten Sie (oder die Projektgruppe, die präsentieren möchte) eine Präsentation (mithilfe von PowerPoint, LibreOffice Impress etc.) vor.

Während Sie die einzelnen Folien mit der Whiteboard-Funktion des Web-Konferenz-Systems vorführen, haben die Teilnehmer Gelegenheit, Ihnen (oder der Projektgruppe) über den Chat bzw. den Sprachkanal Fragen zu stellen.

Auch Sie können Fragen an die Teilnehmer stellen und so in Echtzeit einen Eindruck erhalten, ob das präsentierte Thema „angekommen" ist.

Bemerkungen

Wenn Sie ein Thema nicht nur präsentieren sondern auch wirklich diskutieren wollen, führen Sie nicht mehr als eine Folie pro 10 Minuten vor.

Achten Sie darauf, dass das Chat-Protokoll automatisch mitgeschrieben bzw. die gesamte Online-Sitzung aufgezeichnet wird. So erhalten Sie und die Teilnehmer eine Dokumentation der bearbeiteten Inhalte, die Sie im Diskussionsforum oder im Wiki-Web zur Verfügung stellen können.

Erfahrungen Diese Methode ist sowohl für Sie als auch für die Teilnehmer hilfreich, da dies eine der raren Möglichkeiten ist, beim Online-Lernen in Echtzeit Feedback zu vorgetragenen Inhalten zu erhalten.

Die Präsentation und Diskussion der Seminarinhalte im Web-Konferenzraum.

3.14 Forumsmoderation durch Teilnehmer

Kurzbeschreibung

Die Teilnehmer moderieren ein Forum.

Ziele

- Die Teilnehmer sammeln Erfahrungen in der Online-Moderation.
- Die Teilnehmer übernehmen Verantwortung für die Inhalte des Seminars.

Tools

Diskussionsforum.

Wann einsetzen?

Während des gesamten Seminars.

Gruppengröße

Für jede Gruppengröße geeignet.

Dauer

Pro Gruppe eine oder zwei Woche(n).

Ablauf

Jede Woche oder alle 14 Tage bestimmen Sie zwei Teilnehmer, die ein bestimmtes Forum moderieren.

Die Aufgabe der Teilnehmer ist, dieses Forum durch eine (provokative) Meldung zu beleben, die anderen Teilnehmer zur Disikussion aufzufordern sowie die geschriebenen Beiträge zu moderieren.

Verweisen Sie auf die Netiquette im Forum „Organisatorisches" und teilen Sie den Teilnehmern mit, worauf Sie bei der Moderation Wert legen (Innerhalb welcher Zeit sollte geantwortet werden, Linktipps zum Thema recherchieren, auf Veranstaltungen zum Thema aufmerksam machen ...).

Achten Sie darauf, dass die Diskussion in den Foren nicht ins allzu Witzige abgleitet.

Zusätzlich zur Moderation können Sie den Teilnehmern auch die Aufgabe erteilen, ihre Moderation zu reflektieren und diese Reflexion in einem eigenen Forum zu veröffentlichen.

Erfahrungen

Manchen Teilnehmern fällt die Moderation natürlich leichter als anderen. Wenn schon einige Gruppen von Teilnehmer moderiert haben, dann ist es für jene, die noch kommen, einfacher.

Es ist ganz interessant zu sehen, mit welchen Äußerungen Teilnehmer versuchen, eine Diskussion zu einem fachlichen Thema zu beleben. Das gibt auch neue Ideen für die Gestaltung kommender Seminare.

3.15 Freier Chat

Kurzbeschreibung

Kommunikation zu einem definierten Thema.

Ziele

- Miteinander plaudern.
- Vor- und Nachbereitung von Präsenztreffen.
- Begleitende Diskussion eines Präsenztreffens.
- Diskussion über ein bestimmtes Thema.

Tools

E-Mail, Web-Konferenzraum, Chat.

Wann einsetzen?

Je nachdem, welches Ziel (siehe oben) damit verfolgt wird.

Gruppengröße

5-7 Personen.

Dauer

Bis zu 30 Minuten.

Ablauf

Laden Sie Ihre Teilnehmer per E-Mail zum Chat ein. Geben Sie Anfangs- und Endzeit, die Ziele, das Thema des Chats und auch, wie der Chatraum erreicht werden kann, bekannt.

Beispiel

> Liebe Neue-Medien-Interessierte!
>
> Wie bei der Präsenzveranstaltung besprochen, findet unser gemeinsamer Chat am Montag, 4.11. von 15.00 bis. 16.30 Uhr statt. Wir laden euch dazu herzlich ein!
>
> In den Chat gelangt ihr, wenn ihr unter www.qualifizierung.com dem Link „Chat" (oben in der Mitte) folgt.
>
> Bitte schaut euch den Chat schon vor Montag 15.00 Uhr an, damit ihr mit der Handhabung vertraut seid. Schaut euch auch an, wie fett oder kursiv geschrieben wird etc.
>
> Das Thema des Chats lautet:

Online-Lernen: Was braucht es, damit ein Online-Kurs erfolgreich ist?

Bereitet euch auf das Thema mit einigen konstruktiven/sarkastischen/fragenden ... Statements vor!

Beim Chat selbst haltet euch bitte an die Chatiquette, die ihr im begleitenden Chat-Forum findet – wer gerne möchte, dass noch andere Regeln eingehalten werden, möge uns dies bitte bis Montag, 10.00 Uhr mitteilen.

Die Ziele dieses Chats sind:

- Die Methode „Freier Chat" für den Einsatz in einem Online-Kurs zu testen.
- Die Gruppe ins „gemeinsame Reden" zu bringen.
- Erfahrungen bezüglich des Online-Lernens auszutauschen.

Im Chat werden die letzten 150 Zeilen automatisch mitgeloggt. Dieses Protokoll stellen wir euch im Anschluss an den Chat im Diskussionsforum zur Verfügung.

Beste Grüße und bis dann

Bemerkungen Einen freien Chat zu moderieren, ist sehr anstrengend. Verzichten Sie ganz besonders hier nicht darauf, möglichst viele Sätze vorzuformulieren.

Erfahrungen Einen freien Chat in „Reinform" über mehr als 30 Minuten hinweg haben wir bisher noch nie mit mehr als sieben Teilnehmer eingesetzt. Die Gefahr des „Zerfledderns der Diskussionsstränge" ist einfach zu groß.

Meist eröffnen wir Chat-Sitzungen mit 5-6 Minuten freien Chats, um dann eine andere Methode einzusetzen.

3.16 Gemeinsam Texte bearbeiten

Kurzbeschreibung

Die Teilnehmer geben Rückmeldungen zum Lehr-/Lernstoff.

Ziele

- Die Teilnehmer setzen sich mit dem Lehr-/Lernstoff auseinander.
- Rückmeldungen geben Aufschluss darüber, wie das zu Lernende von den Teilnehmern aufgenommen wird.
- Die Teilnehmer stehen sich untereinander als Experten zur Verfügung.

Tools

Wiki-Web.

Wann einsetzen?

Zur Bearbeitung schriftlicher Unterlagen, vor allem zur Vertiefung theoretischer Grundlagen.

Gruppengröße

Einzelarbeit.

Dauer

1-2 Wochen.

Ablauf

Stellen Sie den Teilnehmern den Lehr-/Lernstoff im Wiki-Web zur Verfügung.

Geben Sie ihnen den Auftrag, den Text durchzuarbeiten und dazu Anmerkungen vorzunehmen:

- 5 Anmerkungen mit weiterführenden Links.
- 5 Fragen zum Text.
- 3 Punkte, mit denen sie einverstanden sind (Begründung).
- 3 Punkte, mit denen sie nicht einverstanden sind (Begründung).

Sowie:

- 3 Antworten auf Fragen, die von Kollegen gestellt wurden.

Bemerkungen

Sehen Sie die gestellten Fragen und auch die gegebenen Antworten durch. Wenn notwendig, müssen Sie auf Fragen antworten.

Die von den Studierenden vorgenommenen Anmerkungen können bei Bedarf in die Lehrmaterialien eingearbeitet werden. Durch die Berücksichtigung dieses direkten Feedbacks können die Materialien in punkto Verständlichkeit und Qualität weiter gesteigert werden.

Erfahrungen

Die Auseinandersetzung mit dem Lehr-/Lernstoff ist eine sehr viel intensivere. Wichtig ist, dass die Teilnehmer merken, dass Sie Interesse an den gemachten Anmerkungen, den Fragen, Links und Antworten haben. Seien Sie deshalb mindestens zweimal wöchentlich im Wiki-Web „präsent".

3.17 Gemeinsames Surfen im Internet

Kurzbeschreibung

Trainer und Teilnehmer besuchen in Echtzeit gemeinsam Internet-Seiten.

Ziele

Ausgewählte Informationen werden allen gleichzeitig zugänglich gemacht.

Tools

Web-Konferenz-System: Gruppen-Browser, Chat, Sprachkanal.

Wann einsetzen?

Zur inhaltlichen Arbeit. Das gemeinsame Surfen im Internet eignet sich vor allem, um

- während eines gemeinsamen Online-Termins für aufgetauchte Fragen/Interessen WWW-Seiten anzubieten.
- mit vorher ausgewählten WWW-Seiten einen gemeinsamen Online-Termin abzuhalten.

Gruppengröße

Das gemeinsame Surfen ist auch für größere Gruppen möglich. Um sinnvoll mit der Chat-Funktion bzw. dem Srachkanal des Web-Konferenzraums zu arbeiten, schlagen wir eine Gruppengröße von höchstens 10 Personen vor.

Dauer

Zwischen 5 und 90 Minuten.

Ablauf

Bereiten Sie Links zu Websites, die Sie für das behandelte Thema empfehlenswert halten, vor. Während des gemeinsamen Online-Termins im Web-Konferenzraum geben Sie die Adressen dieser Links in den Groupbrowser ein – so sehen Sie und alle Teilnehmer dieselbe Webseite und können damit arbeiten und die Inhalte im Chat-Fenster diskutieren (siehe die *Beispiele auf der folgenden Seite*).

Bemerkungen

Diese Funktion ist auch sehr angenehm, wenn während einer Online-Sitzung eine offene Frage/das Interesse an einem bestimmten Thema auftaucht. Während Ihre Teilnehmer diskutieren, können Sie oder der Co-Moderator in einer WWW-Suchmaschine wie etwa *duckduckgo.com* das Thema eingeben und gefundene Links gemeinsam mit den Teilnehmern besuchen.

Erfahrungen Gerade bei Vorstellungsrunden ist die Möglichkeit des gemeinsamen Besuchens von Webseiten angenehm. Wir bereiten uns auf Teilnehmer vor, indem wir eine Website zu ihrem Geburtsort, ihrem Hobby o.Ä. bereits vorher aussuchen (sofern sie dies nicht bereits selbst getan haben) und können diese zusätzliche Information bei der Vorstellungsrunde einbringen.

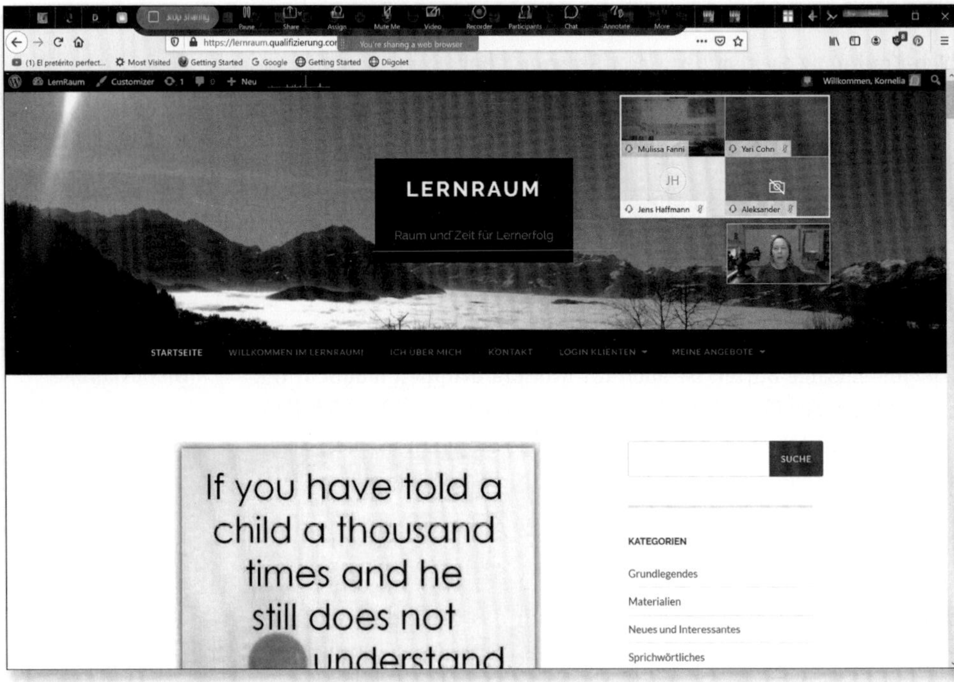

Gemeinsames Besuchen einer Website im Rahmen einer Vorstellungsrunde.

3.18 Kollaboratives Erstellen von (Lern-)Inhalten

Kurzbeschreibung

Die Teilnehmer erstellen gemeinsam Lerninhalte.

Ziele

- Gemeinsames Erarbeiten von Inhalten.
- Vertiefen von Themenbereichen.

Tools

Wiki-Web.

Wann einsetzen?

- Zur vertieften Auseinandersetzung mit einem Thema.
- Zu Beginn eines neuen Themas.
- Anstatt einer Seminararbeit.

Gruppengröße

Arbeit in Kleingruppen von 3-5 Teilnehmern.

Dauer

- 1. Schritt: 2-3 Tage
- 2. Schritt: 1 Woche
- 3. Schritt: 1 Woche
- 4. Schritt: 2-3 Wochen

Ablauf

1. Schritt

1. Schritt: Gruppenbildung

Stellen Sie – ähnlich wie bei der Methode der *„Expertenthemen"* *(Seite 148)* beschrieben – den Teilnehmern mehrere Themen und Linktipps zur Verfügung.

Die Teilnehmer bilden Gruppen von 3-5 Personen, indem sie sich dem sie interessierenden Thema zuordnen.

2. Schritt

2. Schritt: Thema kurz beschreiben

Die Teilnehmer lesen die zur Verfügung gestellte Literatur, erkunden die Links und geben im Wiki-Web auf ca. einer halben Seite einen kurzen Überblick über ihr Thema und dessen Bezug zum Seminar.

3. Schritt

3. Schritt: Fragen sammeln

Die Teilnehmer lesen alle kurzen Themenüberblicke und formulieren Fragen, die für sie im Zusammenhang mit dem Thema interessant sind.

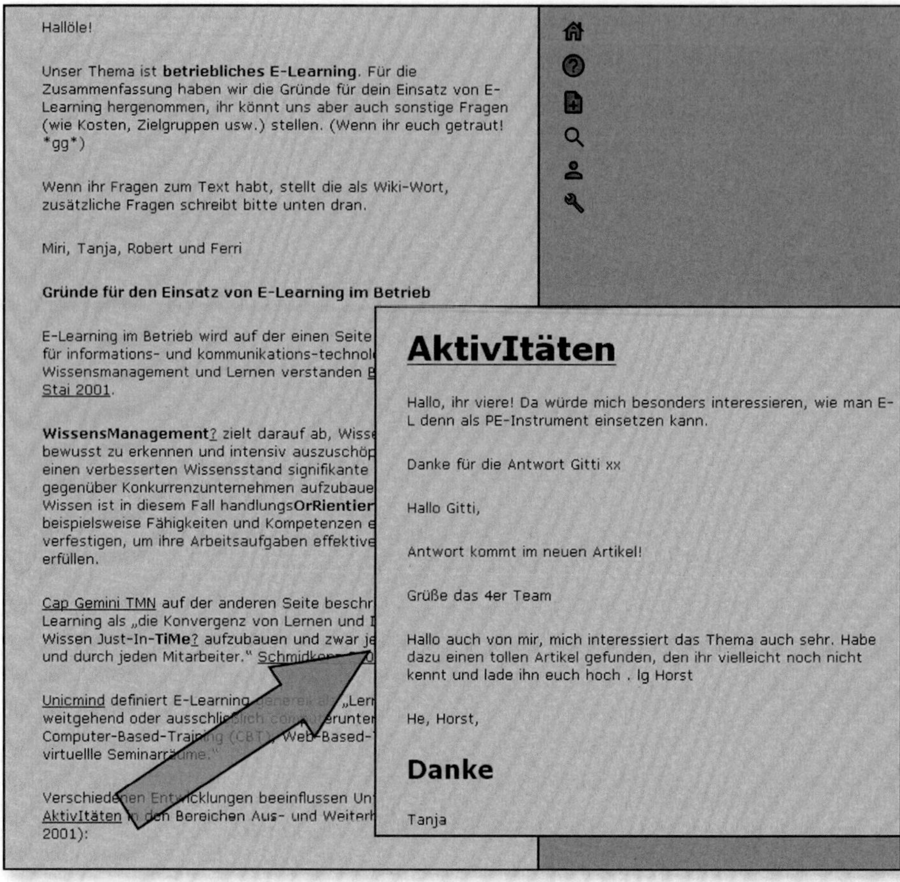

Eine kurze Zusammenfassung des Themas. Viele der Links dieser Wiki-Seite weisen auf Fragen hin, die von Teilnehmern an die Kleingruppe, die das Thema bearbeitet, gestellt werden (wie z.B. der einmontierte Link zum Stichwort „Aktivitäten").

4. Schritt

4. Schritt: Inhalt erstellen

Jede Kleingruppe erstellt nun Wiki-Seiten zum Thema. Wann immer auf den erstellten Seiten auf eine Frage eingegangen wird, wird dies kenntlich gemacht.

5. Schritt

5. Schritt: Präsentation

Die fertig erstellten Seiten stehen nun allen Teilnehmern über das Internet zur Verfügung und können bearbeitet werden.

Bemerkungen

So viele gut recherchierte Seiten zu unterschiedlichen Themen selbst zu erstellen, ist wahrscheinlich gar nicht möglich! All die Fragen und Hinweise, die die Teilnehmer während der gemeinsamen Erstellung der Seiten mit einbeziehen, machen die Lehrinhalte bunter und auch praxisrelevanter.

Erfahrungen

Die Arbeit mit dem Wiki-Web ermöglicht es, dass die Aufgaben ohne großen organisatorischen Aufwand erledigt werden können.

auch auf die Frage, wie E-Learning als Instrument der PE eingesetzt werden kann.

Blended Learning als Personalentwicklungsmaßnahme

Blended Learning definiert Bendel als „Kombination von verschiedenartigen Methoden und Medien im Rahmen von Lernmaßnahmen, wobei stets Lerntechnologien oder -systeme miteinbezogen werden."

Für Schmidkonz ist Blended Learning gar die Zukunft des Lernens. In Zukunft geht es nicht mehr um die Entscheidung darüber, ob E-Learning oder traditionelle Schulungen für die Mitarbeiter angeboten werden sollen, sondern wie beide Methoden vereint werden können, um ihre Potenziale für eine erfolgreiche E-Learning Maßnahme auszuschöpfen. Für ihn ist eine Entwicklungsmaßnahme nur dann erfolgreich, wenn sie in der täglichen Arbeit Früchte trägt.

Die Gründe für dieses sogenannte „Full-Service Angebot" sind laut **Kabel**?:

• der besonders nachhaltige Lernerfolg • Möglichkeit des „Learning on Demand" • Modularer Aufbau von Wissen • Motivierende Elemente, wie z.B. externe Schulungen werden weiterhin betrieben, um soziale Aspekte beizubehalten

Mit Blended Learning kann ein ganzheitlicher Ansatz vertreten werden, wobei traditionelle Personalentwicklung mit neuen Technologien erweitert und ergänzt wird. Raske 2001

Lern- und Wissensportale können als Komponenten von Blended Learning wesentliche Vorteile bringen Bendel 2002), beispielsweise in der Planung, Buchung und Evaluation.

• Als Planungsinstrument: für virtuelle und nicht virtuelle Maßnahmen; z.B. Informationen zu Schulungsterminen, Lerninhalte und -ziele, Methoden und Medien

• Als Buchungssystem für Aus- und Weiterbildungsangebote aller Art; z.B. Erfassen von Daten, die weiterverwendet, ausgewertet und verglichen werden können

• Als Evaluationsinstrument: Nutzung von E-Learning Maßnahmen können automatisch aufgezeichnet werden; z.B. können personenbezogene Daten über Ergebnisse und Zertifikate von Kursen auf dem Portal gespeichert werden und damit ein ganzheitliches Profil von Qualifizierungswegen von Mitarbeitern erstellt werden

Der Teil der kollaborativ erstellten Seite, der auf die Fragen zum Thema „Aktivitäten" eingeht.

3.19 Kollegiale Beratung

Kurzbeschreibung

Diese Methode macht es möglich, dass die gesammelte Erfahrung und das Expertenwissen von Kollegen zugänglich sind, auch wenn diese sich nicht am selben Ort befinden.

Ziele

Der Handlungsspielraum der Teilnehmenden wird durch kollegialen Input vergrößert.

Tools

Web-Konferenzraum.

Wann einsetzen?

- Als in sich geschlossenes Beratungsangebot (durch die Gruppe selbst organisiert und moderiert oder mit Trainer).
- Immer, wenn eine Fragestellung auftaucht, welche von kollegialem Input profitiert (meist selbst organisiert, ohne Moderation von außen).

Gruppengröße

5-10 Teilnehmende.

Dauer

Individuelle Vorbereitung der Teilnehmenden ca. 60 Minuten.
45 – 60 Minuten pro Beratung.

Ablauf

1. Klärung des Anliegens

Diese Phase wird gerade bei „geübten" Gruppen in Einzelarbeit erledigt. Es ist auch möglich, dass zwei oder mehrere Teilnehmer sich gegenseitig bei der Klärung und Schärfung ihrer Fragestellung behilflich sind („Hebammengespräch" = Partnerschaftliche Fallberatung – eine Person ist Fallgeber, die zweite übernimmt die Funktion der Hebamme. Oder auch: *„Kritischer Freund", Seite 342*).

Jeder Teilnehmer klärt das eigene Anliegen. Als Klärungshilfe und zur Online-Weiterarbeit eignet sich sehr gut das Schema von Thomann (Abb. rechts).

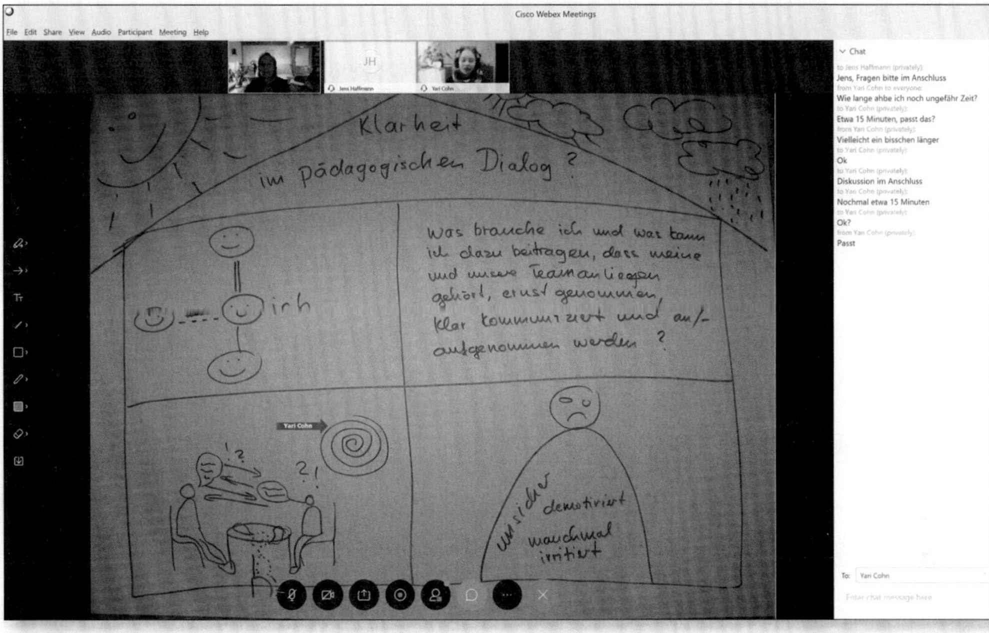

2. Fallbearbeitung

Auch online kommen bei der kollegialen Fallberatung die folgenden Rollen zur Besetzung:

▶ Fallgeberin oder Fallgeber

Das ist die Hauptperson für den jeweiligen Fall. Sie schildert ihr z.B. anhand des Thomann-Schemas geklärtes Anliegen und entscheidet, welche der Anregungen für sie relevant sind.

▶ Moderatorin

Ihre Aufgabe umfasst neben der klassischen Moderationstätigkeit (Leitung der Diskussion, Zeitaufsicht, Einhalten der Regeln) im besten Fall auch die Fähigkeit, die Beratung durch Inputs zu bereichern. Methodische Kompetenz in Anlehnung an Friedemann Schulz von Thuns „Praxisberatung in Gruppen" wäre wünschenswert, wird aber nicht von allen Moderatorinnen in selbst organisierten Gruppen eingebracht. Es ist auch nicht unbedingt notwendig, da die Gruppe der Beraterinnen oder Peers stets eine Anzahl an möglichen Vorgehensweisen liefert.

- Berater oder Peers

Alle anderen Gruppenmitglieder haben die Rolle von Beratern für den jeweiligen Fall. Ihnen obliegt es, klärende Fragen zu stellen, Vermutungen zu äußern, Lösungswege oder Ansätze zu formulieren.

3. Weiterarbeit

Nachdem klärende Fragen, Vorschläge, nun auch eigene Erfahrungen mit dem Thema durch die Peers eingebracht wurden, arbeitet die Fallbringerin diese in ihre Fragestellung im Hinblick auf eine Lösung ein. Dies geschieht wiederum in Einzelarbeit oder evtl. gemeinsam mit dem kritischen Freund.

Bemerkungen

Das „Heilsbronner Modell" wurde speziell zur kollegialen Online-Beratung ohne Moderation von außen entwickelt. Die Beratung findet asynchron, über die Forumsfunktion einer Lernplattform statt und geht von einer Zeitdauer von 5-10 Tagen pro Fallbearbeitung aus. Sehr hilfreich ist das Aufsplitten der Vorgangsweise in 10 konkrete Schritte, die die selbstorganisierte Fallbearbeitung erleichtern.

Erfahrungen

Wenn möglich, starten wir eine Gruppe zur kollegialen Praxisberatung f2f. Die Teilnehmenden erhalten methodische Hilfe (z.B. führen je zwei Teilnehmende ein *„Hebammengespräch", Seite 176,* durch) zur Formulierung ihres Anliegens. Dieser Schritt kann durchaus auch online durchgeführt oder sogar ganz in die Verantwortung der Teilnehmenden gegeben werden.

Online begleiten wir häufig die erste Fallbringerin und entlassen die Teilnehmenden dann ins selbstständige Arbeiten.

Referenzen

- Thomann, Prior, Klärungshilfe 3: Das Praxisbuch. Rororo, 2007. *www.klaerungshilfe.de*
- Schulz von Thun, Praxisberatung in Gruppen. Beltz, 2006. *www.schulz-von-thun.de*
- Das Heilsbronner Modell wird beschrieben auf: *www.kokom.net*

3.20 Kommunikationsformen im Chat

Kurzbeschreibung

Unterschiedliche Möglichkeiten, um im Chat miteinander zu kommunizieren.

Ziele

Einsatz jener Kommunikationsmethode, die am besten zum Ziel und Inhalt des Chats passt.

Tools

Chat.

Wann einsetzen?

Je nach Methode unterschiedlich.

Gruppengröße

Je nach Methode unterschiedlich.

Dauer

Je nach Methode unterschiedlich.

Freier Chat
Ohne Vorgabe der Gesprächsreihenfolge wird gechattet (*siehe hierzu die Methode „Freier Chat", Seite 167*).

Kreisgespräch
Die Reihenfolge der Wortmeldungen wird (beispielsweise alphabetisch) festgelegt (*siehe hierzu „Kreisgespräch", Seite 181*).

Hand heben
Wer einen Beitrag leisten will, meldet sich vorher bei der Moderation, die den Beitrag freischalten kann.

Private Chats
Im Plenumschat findet die Diskussion der gesamten Seminargruppe statt. Teilnehmer, die sich in ein Seminarthema vertiefen wollen, haben die Möglichkeit, sich für einen vorher festgesetzten Zeitraum in einen privaten Chatraum zurückzuziehen und dort zu diskutieren, ohne die Diskussion der Seminargruppe zu stören. Ein Teilnehmer aus dem privaten Chat kann die Aufgabe erhalten, die Ergebnisse des privaten Chats kurz zu präsentieren, wenn sie wieder in den Plenumschat zurückkehrt.

Flüstern
Einige Chat-Werkzeuge bieten auch den Modus des „Flüsterns“ an. So können (auch kurze private) Seitengespräche geführt werden, die nur von dem Teilnehmer gelesen werden können, der im Flüstermodus angesprochen wird.

Rollenspiel
Vergeben Sie unterschiedliche Rollen, die die Teilnehmer im Chat einnehmen müssen (*siehe hierzu die Methode „Rollenspiel im Chat“, Seite 210*).

Interview
Ein Teilnehmer interviewt einen anderen Teilnehmer zu einem bestimmten Thema. Das muss nicht immer nur die Vorstellungsrunde sein, genau so gut kann ein Interview zu einem Seminarthema geführt werden. Die Interviewergebnisse werden zusammengefasst von den Interviewern in einem Forum veröffentlicht.

Bemerkungen

Allen Kommunikationsformen (mit Ausnahme der Interviews) ist gemeinsam, dass die Chats, in denen sie stattfinden, moderiert werden. Ein nichtmoderierter Chat ist aufgrund der vielen unterschiedlichen Gesprächsstränge, die sich in kürzester Zeit entwickeln und aufgrund der Unübersichtlichkeit didaktisch nicht sinnvoll.

Es ist durchaus auch möglich, die Moderation für Sequenzen oder den ganzen Chat an Teilnehmer zu vergeben, z.B. an eine Gruppe, die ein Ergebnis präsentiert und diskutiert. Geben Sie dieser Teilnehmergruppe jedoch vorher auch den Tipp, sich mit vorformulierten Sätzen auf den Chat vorzubereiten.

Erfahrungen

Innerhalb einer 90-minütigen Chatsitzung können mehrere der beschriebenen Formen zum Einsatz kommen.

3.21 Kreisgespräch

Kurzbeschreibung

Ein Online-Chat mit vorher festgelegter Reihenfolge der Wortmeldungen.

Ziele

- Jeder Teilnehmer kommt zu Wort.
- Die Diskussion gewinnt an Tiefe und an Struktur.

Tools

Chat.

Wann einsetzen?

- Wenn ein freier Chat „aus den Fugen" zu geraten droht, da die Diskussion sehr unübersichtlich ist.
- Wenn einige Teilnehmer die Diskussion dominieren und andere sich nicht zu Wort melden.

Gruppengröße

5-7 Personen.

Dauer

1 Stunde.

Sie laden Ihre Teilnehmer zum Chat ein und kündigen ihnen auch an, die Methode des Kreisgespräches in Teilen des Chats einsetzen zu wollen.

Ein Auszug aus den Sätzen, die wir für einen freien Chat mit Kreisgespräch (inklusive der Formatierungsbefehle) vorformuliert hatten:

> Ich schlage vor, dass wir erstmal ein paar Minuten *freien Chat* machen, danach fangen wir mit dem *Kreisgespraech* an. Ich gebe dann einfach die Reihenfolge vor.
> ....
> O.k. Ich würde sagen, wir beginnen jetzt mit dem *Kreisgespraech*. Damit es leichter zu merken ist, schlage ich die folgende alphabetische Reihenfolge der Statements vor:
> **Anita, Helmut, Maike, Martina, Susanne, Tina, Xaver.**

> Bitte diese Reihenfolge ab jetzt beim Diskutieren einhalten! Ich schalte mich dann immer wieder mal für Nachfragen und Zusammenfassungen ein.
>
> ...
>
> Gut! Nun können wir wieder frei diskutieren; die Reihenfolge der Statements muss ab jetzt nicht mehr eingehalten werden.

Während des Kreisgesprächs wird die vorher vereinbarte Reihenfolge der Statements eingehalten; der Moderator schaltet sich immer wieder für Zusammenfassungen ein.

Bemerkungen

Wenn Sie in einem freien Chat Gefahr laufen, die Übersicht über die Wortmeldungen und auch die Inhalte zu verlieren oder Sie merken, dass die Wogen recht hoch gehen, können Sie mit dieser Methode schnell wieder Struktur in die Diskussion bringen.

Ein Kreisgespräch erinnert an die Diskussionsform des Dialogs, da sich die Teilnehmer auf das Geschriebene konzentrieren können und nicht ständig im Geiste schon Antworten auf jedes Statement formulieren, was ja einem guten „Zuhören" recht abträglich ist.

Erfahrungen

Gerade für den ersten Chat ist im Rahmen eines Online-Seminars diese Methode sehr hilfreich. Die Teilnehmer, die mit dem Chatten in Seminarsituationen noch nicht vertraut sind und sich auch untereinander noch nicht gut kennen, sind meistens froh darüber, konkrete Regeln für die Kommunikation zu erhalten.

Dieses Instrument ist aber auch angebracht, wenn ein sehr heikles Thema angesprochen wird und vor allem, wenn es im Chat drunter und drüber geht, um wieder Ordnung hinein zu bringen. Das Kreisgespräch ist auch hilfreich, wenn Sie Teilnehmer, welche sich nur spärlich einbringen, in die Diskussion einbeziehen wollen.

3.22 Lexika und Glossare erstellen

Kurzbeschreibung

Die Teilnehmer erstellen ein Lexikon/Glossar zum Seminarthema.

Ziele

- Aktive Auseinandersetzung mit den Inhalten des Seminars.
- Der fachliche Wortschatz der Teilnehmer wird erweitert.

Tools

Diskussionsforum und Wiki-Web. Viele Lernplattformen wie etwa Moodle bieten ein eigenes Glossar-Tool.

Wann einsetzen?

Während der gesamten Seminarzeit.

Gruppengröße

Einzelarbeit.

Dauer

Pro Glossareintrag sehr kurz.

Ablauf

Wenn Sie mit dem Diskussionsforum arbeiten, eröffnen Sie ein neues Forum mit dem Titel „Seminarlexikon". In diesem Forum schreiben Sie jeweils einen Beitrag mit den Buchstaben von A-Z. Indem die Teilnehmer die „Antworten"-Funktion anwählen, können sie Lexikoneinträge für die entsprechenden Buchstaben platzieren.

Beispiel

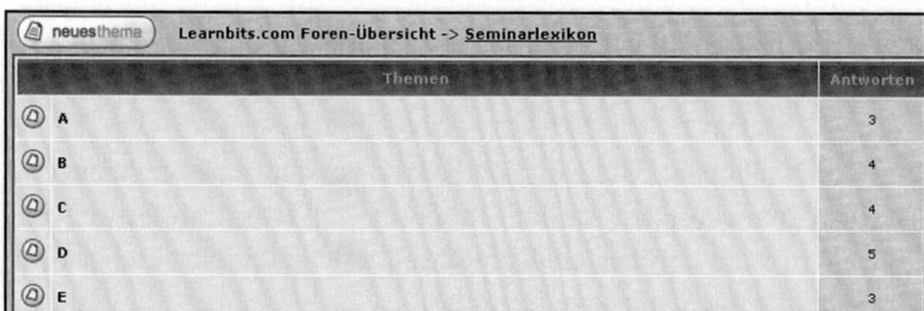

Ein Seminarlexikon im Diskussionsforum.

Wenn Sie im Wiki-Web arbeiten, eröffnen Sie eine neue Seite mit dem Namen „Seminarlexikon". Auf dieser Seite eröffnen Sie für die Buchstaben von A-Z jeweils neue Seiten. In den neuen Seiten können die Teilnehmer ihre Lexikoneinträge für die entsprechenden Buchstaben platzieren.

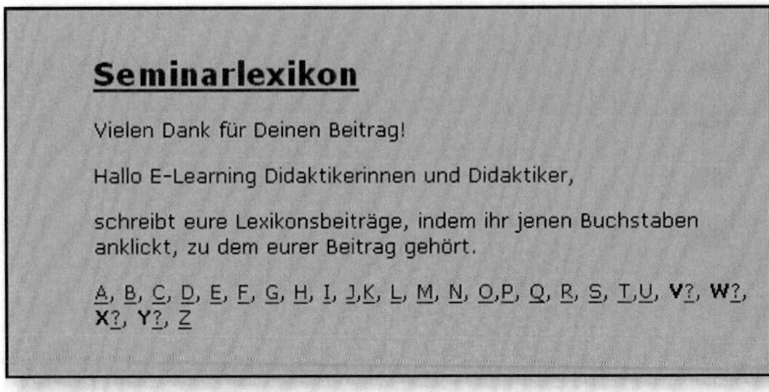

Ein Seminarlexikon im Wiki-Web.

Jeder Teilnehmer liefert während des Seminars mindestens 5 Einträge im Diskussionsforum bzw. Wiki-Web. Die erläuterten Begriffe müssen aus dem Themenbereich des Seminars stammen.

Bemerkungen

Sie können die Aufgabe auch variieren, indem drei der fünf Begriffe mit eigenen Worten definiert sein müssen und zwei Definitionen aus der Fachliteratur stammen können. Literaturangaben nicht vergessen!

Erfahrungen

Eine Übung, die ohne viel Aufhebens tolle Ergebnisse liefert.

Wir haben eine Beschränkung auf zwei Definitionen pro Begriff eingeführt. Das bedeutet, wenn zu einem Begriff schon zwei Definitionen ins Glossar eingetragen wurden, muss sich der Teilnehmer für einen anderen zu erklärenden Begriff entscheiden.

Es ist auch möglich, dass ziemlich konträre Definitionen zu einzelnen Begriffen gefunden werden. In diesem Fall ist es interessant, im Chat oder Forum darüber zu diskutieren, welche Definition eher für den Gebrauch im Seminar passend ist.

3.23 Mailinglisten

Kurzbeschreibung

Erfahrungsaustausch der Teilnehmer untereinander, evtl. auch mit Experten.

Ziele

- Die Teilnehmer müssen durch die schriftliche Form ihre Erfahrungen und Meinungen auf den Punkt bringen.
- Erweiterung des Horizonts durch Erfahrungsaustausch.
- Die Teilnehmer lernen den Umgang mit Mailinglisten als Mittel der Wissensgenerierung und des Erfahrungsaustauschs kennen.

Tools

E-Mail, evtl. zusätzlich Wiki-Web.

Wann einsetzen?

Während des gesamten Seminars, evtl. auch als Begleitung zu einer Präsenzveranstaltung.

Gruppengröße

Einzelarbeit.

Dauer

Kann über das Seminar hinweg auch mehrere Jahre bestehen.

Ablauf

Initiieren Sie mit Ihren Teilnehmern eine Mailing-Liste zum Seminarthema.

Laden Sie zur Teilnahme an dieser Liste auch Absolventen früherer/anderer Seminare, Kollegen und Experten ein.

Hier ein Beispiel für eine Einladung zu einer Mailingliste zum Thema „E-Learning". Interessant sind hier die Netiquette und die Hinweise auf eine mögliche Verwendung der Daten (falls Sie planen, Teile der Diskussion zu veröffentlichen):

Beispiel

> Hallo und Willkommen zu dieser Online-Mailingliste zum Thema E-Learning,
>
> die Mailingliste wird von Frau XX und Herrn XY von der XZ Universität betreut. Unser Job wird es sein, als Moderatoren/-innen zu

fungieren und die Diskussion interessant, informativ und verständlich zu gestalten.

Die Liste startet am Montag, den 3. März. Dann werden Sie auch die Eröffnungsmail von den ModeratorInnen erhalten.

Um eine positive und kreative Diskussion zu sichern, schlagen wir einige gemeinsame Regeln vor. Bitte nehmen Sie sich Zeit, um diese sorgfältig durchzulesen und versuchen Sie, die Regeln als Grundlage für Ihre Beiträge in der Mailingliste heranzuziehen.

1. Jede Person, die an dieser Mailingliste teilnimmt, hält sich an die „Acceptable Use Policy", die Sie unter http://xyz.regeln.org einsehen können. Bitte sehen Sie sich diese Website an, da dort auch Themen angesprochen werden wie:

- Kein Spam oder Massenmails.
- Inhalt der Beiträge.
- Copyright an den Beiträgen.
- Archiv der Beiträge.

2. Es gibt vier Netiquette-Regeln:

a) Bitte zitieren Sie nicht mehr als absolut nötig aus dem Beitrag, auf den Sie antworten, ansonsten erhalten wir viel zu umfangreiche Beiträge.
b) Bitte senden Sie keine Attachements. Wenn Sie über ein interessantes Dokument verfügen, stellen Sie dies im begleitenden Wiki-Web ein und verlinken in Ihrer Nachricht darauf.
c) Verwenden Sie Sorgfalt bei der Gestaltung der Überschrift Ihrer Beiträge. Achten Sie vor allem darauf, dass diese auf den Inhalt Ihres Beitrages hinweist.
d) Wenn möglich, senden Sie bitte keine HTML-codierten Beiträge.

3. Um ein gutes „Gespräch" aufrechtzuerhalten, ersuchen wir Sie, Ihre Beiträge auf ca. 300 Worte zu beschränken (das ist ungefähr so lang wie diese Nachricht).

Und bitte – keine langen akademischen Elaborate! ;-)

4. Wir freuen uns, in dieser Liste Teilnehmer und Teilnehmerinnen aus ganz Europa begrüßen zu dürfen. Gerade deshalb erachten wir es als wichtig, wenn Sie uns wissen lassen, in welchem Kontext Sie Ihren Beitrag verfassen – wo in Europa arbeiten Sie, in welchem kulturellen Umfeld arbeiten Sie etc.

Wir werden bei der E-Learning-Tagung im Juni über diese Mailingliste berichten. Dazu werden wir auch Daten aus diesen Diskussionen verwenden. Wir garantieren Ihnen, dass weder Personen noch Organisationen bei dieser Tagung noch bei irgend einer anderen Publikation aus den Beiträgen identifiziert werden können. Wir werden höchstens anonyme Zitate dazu heranziehen, um verschiedene Punkte zu illustrieren. Für den Fall, dass wir ein direktes Zitat einer der Teilnehmer/-innen veröffentlichen möchten, werden wir dazu zuerst die Erlaubnis der betreffenden Person einholen. Wenn diese Garantien für Sie nicht ausreichend sind, bitten wir Sie, mit uns in Kontakt zu treten.

Wir freuen uns schon jetzt auf eine anregende und angeregte Diskussion!

Mit freundlichen Grüßen

Bemerkungen

Eine funktionierende Mailingliste erfordert einen Moderator, der diese auch in Zeiten, in denen nicht viel gepostet wird, am Leben erhält, die Beiträge kommentiert, neue Themen einbringt, ...

Wenn Sie selbst keine eigene Mailingliste ins Leben rufen wollen, dann verweisen Sie Ihre Teilnehmer auf die zahlreichen Mailinglisten, die es zu jedem Thema bereits gibt.

Wenn Sie Ihren Teilnehmern zeigen wollen, wie eine Mailingliste funktioniert, aber keine Experten von außerhalb zuziehen wollen, starten Sie einfach eine geschlossene Mailingliste, zu der nur Sie und Ihre Teilnehmer Zugang haben.

Beispielsweise können Sie nach jedem Präsenztermin Ihre Teilnehmer auffordern, in Ihrer Mailingliste Fragen und Antworten zu posten sowie Kommentare abzugeben.

Erfahrungen Damit eine Mailingliste funktioniert, sind 10 oder mehr E-Mails pro Woche erforderlich.

Die meisten Mailinglisten erstellen automatisch ein E-Mail-Archiv, in dem alle bisher über eine Mailingliste verschickten Nachrichten gespeichert werden; über ein Web-Interface können Berechtigte auf dieses Archiv zugreifen. Dies ist praktisch für Teilnehmer, die erst später in die Diskussion einsteigen können bzw. zwischendurch pausieren müssen.

Viele öffentliche Universitäten und Bildungseinrichtungen betreiben eigene Forschungs, Informations- und Weiterbildungs-Mailinglisten und richten für Bedienstete und Lehrgangsteilnehmer auf Antrag neue (geschlossene) Mailinglisten ein.

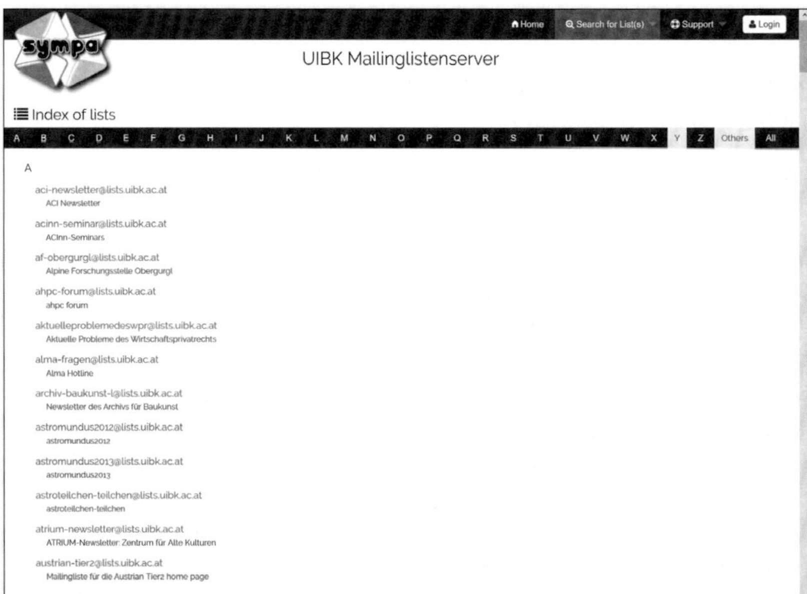

Übersicht der öffentlichen Mailinglisten der Universität Innsbruck.

3.24 Methode 6-3-24

Kurzbeschreibung

Die Kreativitätsmethode 6-3-5 via E-Mail.

Ziele

Sammeln und Ausarbeiten von Lösungsvorschlägen.

Tools

E-Mail.

Wann einsetzen?

- In der Projektarbeit.
- Im Problemlösungsprozess.

Gruppengröße

Kleingruppen zu (idealerweise) 6 Personen. Es können durchaus auch 5 oder 7 Personen sein.

Dauer

Pro Durchgang eine Woche.

Ablauf

6	6 Personen
3	finden 3 Lösungsvorschläge
24	innerhalb von 24 Stunden

Bilden Sie Kleingruppen zu 5-7 Personen. Definieren Sie ein Problem. Das kann für jede Gruppe die selbe Problemstellung sein oder Sie beauftragen jede Gruppe damit, für eine andere Problemstellung Lösungen zu finden.

- Senden Sie jedem Gruppenmitglied die Problemstellung zu.
- Fordern Sie die Teilnehmer auf, innerhalb von 24 Stunden 3 Lösungsvorschläge zu diesem Problem zu finden und aufzuschreiben.
- Dann senden die Teilnehmer die E-Mail, in der sie ihre Lösungsvorschläge notiert haben, innerhalb von 24 Stunden an den nächste Teilnehmer.
- Dieser liest sich die Lösungsvorschläge durch, entwickelt sie innerhalb von 24 Stunden weiter und schickt die neue E-Mail an den nächsten Teilnehmer in der Gruppe.
- Nachdem jeder Teilnehmer die Lösungen aller anderen weiterentwickelt hat, werden die E-Mails wieder an die ursprünglichen VerfasserInnen (im beschriebenen Fall an Sie) zurückgeschickt.

Wenn diese Methode in Projektarbeiten eingesetzt wird, dann können die Gruppen die Ergebnisse selbst verwerten, weiterentwickeln usw.

Sie können alle Lösungen auch in einem dafür bestimmten Forum sammeln und mit den Teilnehmern gemeinsam diskutieren, für welche Vorgehensweise sie sich entscheiden.

Bemerkungen

Machen Sie vor Beginn eine Reihenfolge fest, in der die Gruppen ihre Mails verschicken.

Diese Methode ist auch gut geeignet, wenn sich in einer Gruppe Unstimmigkeiten bezüglich einer zu vertretenden Lösung etc. ergeben, denn sie zwingt die Teilnehmer, „in den Schuhen der anderen zu laufen".

Erfahrungen

Die Methode funktioniert online genauso toll wie in Präsenzveranstaltungen. Sie haben so in kurzer Zeit viele verschiedene, teilweise auch schon gut angedachte Lösungsvorschläge für ein Problem.

3.25 Mind-Mapping, Concept-Mapping

Kurzbeschreibung

Die Teilnehmer erstellen gemeinsam online in Echtzeit ein Mind- oder Concept-Map.

Ziele

- Sammeln von Einflussgrößen eines Themas.
- Strukturieren eines Themas.

Tools

Web-Konferenz-Tool: Whiteboard, Chat; evtl. zusätzliche Mind- oder Concept-Mapping-Software (siehe hierzu den Abschnitt D, „Linktipps").

Wann einsetzen?

- Zu Beginn eines Themas.
- Zur inhaltlichen Arbeit.

Wir setzen diese Methode vor allem ein, um gemeinsam mit den Teilnehmern ein Thema zu untergliedern bzw. Punkte, beispielsweise bei der Durchführung einer Projektarbeit, zu sammeln und zu strukturieren.

Gruppengröße

5-7 Personen.

Dauer

Für einen ersten Entwurf ca. 30-45 Minuten.

Ablauf

Schreiben Sie das Thema, zu dem Sie eine Mind oder Concept Map erstellen wollen, in die Mitte des Whiteboard-Zeichenfeldes.

Vereinbaren Sie mit den Teilnehmern, welche Farben und Schriftgrößen Sie für die Haupt- und Nebenäste verwenden werden.

Dazu ein Auszug aus unseren vorbereiteten Formulierungen, mit dem wir im Chat/Sprachkanal des Web-Konferenzraumes das Erstellen der Mind Map einführen:

Beispiel

> Nun möchten wir gerne noch etwas mit euch gemeinsam ausprobieren. Und zwar möchten wir, wie bereits in der Einladung angekündigt, gemeinsam online ein Thema bearbeiten und strukturieren.

Dazu eignet sich die Methode des „Mind- bzw. Concept-Mappings".

Das Whiteboard ermöglicht es uns, auch dann gemeinsam eine Map zu erstellen, wenn wir uns nicht am selben Ort befinden.

Die Kommunikation läuft dabei auch wieder über den Chat bzw. den Sprachkanal mit. Wenn ihr Fragen habt zu einem Punkt, den ein/e Kollege/-in zeichnet/bearbeitet, stellt diese bitte über den Chat.

Unser gemeinsames Thema ist (sehr verwunderlich ... ;-)) „Lernen im virtuellen Raum".
Machen wir die Hauptäste rot, die Beschriftungen mit der Schriftgröße 16.
Die Nebenäste zeichnen wir blau, die Beschriftung mit der Schriftgröße 12, O.K.?
Die Schriftgröße könnt ihr oben unter „Whiteboard/Font" einstellen.
Zuerst schreiben, dann markieren, dann die Schriftgröße einstellen.

Alles klar?
Los gehts!

Erstellen Sie nun gemeinsam mit den Teilnehmern eine Map. Wenn die meisten Teilnehmer noch nicht mit dieser Methode gearbeitet haben, empfiehlt es sich, erst einmal mit einer „Übungs-Mind- oder Concept-Map" zu einem „privaten" Thema einzusteigen.

Bemerkungen

Wenn Sie beabsichtigen, eine Map während des gemeinsamen Online-Termins zu erstellen, teilen Sie dies den Teilnehmer bereits in der Einladung mit.

Stellen Sie Informationen zum Mind- bzw. Concept-Mapping im Diskussionsforum zum Download zur Verfügung und bieten Sie an, für Fragen zur Methode bereits vor dem gemeinsamen Online-Termin zur Verfügung zu stehen. So können Sie bei der gemeinsamen Sitzung auch wirklich arbeiten und verlieren nicht wertvolle gemeinsame Online-Zeit durch Erklärungen.

Für das gemeinsame Erstellen von Online-Mind- bzw. Concept-Maps existieren zahlreiche (Web2.0-)Werkzeuge, mit denen die Ergebnisse noch ansehnlicher werden, als auf dem folgenden Screenshot illustriert. Einige Empfehlungen hierfür finden Sie in den „Linktipps" der Download-Ressourcen.

Erfahrungen

Die erste Map wird noch ein wenig unbeholfen wirken. Für die spätere gemeinsame Arbeit, gerade in einem überwiegend online geführten Seminar ist die Zeit gut investiert, in der Sie das Erstellen von Maps gemeinsam ausprobieren.

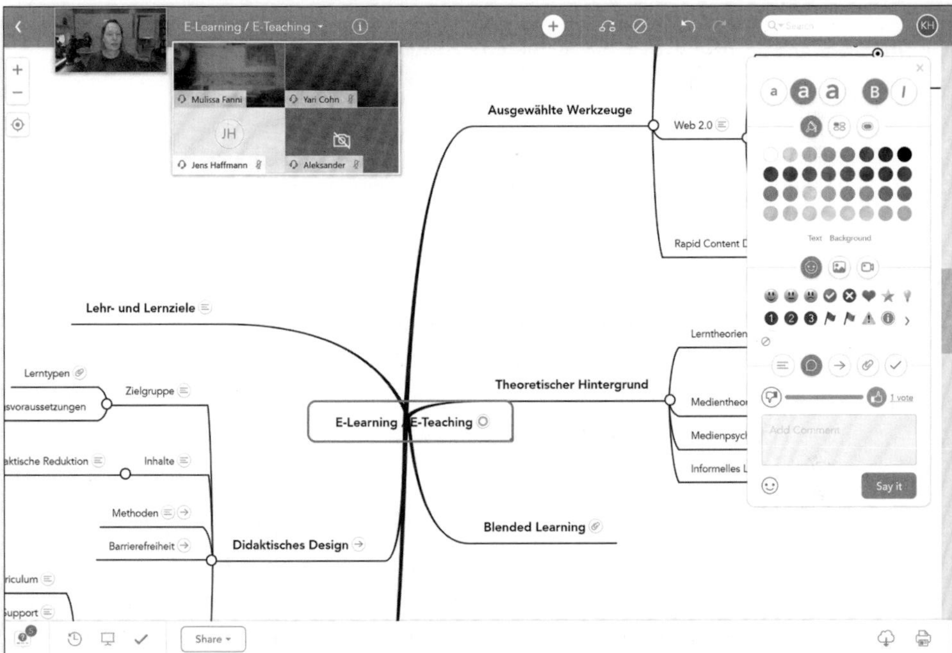

Gemeinsames Erstellen einer Mind-Map mithilfe eines Web 2.0-Werkzeugs im Web-Konferenzraum.

3.26 Morphologischer Kasten

Kurzbeschreibung Systematisch-analytische Ideensuche.

Ziele
- Analyse einer Problemstellung.
- Systematisches Suchen und Finden von Lösungsvorschlägen.

Tools Diskussionsforum, E-Mail, Wiki-Web.

Wann einsetzen? Zu Beginn eines Projektes.

Gruppengröße Arbeit in 2 bis höchstens 3 Kleingruppen von bis zu 7 Personen.

Dauer 2-3 Tage.

Ablauf

Definition des Problems
Definieren Sie gemeinsam mit den Teilnehmern die Problemstellung oder geben Sie eine genau definierte Problemstellung vor.

Bestimmung der Einflussgrößen
Bestimmen Sie gemeinsam mit den Teilnehmern die Einflussgrößen auf die Frage/das Problem.

Beispiel

Hallo Erwachsenenbildnerinnen und Erwachsenenbildner,

in unserer Themensammlung haben wir uns als gemeinsame Problemstellung dafür entschieden, einen Lehrgang zur Berufsorientierung für ältere Arbeitsuchende anzubieten.

Um den Lehrgang sowohl für dessen Teilnehmer/-innen als auch für den Arbeitsmarkt attraktiv zu gestalten, wollen wir die kreative Phase in der Produktentwicklung mittels einer systematisch-analytischen Methode, der des *Morphologischen Kastens* gestalten. Nähere Infos zum Morphologischen Kasten findet ihr im Dokumentencontainer.

Nach der Themensammlung besteht der zweite Schritt bei der Arbeit mit dieser Methode nun darin, alle Einflussgrößen, die auf unseren geplanten Lehrgang wirken, zu finden. Dazu rufen wir euch jetzt auf.

Notiert bitte *alle* Einflussgrößen, die euch in diesem Zusammenhang in den Sinn kommen und schickt sie per E-Mail bis zum 20. Oktober an mich.

Für Fragen zur Methode oder zur Vorgehensweise benutzt bitte das Forum „Morphologischer Kasten", damit diese und die Antworten darauf für alle einsehbar sind.

Liebe Grüße und frohes Sammeln

Auswahl der Einflussgrößen
Veröffentlichen Sie die Liste der von den Teilnehmern genannten Einflussgrößen in alphabetischer Reihenfolge im Forum oder im Wiki-Web.

Bitten Sie die Teilnehmer nun, auf alle Doppelnennungen hinzuweisen, die zu streichen sind bzw. auf ähnliche Begriffe, die zusammenzufassen sind, und führen Sie diese Korrekturen durch.

Sie haben nun eine Liste mit allen Einflussfaktoren auf die von Ihnen definierte Frage.

Ermittlung der Ausprägungen
Veröffentlichen Sie die Liste der Einflussfaktoren im Wiki-Web und laden Sie die Teilnehmer ein, die möglichen Ausprägungen dieser Faktoren zu benennen.

Die beiden folgenden Abbildungen zeigen einen Morphologischen Kasten zum Thema „Berufsorientierung für ältere Arbeitsuchende" mit einer Liste der Einflussfaktoren sowie die Klärung von Fragen zum Einflussfaktor „Ziel" und dessen Ausprägung „Bewusstseinsbildung".

Beispiel

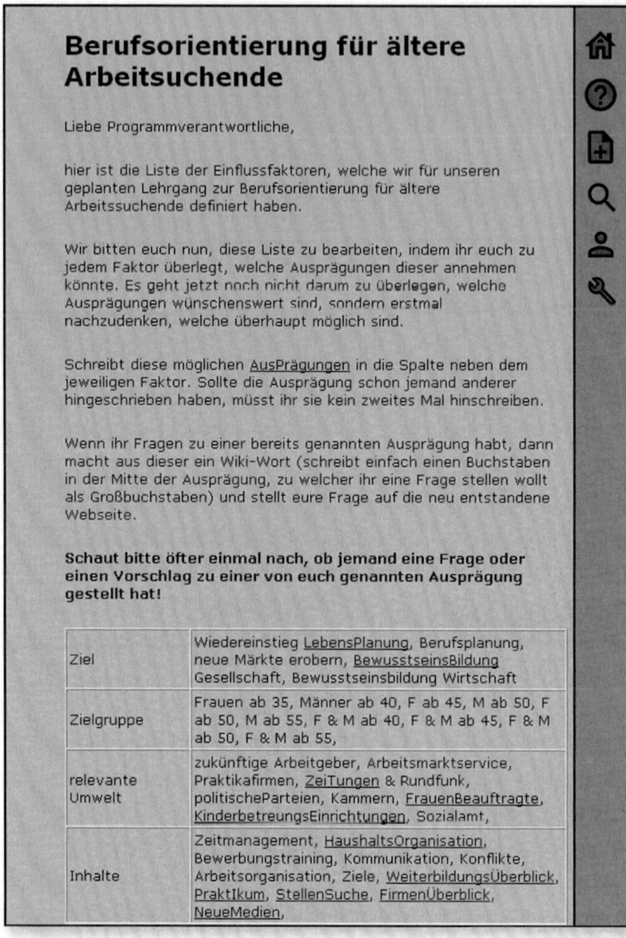

Berufsorientierung für ältere Arbeitsuchende

Liebe Programmverantwortliche,

hier ist die Liste der Einflussfaktoren, welche wir für unseren geplanten Lehrgang zur Berufsorientierung für ältere Arbeitssuchende definiert haben.

Wir bitten euch nun, diese Liste zu bearbeiten, indem ihr euch zu jedem Faktor überlegt, welche Ausprägungen dieser annehmen könnte. Es geht jetzt noch nicht darum zu überlegen, welche Ausprägungen wünschenswert sind, sondern erstmal nachzudenken, welche überhaupt möglich sind.

Schreibt diese möglichen AusPrägungen in die Spalte neben dem jeweiligen Faktor. Sollte die Ausprägung schon jemand anderer hingeschrieben haben, müsst ihr sie kein zweites Mal hinschreiben.

Wenn ihr Fragen zu einer bereits genannten Ausprägung habt, dann macht aus dieser ein Wiki-Wort (schreibt einfach einen Buchstaben in der Mitte der Ausprägung, zu welcher ihr eine Frage stellen wollt als Großbuchstaben) und stellt eure Frage auf die neu entstandene Webseite.

Schaut bitte öfter einmal nach, ob jemand eine Frage oder einen Vorschlag zu einer von euch genannten Ausprägung gestellt hat!

Ziel	Wiedereinstieg LebensPlanung, Berufsplanung, neue Märkte erobern, BewusstseinsBildung Gesellschaft, Bewusstseinsbildung Wirtschaft
Zielgruppe	Frauen ab 35, Männer ab 40, F ab 45, M ab 50, F ab 50, M ab 55, F & M ab 40, F & M ab 45, F & M ab 50, F & M ab 55,
relevante Umwelt	zukünftige Arbeitgeber, Arbeitsmarktservice, Praktikafirmen, ZeiTungen & Rundfunk, politischeParteien, Kammern, FrauenBeauftragte, KinderbetreungsEinrichtungen, Sozialamt,
Inhalte	Zeitmanagement, HaushaltsOrganisation, Bewerbungstraining, Kommunikation, Konflikte, Arbeitsorganisation, Ziele, WeiterbildungsÜberblick, PraktIkum, StellenSuche, FirmenÜberblick, NeueMedien,

Die Liste der Einflussfaktoren zum Thema als Wiki-Seite.

Beispiel: Klärung von Fragen zu den Ausprägungen

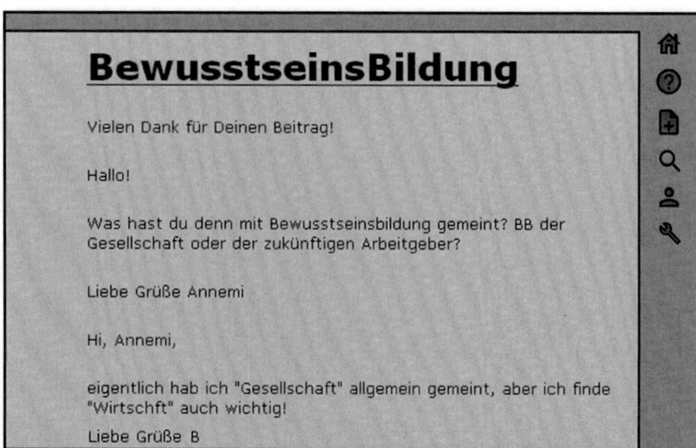

BewusstseinsBildung

Vielen Dank für Deinen Beitrag!

Hallo!

Was hast du denn mit Bewusstseinsbildung gemeint? BB der Gesellschaft oder der zukünftigen Arbeitgeber?

Liebe Grüße Annemi

Hi, Annemi,

eigentlich hab ich "Gesellschaft" allgemein gemeint, aber ich finde "Wirtschft" auch wichtig!
Liebe Grüße B

Bestimmen der Lösung

Nachdem die Teilnehmer alle relevanten Ausprägungen eingetragen und mögliche Fragen zu diesen geklärt haben, kann die Lösung bestimmt werden.

In unserem Beispiel sind wir so vorgegangen, dass wir zu jeder Zielausprägung die dazu passende jeweils wichtigste Ausprägung für jeden Einflussfaktor gefunden haben.

Dies sah für das Ziel „Wiedereinstieg“ wie folgt aus:

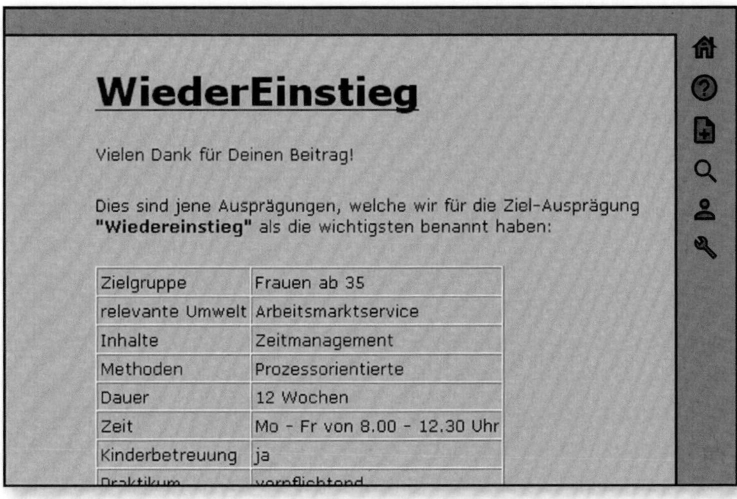

In unserem Beispiel haben wir für jede Zielausprägung bepunktet, was die wichtigsten Ausprägungen der anderen Einflussfaktoren sind und für jede Zielausprägung eine eigene Lösungstabelle – wie oben abgebildet – erstellt.

Es ist natürlich auch möglich, nur eine einzige Lösungstabelle zu erstellen, welche die der Gruppenmeinung nach wichtigste Zielausprägung und die dazu passenden Ausprägungen der anderen Einflussfaktoren enthält.

Zur Auswahl der Einflussgrößen

Bemerkungen

Listen, die mehr als 15 Faktoren enthalten, sind erfahrungsgemäß zu detailliert, um sie weiterzubearbeiten. Sollte Ihre Liste daher länger sein, bitten Sie die Teilnehmer darum, alle Punkte, die vernachlässigbar sind, zu streichen.

Dieser Prozess kann, wie in Präsenzveranstaltungen auch, ein langer Diskussionsprozess sein. Dafür eignet es sich gut, die Liste im Wiki-Web zu veröffentlichen und die Teilnehmer dort diskutieren zu lassen. Geben Sie auf jeden Fall einen Zeitpunkt vor, zu dem die Diskussion abgeschlossen sein sollte.

Wenn Sie den Diskussionsprozess abkürzen wollen, können Sie die Teilnehmer auch erst per E-Mail alle Einflussgrößen nennen lassen, die diese streichen würden und die Diskussion dann nur über die Größen führen, die übrig bleiben.

Erfahrungen

Wir arbeiten sehr gerne mit dieser Methode, da alle Teilnehmer stets im Bilde sind, welche Schritte schon unternommen wurden und was als nächstes zu tun ist und – das ist in der Ideenfindung unserer Meinung nach sehr wichtig – es sich trotzdem kreativ arbeiten lässt.

Referenzen

Weitere Ausführungen zum Morphologischen Kasten und zu seinem Erfinder, dem Astrophysiker Fritz Zwicky, finden Sie in „Zwicky*: The Outcast Genius Who Unmasked the Universe*“, Johnson J., 2019.

3.27 Partnerschaftliche Beratung

Kurzbeschreibung

Die Praxisprojekte oder Fallbeispiele der Teilnehmer werden von allen anderen Teilnehmer begutachtet und mit Vorschlägen versehen.

Ziele

- Praxisbezug herstellen.
- Aktive Mitarbeit aller Teilnehmer.

Tools

E-Mail oder Wiki-Web oder Weblog.

Wann einsetzen?

- Wenn Sie die Praxis der Teilnehmer stark mit einbeziehen wollen.
- Wenn zum Seminarende eingesetzt, als Transferübung.

Gruppengröße

10-12 Personen. Bei größeren Gruppen ist es möglich, diese in zwei Untergruppen zu teilen.

Dauer

2-3 Wochen. Kann öfter wiederholt werden oder sogar den Beginn einer längeren Zusammenarbeit der Teilnehmer darstellen.

Ablauf

Das Wissen und die Erfahrung der Teilnehmer wird zur Umsetzung von Projekten genutzt.

Alle Teilnehmer haben ein Projekt definiert, das für ihre praktische Tätigkeit relevant ist. Ausgangspunkt kann eine *„Fallstudie"* (*Seite 158*) sein.

In einer vorher festgelegten Reihenfolge wird jeden Tag ein anderes Projekt im Wiki-Web oder im Weblog veröffentlicht und von allen Teilnehmern mit Kommentaren versehen. Es kann sich dabei um Fragen, Anregungen, Literaturhinweise, Tipps und Tricks, Bedenken, Karikaturen, eigene Erfahrungen ... handeln.

Jeder Teilnehmer hat die Aufgabe, sich pro Tag 10 Minuten Zeit zu nehmen, um das jeweilige Projekt durchzusehen und mit den eigenen Anmerkungen zu versehen.

Einige Teilnehmer werden aufgrund der Rückmeldungen mit anderen in E-Mail-Kontakt treten; auf jeden Fall erhalten alle eine Fülle von Hinweisen aus unterschiedlichen Blickwinkeln.

Variation Statt im Wiki-Web oder im Weblog kann diese Übung auch via E-Mail durchgeführt werden.

Legen Sie dazu eine Reihenfolge fest. Jeder Teilnehmer schickt sein Projekt nun an den nächsten in der Reihenfolge, der es wiederum mit seinen Bemerkungen versieht und an den Nächstfolgenden in der Liste weiterschickt usw.

Um ihre Vorschläge zu vermerken, haben die Teilnehmer jeweils einen Tag Zeit.

Bemerkungen Sehr sinnvoll ist diese Übung auch, wenn die unterschiedlichen Projekte gegen Ende des Seminars definiert werden und die Beratung über die Seminarlaufzeit hinaus andauert. Sie müssen in diesem Fall jedoch klar machen, inwieweit Sie als Experte miteinbezogen werden können.

Das Initiieren dieser Übung ist ein Service, den Sie auch Teilnehmern eines ansonsten ausschließlich als Präsenzveranstaltung geführten Seminars anbieten können.

Erfahrungen Eine relativ unaufwendige Übung, mit der für alle Teilnehmer spannende Ergebnisse erzielt werden können.

3.28 Pressekonferenzen abhalten

Kurzbeschreibung

Eine Wiederholung des Gelernten sowie das Beantworten verbliebener offener Fragen durch Gruppen von Teilnehmern jeweils zum Ende einer Seminareinheit.

Ziele

- Wiederholung des Gelernten.
- Wissensüberprüfung.

Tools

Diskussionsforum, Web-Konferenz-System oder Instant Messaging.

Wann einsetzen?

- Vorbereitungen bereits zu Beginn des Seminars.
- Durchführung der Pressekonferenzen jeweils zum Abschluss einer thematischen Einheit.
- Besonders für Faktenwissen geeignet.

Gruppengröße

Pro Untergruppe 2-4 Personen.

Dauer

- Für das Sammeln der Fragen 1 Woche.
- Für das Beantworten der Fragen und die Vorbereitung auf die Pressekonferenz bis zu 2 Wochen.
- Die Pressekonferenz pro Untergruppe: 45-60 Minuten.

Ablauf

1. Vorbereitung der Pressekonferenz

- Geben Sie zu Beginn des Seminars einen Überblick über die Themen, die Sie im Seminar behandeln werden.
- Eröffnen Sie für jedes Thema ein eigenes Forum.
- Fordern Sie die Teilnehmer auf, sich einem Thema zuzuordnen (sich ins jeweilige Forum einzutragen), zu dem sie in einer Kleingruppe nach Bearbeitung des Themas eine Pressekonferenz für die Seminarteilnehmer geben wollen. Achten Sie darauf, dass Sie genügend Themen zur Auswahl bereithalten, so dass sich zu jedem Thema 2-4 Personen melden können.
- Fordern Sie die Teilnehmer nun auf, sich zu jedem dieser Themen 1-3 Fragen zu überlegen.

Beispiel

Liebe Alpentourismus-Community,

vorerst „Vielen Dank", dafür, dass Sie sich bereits alle einem Thema für die folgenden Pressekonferenzen zugeordnet haben. Toll, dass unser gemeinsamer Einstieg ins Online-Lernen so reibungslos verläuft!

Im nächsten Schritt bitte ich Sie, sich mit den einzelnen Themen auseinanderzusetzen:

- Was interessiert Sie vor allem in diesem Themenbereich?
- Welche Fragen haben Sie zu diesem Thema?

Das können ruhig auch Fragen sein, von denen Sie annehmen, dass Sie die Antworten noch nicht während des Seminars, sondern erst auf der Pressekonferenz erhalten werden!

Notieren Sie zu jedem Thema mindestens eine bis zu höchstens drei Fragen und veröffentlichen Sie diese bis kommenden Freitag, 12. September, im jeweils passenden Forum.

Ihre Fragen zu „Attraktive Angebote für Senioren/-innen" stellen Sie also ins Forum „Senioren/-innen", jene zur „Zusammenarbeit mit Reiserveranstaltern" ins Forum „Reiseveranstalter" usw.

Übrigens: zum Thema, zu dem Sie sich für die Pressekonferenz gemeldet haben, können Sie, müssen Sie aber nicht Fragen finden.

Auch diesmal gilt wieder: Für Fragen und Anregungen stehe ich Ihnen gerne per E-Mail zur Verfügung!

▶ Im nächsten Schritt bearbeitet jede Gruppe den Fragenkatalog, sortiert jene Fragen aus, die mehrfach gestellt wurden, fragt bei Unklarheiten nach usw. Nach ca. zwei Wochen sollte der endgültige Fragenkatalog im zugehörenden Forum veröffentlicht sein.

2. Durchführen der Pressekonferenz

Die Pressekonferenz kann im Web-Konferenzraum oder via Instant Messaging abgehalten werden.

- Stellen Sie sicher, dass sich die Teilnehmer schon frühzeitig mit der eingesetzten Technik vertraut machen konnten. Vielleicht halten Sie vor der ersten Pressekonferenz gemeinsam mit allen eine kurze Probeeinheit mit dem eingesetzten Werkzeug ab.
- Wenn Sie wollen, übergeben Sie der jeweils zuständigen Gruppe die Moderation der Pressekonferenz. Stellen Sie der Gruppe in diesem Fall Moderationsregeln zur Verfügung und ermöglichen Sie es der Gruppe auch, das verwendete Medium vorab genauer kennen zu lernen.
- Es ist auch möglich, die Einladung zur Pressekonferenz durch die zuständige Gruppe gestalten zu lassen und per E-Mail an die übrigen Teilnehmer (und evtl. sonstige Interessierte) zu versenden. Folgendes sollte auf jedem Fall in der Einladung vermerkt sein: Das Thema der Pressekonferenz; die Durchführenden; die Anfangs- und Endzeit; das Medium, das eingesetzt wird und wie es zu erreichen ist; ein Hinweis darauf, was getan werden sollte, wenn es bei jemandem mit dem Einstieg in den Web-Konferenzraum nicht klappt.
- Gestalten Sie den Einstieg in die Pressekonferenz und stecken Sie nochmals die Rahmenbedingungen ab: Beginn – Ende; Thema; verantwortliche Gruppe; wer moderiert; wer stellt die Fragen; Protokoll. Geben Sie erst dann die Moderation gegebenenfalls ab.
- Bedanken Sie sich zum Ende der Präsentation bei der Gruppe der verantwortlichen Teilnehmer und weisen Sie nochmals auf das Protokoll und die Beantwortung der offenen Fragen hin.

3. Nachbereiten der Pressekonferenz

- Möglicherweise reicht die für die Pressekonferenz angesetzte Zeit nicht aus, um alle Fragen zu beantworten. Gerade wenn Sie diese Übung im Rahmen einer Prüfung einsetzen, ist es sinnvoll, von der jeweiligen Untergruppe ein Protokoll der Konferenz zu verlangen, in dem gegebenenfalls auf noch nicht beantwortete Fragen eingegangen wird.

- Je nach Seminarschwerpunkt ist es auch möglich, von der verantwortlichen Gruppe eine Reflexion zur Methode/Vorgehensweise/Zusammenarbeit in der Gruppe ... einzufordern.

Bemerkungen

Die Übung kann auch zur Gänze schriftlich im Diskussionsforum gestaltet werden, wenn die Teilnehmer auf die an sie im Forum gestellten Fragen gleich im Forum antworten. In diesem Fall geben Sie eine Deadline vor, bis wann nach Abschluss jedes Themas die Fragen beantwortet sein sollten.

Wenn Sie diese Übung vor allem zu Wiederholungszwecken einsetzen wollen, ist es auch möglich, dass Sie sich zum Ende jedes Themenblocks für eine Konferenz zur Verfügung stellen, in der die Teilnehmer alle offenen Fragen an Sie stellen können.

Wenn Ihr Seminar/Lehrgang mit der Verleihung eines Zertifikates abschließt, so können Sie die Pressekonferenzen auch als Teilprüfung gestalten. Pro Themenblock gibt eine Untergruppe eine Pressekonferenz. Jede Untergruppe sollte pro Seminar mindestens eine Konferenz geben.

Erfahrungen

Wenn Ihr Seminardesign sehr offen ist, dann kann es vorkommen, dass Sie nicht alle und/oder andere als die geplanten Themen im Seminar behandeln. In diesem Fall ist es sinnvoll, dass sich die Teilnehmer erst dann einem Thema zuordnen können, wenn dieses behandelt wird. So bleibt die Spannung für jene, die sich noch keinem Thema zugeordnet haben, erhalten, da sie nicht wissen, welches Thema für sie übrig bleiben wird.

3.29 Pro- und Contra-Diskussion

Kurzbeschreibung

Ein Meinungsbildungsprozess, in den möglichst viele Pro- und Contra-Argumente mit einbezogen werden.

Ziele

Je nach Seminarthema können Sie diese Methode zur Erreichung unterschiedlicher Ziele einsetzen:
- Abbau von Vorurteilen („in den Schuhen der anderen laufen").
- Sammeln und Bewerten von Informationen.
- Üben einer Kommunikationsform, die dem Dialog nahekommt.
- Die Teilnehmer bereiten sich umfassend auf ein Thema vor bzw. bringen ein bearbeitetes Thema zum Abschluss.

Tools

Chat, Web-Konferenzraum, E-Mail, Diskussionsforum.

Wann einsetzen?

Dies hängt von den Zielsetzungen (siehe oben) ab. Besonders empfiehlt sich die Pro- und Contra-Diskussion, wenn:
- Die Teilnehmer bereits eine sehr eingefahrene Meinung zum Thema haben.
- Ein Thema im Seminar kontrovers aufgenommen wird.

Gruppengröße

5-15 Personen.

Dauer

- Vorbereiten der Diskussion: ca. 2 Wochen.
- Durchführen der Diskussion: 90 Minuten.
- Nachbereiten der Diskussion: ca. 1 Woche.

Ablauf

Die Pro- und Contra-Diskussion stellt für die Teilnehmer eine Möglichkeit dar, sich sehr intensiv mit Argumenten, die für und gegen ein Thema sprechen, auseinanderzusetzen und all diese Argumente zum Schluss für die eigene Meinungsbildung heranzuziehen.

Gehen Sie dabei wie folgt vor:

1. Vereinbaren Sie gemeinsam mit der Gruppe ein Thema und legen Sie dieses für alle klar fest
Eine Möglichkeit, ein Diskussionsthema zu finden ist, die Teilnehmer aufzufordern, kontroverse Themen aus dem Seminargebiet an Sie per E-Mail zu senden. Sie sammeln die Themen und veröffentlichen diese, indem Sie eine Umfrage im Diskussionsforum initiieren. Die Teilnehmer stimmen darüber ab, welches Thema diskutiert werden soll.

2. Die Gruppe teilt sich in eine Pro- und eine Contra-Gruppe
Fordern Sie die Teilnehmer gegebenenfalls auf, sich für die Gruppe zu melden, deren Meinung sie nicht teilen, um damit gezwungen zu sein, sich in deren Argumente hineinzuversetzen. Achten Sie darauf, dass die Pro- und Contra-Gruppen gleich groß sind.

3. Die Gruppen sammeln Argumente
Eröffnen Sie für die Pro- und die Contra-Gruppe jeweils ein eigenes Forum. In diesem Forum sammelt die Gruppe Argumente, und – wenn Sie den Meinungsbildungsprozess sehr fundiert gestalten wollen – sucht auch im Internet nach Fakten, die ihre jeweilige Position untermauern.

Um die Spannung bis zum Diskussionstermin aufrechtzuerhalten, geben Sie den Teilnehmern die Möglichkeit, ihr Forum durch ein Passwort zu schützen, so kann die jeweils andere Gruppe nicht mitverfolgen, welche Argumente, Fakten, Begründungen gesammelt werden.

4. Erstellen Sie die Liste der Redner
Fordern Sie die Gruppe auf, Ihnen 2-3 Teilnehmer zu nennen, die im folgenden Chat die Position der Gruppe vertreten werden.

5. Laden Sie zur Web-Konferenz ein

Beispiel

Guten Tag, liebe Personaler/-innen,

ich freue mich, Sie zum vereinbarten Pro- und Contra-Chat einzuladen. Ihre Themenwahl verspricht auf jeden Fall eine interessante und aufschlussreiche Diskussion!

Frei nach Oswald Neuberger haben sich die beiden folgenden Gruppen gebildet:

Der Mensch ist Mittelpunkt.
Der Mensch ist Mittel. Punkt.

Die Gruppen haben die folgenden Redner/-innen für den Chat nominiert:
....

Der Chat selbst wird wie folgt ablaufen:

- Die Moderation wird von mir übernommen.
- Nach einer kurzen „Aufwärmrunde“, an der alle teilnehmen werden, lade ich die nominierten Redner/-innen ein, mit der Diskussion zu beginnen.
- Die Pro- und Contra-Diskussion wird als Kreisgespräch durchgeführt werden und ca. 40 Minuten dauern.
- Teilnehmer, die nicht aktiv mitdiskutieren, haben die Aufgabe, den Diskutanten/-innen ihrer Gruppe im Flüstermodus passende/zündende Argumente bereitzustellen.
- Die Pro- und Contra-Diskussion endet mit einer Stellungnahme aller Teilnehmenden, also auch jener, die nicht aktiv mitdiskutiert haben.
- Die gesamte Chatsitzung ist mit 90 Minuten anberaumt.

Für die Aufwärmrunde bitte ich jede/n Teilnehmer/-in, ein Motto zum von Ihnen vertretenen Standpunkt vorzubereiten!
Die Diskutanten/-innen ersuche ich vor allem, nicht Argument an Argument zu reihen, sondern auf die Argumente der „Gegenseite“ einzugehen, diese aufzugreifen und aus der eigenen Position zu

beleuchten. Gruppenmitglieder, die nicht mitdiskutieren, werden Sie – wie oben beschrieben – dabei unterstützen, die passenden Daten, Fakten und Argumente zu finden und Ihnen dies über den Flüstermodus mitteilen.

6. Führen Sie die Pro- und Contra-Diskussion durch
In unserem Beispiel haben wir den Einstieg über ein Motto gewählt, das sich jeder Teilnehmer für die Online-Sitzung überlegt hat.

Im Anschluss an die Diskussion ersuchen Sie jeden Teilnehmer um eine kurze abschließende Stellungnahme zum Thema.

7. Reflektieren Sie die Diskussion
Wenn Sie ein Kommunikationsseminar durchführen, werden Sie den Schwerpunkt der Reflexion möglicherweise auf die Kommunikation als solche legen. In einem Seminar über Online-Seminarmethoden wird das Hauptinteresse der Reflexion wahrscheinlich auf der Methode selbst liegen.

In unserem Beispiel ging es darum, ein Thema aus unterschiedlichen Blickwinkeln zu betrachten und sich zum Ende des Diskussionsprozesses eine Meinung zu bilden, in der sowohl Pro- als auch Contra-Argumente berücksichtigt sind. Darum legten wir den Schwerpunkt der Reflexion auf den Meinungsbildungsprozess und verlangten von jedem Teilnehmenden, seinen Standpunkt darzulegen und zu begründen.

Bitten Sie die Teilnehmer darum, ihre Reflexionen im Forum zu veröffentlichen, oder fordern Sie diese auf, Ihnen die Reflexionen per E-Mail zuzusenden.

Bemerkungen

Wenn die Sammlung der Argumente bereits sehr intensiv erfolgt, besteht auch die Möglichkeit, den Chat mit Unterstützung des Whiteboards im Web-Konferenzraum durchzuführen, da die Teilnehmer mit diesem Werkzeug auch evtl. vorbereitete Folien vorführen oder auf interessante Websites zugreifen können.

Erfahrungen

Der Schwerpunkt bei der Durchführung dieser Methode liegt nicht nur bei der Diskussion. Die Arbeit der Meinungsbildung beginnt vielmehr bereits beim Sammeln der Argumente, beim Durchsuchen des Internets nach Daten, Fakten und Beispielen.

Mit dieser Übung ist es den Teilnehmern möglich, sich eine Meinung zu bilden, ohne dabei in Zeitdruck zu geraten oder unvollständig informiert zu sein.

Für manche Teilnehmer mag gerade dies die große Schwierigkeit sein: Ein Thema, über das man sich bereits ein Urteil gebildet hatte, nochmals zu diskutieren und dazu auch noch eine Fülle von neuen Informationen zu erhalten.

3.30 Rollenspiel im Chat

Kurzbeschreibung Die Teilnehmer nehmen bei der Diskussion verschiedene vorgegebene Rollen ein.

Ziele
- Beleuchten einer Problemstellung von unterschiedlichen Seiten.
- Finden neuer Lösungen.
- Öffnen für neue Sichtweisen.

Tools E-Mail, Chat, Instant Messaging oder Web-Konferenz-System.

Wann einsetzen?
- Zum Beginn eines neuen Themas.
- Wenn Sie das Gefühl haben, die Studierenden blockieren das Thema oder verfügen bereits über eingefahrene Sichtweisen.

Gruppengröße 5-7 Personen.

Dauer Eine Stunde.

Ablauf Definieren Sie erst die Problemstellung (entweder gemeinsam mit den Teilnehmern oder geben Sie eine Definition vor) und veröffentlichen Sie diese in der Einladung zum Chat.

Beispiel

> Liebe Neue-Medien-Community,
> immer wieder sind wir in unserem Seminar auf Herausforderungen gestoßen, die sich im Zusammenhang mit der Einführung von E-Learning im Studium ergeben.
>
> Nun möchten wir euch zu einem Chat einladen, in dem wir die Einführung von E-Learning in der universitären Ausbildung kontrovers diskutieren wollen. Um auch wirklich sehr viele Aspekte in die Diskussion einfließen zu lassen, geben wir die Positionen, aus deren Perspektive ihr ihm Chat argumentieren werdet, vor.
>
> Folgende Positionen stehen zur Auswahl:

:-) Die/der Positive
Diese Person formuliert ausschließlich positive Aspekte und begründet den Nutzen der Einführung von E-Learning.

:-/ Die/der Kritiker/-in
Diese Person formuliert ausschließlich Bedenken, um Risiken und Gefahren der Einführung von E-Learning abzuwehren.

:-I Der/die Neutrale
Diese Person ist nicht festgelegt. Sie klärt im Diskussionsprozess folgende Fragen:
Welche Tatsachen stehen fest?
Welche Informationen besitzen wir (Lageanalyse)?
Welche Informationen benötigen wir noch, um das Problem zu bearbeiten oder zu lösen?

:-o Der/die Emotionale
Diese Person formuliert ausschließlich positive oder negative Gefühle, die nicht erklärt werden müssen.

:-)(-: Der/die Kreative
Diese Person gibt Anregungen und entwickelt neue Ideen, um etwas zu verändern.

C=:-) Der/die Praktische
Diese Person bringt Beispiele aus der universitären Praxis in den Diskussionsprozess ein. Ihre Position ist neutral.
...

Hängt bitte bis zum 14. April unten eine Antwort an, für welche Rolle ihr euch entschieden habt. Es kann sich immer nur eine/r für eine Rolle melden.

Wer sich bis zum 14. noch nicht entscheiden konnte, den müssen wir einer der noch offenen Rollen zuteilen. Also, wer zuerst kommt, kann sich die Rolle noch aussuchen!

Am 14. erhaltet ihr dann per E-Mail von uns noch einige Tipps für eure Rolle.

Je nachdem, wie viele Teilnehmer in Ihrem Chat sein werden, müssen Sie zusätzliche Rollen erfinden oder streichen.

Geben Sie den Teilnehmer per E-Mail einige Hinweise, was in der Rolle zu beachten ist.

Beispiel

Liebe Maike,
du hast dich für unseren Chat für die Rolle der „Kreativen" entschieden. Das bedeutet, dass du während des ganzen Chats sehr aktiv mit dabei sein musst! Du kannst recht wenig an Argumenten vorbereiten oder schon vorformulieren.

Stattdessen ist es deine Aufgabe, Argumente, die während der Diskussion fallen, aufzugreifen und Vorschläge zu präsentieren, wie diese umgesetzt werden könnten.

Natürlich musst du kein ausgearbeitetes Konzept für deine Vorschläge vorlegen ;-), sondern einfach nur kurz einige Ideen einfließen lassen.

Die größte Herausforderung deiner Rolle besteht wohl darin, dass du neutral bist. Das bedeutet, dass du für Pro und für Contra-Argumente Umsetzungsvorschläge liefern solltest. Wenn du also ein wenig zu sehr „Pro- oder Contra- lastig" wirst, dann werde ich als Moderatorin dir das mit dem Flüstermodus mitteilen.
....

Führen Sie die Diskussion im Chat durch. Für diese Art der Diskussion eignet sich unserer Erfahrung nach das *„Kreisgespräch"* (*Seite 181*) sehr gut.

Werten Sie die Diskussion aus. Dies kann entweder noch (kurz) im Chat erfolgen oder über Fragen, die Sie den Teilnehmern für ihre Reflexion mitgeben.

Dazu ein Auszug aus unseren vorbereiteten Formulierungen:

Beispiel

Wie habt ihr die Methode des Rollenspiels empfunden?
Was hat euch dabei besonders zugesagt, was weniger?

Das Chatprotokoll steht euch in einer halben Stunde wieder im Forum zur Verfügung. Lest es euch noch einmal durch und überlegt Folgendes:

Welches Argument habe ich für mich besonders hilfreich empfunden und wieso?
Welches Argument weicht besonders stark von meiner Meinung ab und wieso?
Hat sich an meiner Meinung zur Einführung von E-Learning (teilweise) etwas verändert?
Wie ist meine Meinung zur Einführung von E-Learning im Hochschulbereich?

Bemerkungen

Die Methode orientiert sich an den „Six Thinking Hats" von Edward de Bono (Edward de Bono, *Six Thinking Hats*: An Essential Approach to Business Management; 2016).

Es ist auch möglich, die Rollen nicht schon vor dem Chat zu vergeben, sondern diese für jede Diskussionsrunde im Uhrzeigersinn (nach dem Alphabet) rotieren zu lassen. So muss jeder Teilnehmer sich einmal in jede Rolle hineinversetzen. Für die Nachbereitung ist die Frage interessant: „In welcher Rolle hast du dich besonders wohl/unwohl gefühlt?"

Erfahrungen

Die Vorbereitung dieser Übung ist ein wenig aufwendig, da Tipps und genauere Erklärungen für die Rollen angefertigt werden müssen. Diese können jedoch für jedes weitere Rollenspiel mit wenigen Änderungen übernommen werden.

3.31 Schnitzeljagd

Kurzbeschreibung Die Teilnehmer tauschen sich via E-Mail aus, um alle zur Lösung eines Problems relevanten Informationen zu erhalten.

Ziele

- Community Building.
- Der Umgang mit den Werkzeugen E-Mail und Diskussionsforum wird geübt.

Tools Diskussionsforum, E-Mail.

Wann einsetzen? Zu Beginn eines Seminars.

Gruppengröße Bis zu 15 Personen.

Dauer Eine Woche.

Ablauf Ähnlich einer Schnitzeljagd bzw. wie im betrieblichen Alltag üblich, erhalten Teilnehmer nur Teile von relevanten Informationen und müssen die Informationshappen anderer Teilnehmer kennen, um eine Aufgabe zu lösen.

Ein Anwendungsbeispiel:

Beispiel Senden Sie einigen Teilnehmern Puzzleteile eines zu lesenden Textes. Ein Teilnehmer erhält vertiefende Linktipps zum Thema. Ein weiterer den Auftrag, nach passenden Stichwörtern im Internet zu suchen. Einer erhält Fragen, die zu beantworten sind. Und jemand erhält die Arbeitsanweisung, dass die Fragen bis zu einem bestimmten Tag von allen Teilnehmern im Forum beantwortet sein sollen.

Bemerkungen Wenn sich die Teilnehmer nie oder nur sehr selten sehen, ist es öfter notwendig, Prozesse zu initiieren, die die Zusammenarbeit fördern. Diese Übung kann sowohl zur Arbeit am Kursthema (wie hier beschrieben) oder einfach zum Spaß eingesetzt werden.

Erfahrungen Da die Aufgabenstellung nicht sehr komplex ist, ist es für erwachsene Teilnehmer sehr gut möglich, diese ohne weitere Hilfe vonseiten der Seminarleitung zu lösen.

3.32 Schon wieder ein Referat

Kurzbeschreibung

Beleben Sie Ihre Lehrveranstaltungen, indem die Referate Studierender online gehalten werden.

Ziele

Teilnehmerinnen und Teilnehmer stellen ihr inhaltliches Wissen online vor.

Tools

Web-Konferenzraum, Diskussionsforum.

Wann einsetzen?

Zur inhaltlichen Arbeit.

Gruppengröße

Für Gruppen bis zu 50 Personen geeignet.

Dauer

30 Minuten pro Vortrag/Referat.

Ablauf

Eine Möglichkeit, Verantwortung für den Inhalt der Lehrveranstaltung an Studierende abzugeben und diese gleichzeitig zu verpflichten, sich mit einem Teilbereich des Lehrstoffes vertieft auseinanderzusetzen, sind Referate.

Legen Sie Ihre Lehrveranstaltung in Form eines Blended-Learning-Konzeptes an und bringen Sie so für sich und Ihre Studierenden neuen Schwung und neue Lernmöglichkeiten in die Lehre.

Nachdem Sie das Thema der Lehrveranstaltung, Referatsthemen und weitere organisatorische Details bei einem Präsenztermin geklärt haben, arbeiten die Studierenden wie bisher gewohnt an ihren Vorträgen. Diese müssen – je nach Ihrer Vorgabe – im Vergleich zu „herkömmlichen" Referaten zusätzliche Anforderungen erfüllen. Z.B.:

- Zumindest ein interaktives Element muss enthalten sein, das der gesamten Seminargruppe ermöglicht, in eine aktive Rolle zu schlüpfen.
- Während des Vortrages werden relevante Webseiten zum Themenbereich eingeblendet und besprochen.
- Mitglieder der Präsentationsgruppe, die nicht präsentieren, betreuen den Chat im Webkonferenztool (sie beantworten Fragen, notieren Webseiten etc.).

Darüber hinaus muss der Vortrag natürlich grafisch so aufbereitet sein, dass eine Online-Präsentation unterstützt wird. Der Vortrag – oder ein Exzerpt dessen – muss im Anschluss im Diskussionsforum für die gesamte Seminargruppe zugänglich gemacht werden. Es kann auch abgemacht werden, dass die jeweilige Präsentationsgruppe ihren Thread im Diskussionsforum weiter betreut.

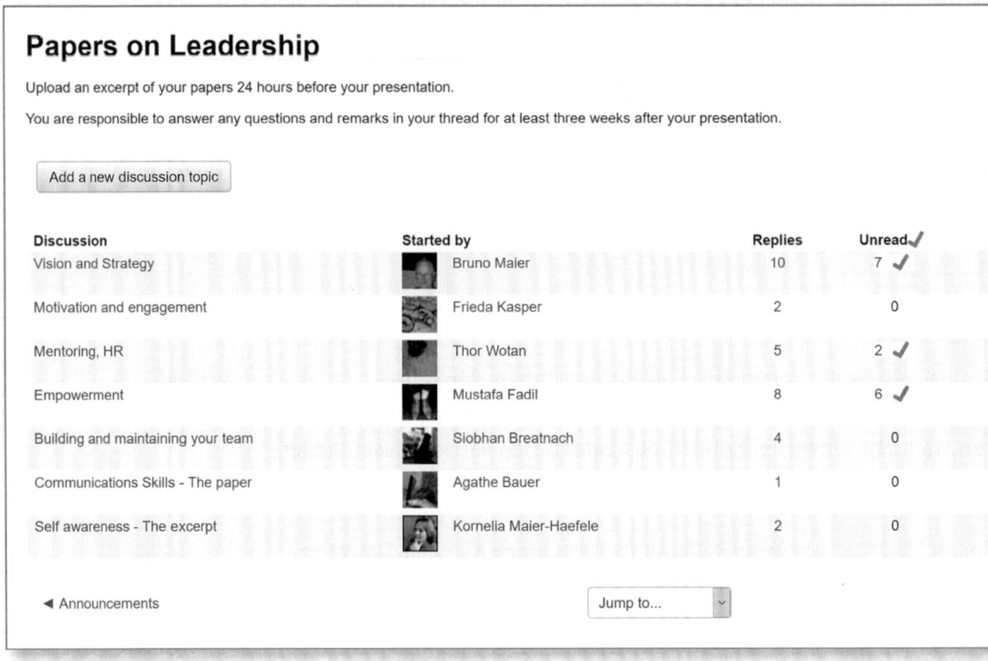

Erfahrungen

Wir merken jedes Mal, dass eine solche Konzeption der Lehrveranstaltung eine schöne Abwechslung im Alltag der Lehrenden und Lernenden darstellt. Auch beugt es Trittbrettfahrern unter den Lernenden vor, da diese während der Präsentation im Chat auf Fragen eingehen müssen.

Ein weiterer Vorteil ist, dass der prüfungsrelevante Stoff gut aufbereitet im Diskussionsforum hinterlegt ist. Nicht nur ist das für alle Beteiligten einfacher, es spart auch viel Papier.

3.33 Sechs Stücke und drei Worte

Kurzbeschreibung

Sechs Wortbruchstücke müssen zu drei Wörtern zusammengesetzt werden.

Ziele

Die Teilnehmer lernen, außerhalb der (fachlichen) Scheuklappen denken.

Tools

E-Mail.

Wann einsetzen?

Jederzeit, vor allem zu Beginn einer kreativen Phase.

Gruppengröße

Einzelarbeit oder in Kleingruppen.

Dauer

Kurz.

Ablauf

Senden Sie den Teilnehmern via E-Mail sechs Wortteile zu. Beauftragen Sie diese dann, daraus die richtigen Wörter zusammenzusetzen.

Beispiele

Variante 1:

TUN ABL SET AUF EIN ZEN

Die Lösung finden Sie am Ende dieser Methode.

Ein Hinweis für Sie, den Sie jedoch nicht an Ihre Teilnehmer weitergeben müssen: In der Anleitung steht nichts davon, dass die Wörter gleich lang sein müssen! ;-)

Variante 2:

ATT END RIT ION IRE RET

Die Lösung finden Sie wiederum am Ende der Methode.

Auch hier ein Hinweis, der nicht unbedingt für Ihre Teilnehmer bestimmt ist: In der Anleitung steht nichts davon, dass es sich um deutsche Wörter handelt! ;-)

Variante 3:

Fordern Sie Ihre Teilnehmer auf, diese Angaben auf einzelne Papierstücke zu schreiben, damit sie sich leichter tun!

NNI NIH WEG NAT BEG NOI

Die Lösung zu diesem Puzzle in der wohl schwierigsten Variante finden Sie zum Schluss. Vielleicht wollen Sie es ja selbst ausprobieren? Schreiben Sie die Bruchstücke dazu auf sechs Papierstücke ...

Bemerkungen Am meisten Sinn macht es natürlich, wenn Sie Wörter aus dem Inhalt des Seminars bzw. der Lehrveranstaltung hernehmen. Hier können Sie auch, wie beim *„Twisted Pair Puzzle“ (Seite 237)* beschrieben, einen Wettbewerb unter den Teilnehmern initiieren.

Erfahrungen FAP ERE STO IAC QUE ! ;-)
Übrigens – Das ist ein Satz, der aus drei Wörtern besteht.

Lösungen:

Variante 1:
Tun
Ablauf
Einsetzen

Variante 2:
Attrition
End
Retire

Variante 3:
Um diese Lösungen zu finden, müssen Sie „auf dem Kopf stehen“. Einfacher ist es natürlich, Sie schreiben die Wortstücke auf Papier und stellen diese teilweise auf den Kopf. Dann finden Sie die folgenden Lösungen:
Beginn
Hinweg
Nation

3.34 Sich einen Reim machen

Kurzbeschreibung

Die Teilnehmer erstellen alleine oder in Gruppen Gedichte zu einem vorgegebenen Thema.

Ziele

- Durch die stilisierte Ausdrucksweise können auch „heiße Eisen" angesprochen werden.
- Spaß ins Seminar bringen.
- Neue Zugänge zu einem Thema schaffen.

Tools

Wiki-Web, Diskussionsforum.

Wann einsetzen?

Jederzeit. Wir setzen Gedichte ein:
- Um sich aufs Thema einzustimmen.
- Als Rückblick auf einen Themenblock.
- Um über die Gruppe zu reflektieren.

Gruppengröße

Auch für große Gruppen geeignet.

Dauer

Eine Woche.

Ablauf

Bitten Sie Ihre Teilnehmer, im Wiki-Web gemeinsam ein Gedicht zu einem von Ihnen vorgegebenen Thema zu schreiben.

Beispiel

Es kann sich dabei z.B. um Folgendes handeln:
- Um einen Rückblick auf die letzten Wochen.
- Um eine Wunsch-Vorschau auf das nächste Thema.
- Um einen Reim zum Gruppenklima, dem Seminar allgemein.

Die Teilnehmer können selbst Gedichte schreiben oder, dem Wiki-Prinzip folgend, bereits von den anderen Teilnehmern geschriebene Gedichte abändern bzw. anpassen.

Geben Sie die Überschrift oder das Rahmenthema vor und laden Sie die Teilnehmer ein, sich innerhalb der von Ihnen bestimmten Zeit im Wiki-Web dichtend zu äußern.

Die folgenden Möglichkeiten, Gedichte zu verfassen, wollen wir vorschlagen:

Stabreime
Jedes Wort des Gedichts muss mit demselben Buchstaben beginnen. Eine Steigerungsform ist es, wenn sich die Zeilen untereinander auch noch reimen:

Beispiel

Tue tüchtig teamarbeiten,
tabufrei Themen tieferschreiten
täglich tiefsinnige Teamgedanken
tun tatsächlich tilgen Trennungsschranken!

Für Stabreime ist es hilfreich, mit einem Wörterbuch zu arbeiten!

Vorgegebene Worte
Sie geben Worte vor, die im Text untergebracht werden müssen. Eine Steigerungsform ist es, wenn Sie die Reihenfolge der zu verwendenden Wörter vorgeben oder angeben, in welcher Zeile die Worte verwendet werden müssen.

Entnehmen Sie dazu beispielsweise aus einem Fachartikel Stichworte. Diese Form des Gedichtschreibens ist auch dann zu empfehlen, wenn Sie mit Gruppenstimmungen arbeiten und bestimmte (Tabu-)themen ansprechen wollen.

Nachfolgend haben wir die Rückmeldung einer Teilnehmerin in Gedichtform zur Zusammenarbeit im Seminar abgedruckt, wobei die von uns vorgegebenen Worte fett hervorgehoben sind.

Beispiel

Seminarrückblick

Es hat mir sehr viel **Spaß** gemacht,
besonders in der **Cafeteria** hab ich viel gelacht, :-D :-D
die Zeit fand ich oft knapp bemessen,
manchmal bin ich nächtelang vor dem **Computer** gesessen.

Die Frage nach der **Zusammenarbeit**,
die sorgt erst mal für Heiterkeit, :-)

kenn ich euch doch über den Bildschirm nur,
weiß weder eure Größe noch eure Frisur,
dennoch und ich glaub es kaum
Zusammenarbeit im **E-Learning** ist kein Traum!

Ich geb es zu - anfangs war es recht schwierig,
euch zu treffen, darauf war ich begierig.
Doch dann, mit **Mail** und **Chat** und Terminbeschreiber,
fester Planung, die **Trainer** amtieren als Sklaventreiber, :->
Gewöhnung, probieren und auch Mut:
darf ich nun sagen: es funktionierte gut! :-D :-)

Dichten nach Vorlagen

Bestimmte Gedichte kennen wir alle aus unserer Schulzeit. Geben Sie ein solches (z.B. Erlkönig, Zauberlehrling ...) vor und laden Sie die Teilnehmer ein, dieses passend zum ebenfalls vorgegebenen Thema abzuwandeln.

Beispiel

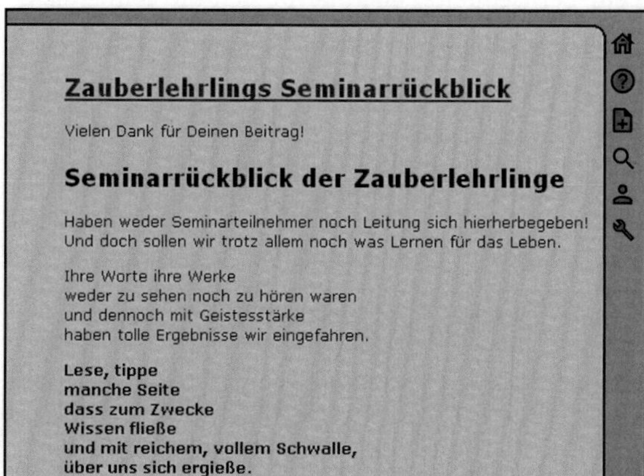

Ein Seminarrückblick in Gedichtform, gemeinsam von der ganzen Seminargruppe im Wiki-Web erstellt und zum Kursabschluss dem Trainerteam „geschenkt".

Bemerkungen

Wenn Ihre Teilnehmer nach vorgegegebenen Gedichten arbeiten, dann weisen Sie sie darauf hin, nicht der im angegebenen Gedicht vorherrschenden Stimmung folgen zu müssen!

Erfahrungen

Eine kreative und oft auch witzige Art, sich mit dem Seminarthema zu befassen.

3.35 Siebensprung

Kurzbeschreibung Eine Methode zur Strukturierung des Problemorientierten Lernens (POL).

Ziele

- Die Teilnehmer setzen sich intensiv mit einem Thema auseinander.
- Die Erarbeitung des Lehrstoffs erfolgt teilnehmerzentriert.

Tools Die zur Verwendung kommenden Werkzeuge beschreiben wir unten für jede einzelne Stufe des Siebensprungs.

Wann einsetzen? Statt einer Projekt- oder Seminararbeit.

Gruppengröße Gruppen zu höchstens 5-7 Teilnehmern.

Dauer Mehrere Wochen.

Ablauf Am Anfang einer Lehr-Lernsequenz, noch bevor sich die Teilnehmer mit dem Lernstoff auseinandergesetzt haben, wird diesen ein möglichst realitätsnahes Problem vorgelegt.

Die Aufgabe der Teilnehmer ist es nun, das Problem in einer bestimmten Abfolge von Schritten – dem sogenannten Siebensprung – zu analysieren und zu bearbeiten.

Dies geschieht in kleinen Gruppen von ca. 5-7 Studierenden.

Dabei sollen die Teilnehmer die ihnen zur Verfügung stehenden synchronen und asynchronen Kommunikationswerkzeuge sowie das WWW zu Recherchezwecken nutzen.

Kennzeichnend für das POL ist die Arbeit in Kleingruppen. Die Rollenverteilung in der Kleingruppe sieht einen Gesprächsleiter, die Gesprächsteilnehmer sowie die Rolle des Protokollführers der Lerngruppe vor. Diese Rollen werden im Wechsel von den Teilnehmern übernommen.

Die Rollenverteilung

Die wichtigste Aufgabe des **Gesprächsleiters** ist, die Gesprächsführung zu übernehmen und den Gruppenprozess zu leiten, damit der Prozess auf die richtige Weise, methodisch nach den Regeln des Siebensprungs und unter Beteiligung aller Mitglieder der Lerngruppe verläuft. Der **Protokollführer** ist verantwortlich dafür, dass der Trainer von den erzielten Ergebnissen und der weiteren Vorgehensweise informiert wird. Die **Gesprächsteilnehmer** sind mitverantwortlich für die Aktivität in der Gruppe und für deren konstruktive Zusammenarbeit.

Der **Trainer** lehrt nicht und leitet auch nicht die Diskussion der Lerngruppe. Seine Aufgabe ist es vielmehr, die Diskussion der Teilnehmer zu stimulieren, sie zu ermuntern, selbstständig und eigenverantwortlich im Verbund mit den anderen Gruppenmitgliedern zu lernen. Der Trainer gibt sowohl Anregungen bezüglich des Lernprozesses als auch in Bezug auf die Zusammenarbeit. Er achtet darauf, dass die Gruppe methodisch nach den Regeln des Siebensprungs vorgeht, dass jeder einzelne Schritt vorschriftsmäßig bearbeitet wird und jede Phase beendet wird, bevor die nächste beginnt. Zudem hat der Trainer eine Vorstellung von der erforderlichen „Tiefe" der Aufgabe und kann dies zur Sprache bringen, indem er die Fragen stellt, wie der Gesprächsleiter sie hätte stellen müssen. Bei seiner Aktivität muss sich der Trainer davor hüten, dass er nicht als Sachverständiger in Erscheinung tritt oder die Rolle des Gesprächsleiters übernimmt.

Nachfolgend beschreiben wir die einzelnen „Sprünge" des Siebensprungs sowie die Werkzeuge, die in jedem der Sprünge eingesetzt werden können.

Sprung 1

Sprung 1

Diese Phase zielt auf die Beseitigung von Hindernissen, die durch unbekannte Wörter oder unklares Textverständnis entstehen können. Die Teilnehmer lesen den erhaltenen Text (die Problemstellung) durch und stellen bei evtl. Unklarheiten im Diskussionsforum Fragen. Die Fragen werden von anderen Teilnehmern oder gegebenenfalls von dem Trainer beantwortet.

Eingesetztes Werkzeug für den Sprung 1: Das Diskussionsforum.

Sprung 2

Sprung 2
Teilen Sie Ihre Gruppe nun in Kleingruppen zu 5-7 Personen auf. Die weitere Arbeit erfolgt in dieser Kleingruppe.

Nun einigt sich die Kleingruppe, worin der Kern des Problems, die zentrale Fragestellung besteht. Außerdem einigen sich die Teilnehmer in dieser Phase über die Art des Problems und darüber, welcher Aufgabentyp vorliegt (Neben den Problemaufgaben, die den wichtigsten Typ darstellen, kann es auch Diskussionsaufgaben, Strategieaufgaben, Anwendungsaufgaben und Studiumsaufgaben geben). Die Kommunikation der Teilnehmer erfolgt mittels Diskussionsforum, Chat, E-Mail etc. Wichtig ist jedoch, dass die Einigung über den Kern des Problems und der Art der Aufgabe im Forum schriftlich dargelegt wird.

Eingesetzte Werkzeuge für den Sprung 2: Chat mit anschließender Dokumentation der Fragestellung im Diskussionsforum.

Sprung 3

Sprung 3
Nach den Regeln des Brainstormings wird in dieser Phase alles zusammengetragen, was die Einzelnen über das Problem zu wissen glauben. Alle möglichen Ideen, Fragestellungen, Erklärungsversuche und Hypothesen werden gesammelt und festgehalten.

Eingesetzte Werkzeuge für den Sprung 3: *„Cyberstorming" (Seite 123)* im Chat oder *„Methode 6-3-24" (Seite 189)* via E-Mail.

Sprung 4

Sprung 4
Jetzt erst werden die Ideen der vorangegangenen Phase kritisch betrachtet, systematisiert und strukturiert. Es werden Themenblöcke erstellt, unwahrscheinliche Ideen verworfen. Ein zentraler Punkt auf dieser Stufe ist es, dass die Teilnehmer mögliche Wissenslücken festhalten, die sie bei sich in der Problemlösung entdecken.

Eingesetzte Werkzeuge für den Sprung 4: Diskussion im Diskussionsforum.

Sprung 5

Sprung 5

Die Wissenslücken und Fragen, die sich aus der bisherigen Analyse ergeben haben, bilden die Grundlage, auf der nun Lernziele formuliert werden. Diese Lernziele sind die Studienaufgabe, die sich die Gruppe selbst stellt. Sie bilden die Grundlage für die Lernaktivitäten der nächsten, der 6. Phase.

Wenn nicht alle aufgeworfenen Fragestellungen und Lernziele bis zum nächsten virtuellen Treffen der Gruppe bearbeitet werden können, gilt es, gemeinsam festzulegen, welche Aspekte des Problems beim weiteren Studium Priorität haben sollen. Ebenso müssen über eine mögliche Arbeitsteilung in den Kleingruppen Vereinbarungen getroffen werden.

Eingesetzte Werkzeuge für den Sprung 5: Synchrone Kommunikationswerkzeuge für die Kommunikation der Teilnehmer untereinander. Zum Ende dieses Sprungs formuliert jeder Teilnehmer per E-Mail oder im Diskussionsforum ein Lernziel. Es ist darauf zu achten, dass dieses Lernziel nicht schon formuliert wurde. Aufgrund der gesammelten Lernziele beschließt die Kleingruppe, wer für die Erreichung welchen Zieles verantwortlich ist.

Sprung 6

Sprung 6

Durch die Suche nach Informationen außerhalb der Gruppe beseitigen die Lernenden ihre Wissenslücken. In dieser Phase können alle Möglichkeiten der Informationsbeschaffung (WWW-Recherche, Literatur, Expertenbefragungen) genutzt werden.

Eingesetzte Werkzeuge für den Sprung 6: Recherche im WWW und/ oder Befragung von Experten via E-Mail.

Sprung 7

Sprung 7

Nun werden die Ergebnisse jedes Einzelnen vorgetragen. Man versucht, gemeinsam zu einer Schlussfolgerung zu gelangen. Es erfolgt eine Zusammenfassung und kritische Betrachtung der gefundenen Informationen sowie eine Rückkoppelung mit den Lernzielen und letztendlich mit der zentralen Problemstellung.

Die Ziele dieser Phase sind die Lösung des Hauptproblems, das Erreichen der Lernziele, das Beseitigen der Wissenslücken und gegebenenfalls ein nochmaliges Durchlaufen der Schritte 2-7, falls sich neue Fragen ergeben haben.

Eingesetzte Werkzeuge für den Schritt 7: Versand der Ergebnisse via E-Mail oder Veröffentlichung im Forum. Es kann auch eine Sitzung im Web-Konferenzraum mit Präsentationsfolien durchgeführt werden. Dies hat den Vorteil, dass

- visualisiert werden kann.
- der integrierte Chat benutzt werden kann.
- das Whiteboard, falls notwendig, zur Erstellung von Mind Maps, Bepunktungen etc. verwendet werden kann.

Im Anschluss an diesen Siebensprung erfolgt eine abschließende Reflexion über die Methode und die Zusammenarbeit in der Gruppe (*Mehr zu Reflexion und Feedback finden Sie ab Seite 272*).

Bemerkungen In Bezug auf die Verteilung der Rollen von Trainern und Teilnehmern wird beim Problemorientierten Lernen immer wieder „der konsequent teilnehmerzentrierte Charakter" dieser Methode herausgestellt. Der Lernprozess und die Aktivität der Teilnehmer stehen im Mittelpunkt. Die Aktivitäten der Trainer zielen ganz darauf ab, dass die Lernenden selbst das Wie und das Was des Lernens erkennen.

Erfahrungen Eine schöne Übung für Trainer und Teilnehmer, die mit der Anwendung von verschiedenen synchronen und asynchronen Werkzeugen zur Zusammenarbeit vertraut sind und es auch wagen, diese einzusetzen.

Referenzen Die Grundlage dieser Methode bildeten diverse Artikel zum POL-Ansatz der medizinischen Fakultät der McMaster University, Kanada. Weitere Informationen zum POL finden Sie aber auch im PDF-Dokument unter: *https://t1p.de/6y9u*.

3.36 Szenarien entwerfen

Kurzbeschreibung

Mithilfe der Szenario-Methode werden Lösungsansätze für zukünftig bestehende Herausforderungen entwickelt.

Ziele

- Vertiefte Auseinandersetzung mit einem Thema.
- Üben des Einsatzes verschiedener synchroner und asynchroner Kommunikationsmittel.

Tools

Chat, Diskussionsforum, evt. Web-Konferenzraum oder Wiki-Web.

Wann einsetzen?

Wenn Sie sich mit einem Thema intensiv auseinandersetzen wollen.

Gruppengröße

Die Größe der einzelnen Szenariogruppen soll bei ca. 3-4 Personen liegen.

Dauer

Diese Übung kann mehrere Wochen intensiver Arbeit in Anspruch nehmen.

Ablauf

Die Szenario-Methode dient dem Entwurf von Zukunftsbildern. Mit ihrer Hilfe sollen mögliche Entwicklungen in Wirtschaft, Politik und Gesellschaft vorausgedacht werden, um bereits heute mögliche Lösungsansätze zu entwickeln.

- Definieren Sie gemeinsam mit der Teilnehmergruppe das Problem. Das kann beispielsweise im Chat oder im Web-Konferenzraum erfolgen.
- Fertigen Sie eine Problembeschreibung an. Veröffentlichen Sie diese Problembeschreibung in einem dazu eröffneten Diskussionsforum.
- Legen Sie Einflussfaktoren fest, die die Probleme der Zukunft bestimmen. Fordern Sie die Teilnehmer auf, 3-5 Einflussfaktoren auf dieses Problem zu benennen und Ihnen diese per E-Mail zuzusenden. Sie veröffentlichen die genannten Einflussfaktoren im Forum und, falls notwendig, bitten Sie die Teilnehmer, diese zu bepunkten, um zu einer Liste mit ca. 10 wichtigen Einflussfaktoren zu gelangen.

- Bilden Sie Arbeitsgruppen. In diesen Arbeitsgruppen werden die Zukunftseinschätzungen diskutiert. Eine Gruppe entscheidet sich für ein positives, die andere für ein negatives Zukunftsbild. Die Aufgabe jeder Gruppe ist es, ein Extremszenario zu entwickeln und dabei keine Kompromisse einzugehen. Das Szenario wird schriftlich oder bildlich festgehalten. Bei der Entwicklung der Szenarien greifen die Teilnehmer auf die im 3. Punkt gefundenen Einflussfaktoren zurück.
- Lassen Sie die Szenarien möglichst kreativ präsentieren. Dies könnte beispielsweise über von den Teilnehmer gestaltete Folien im Web-Konferenzraum oder im Wiki-Web erfolgen.
- Entwickeln Sie Strategien und Maßnahmen zur Problemlösung:
  - Wie kann eine gewünschte Entwicklung verstärkt werden?
  - Wie kann eine unerwünschte Entwicklung verhindert werden?

  Diese Diskussion kann anschließend an jede Präsentation über den Chat im Web-Konferenzraum stattfinden. Oder Sie laden die Teilnehmer ein, ihre Ideen im Diskussionsforum zu jedem Thema zu sammeln.

Bemerkungen

Die Ausgangslage für ein Szenario ist immer die Gegenwart. Sie wird fortgeschrieben. Im Anschluss an die Entwicklung von Extremszenarien kann ein Trendszenario als realistischer Mittelweg diskutiert werden.

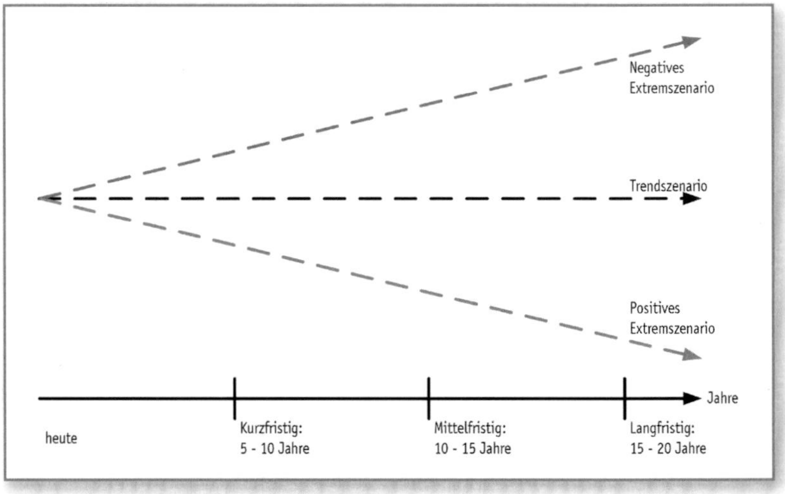

Die Entwicklung der Extremszenarien und des Trendszenarios im Laufe der Jahre.

Erfahrungen

Diese Methode hat zwei Ähnlichkeiten mit der Methode der Expertenthemen:

- Obwohl diese Methode auf den ersten Blick kompliziert wirkt, werden Sie beim Praxiseinsatz merken, dass sie leicht von der Hand geht.
- Sie dient der vertieften Auseinandersetzung mit einem Thema über mehrere Wochen hinweg.

Zum Einstieg in die erste Chatrunde ist es auch möglich, eine Kreativitätsmethode im *Chat* (*siehe zum Beispiel Seite 85*) durchzuführen.

Die Methode eignet sich hervorragend, um ein Thema von vielen verschiedenen Seiten zu beleuchten und auch bereits eingefahrene Denkmuster der Teilnehmer zu lockern.

Die Dramaturgie der Methode lässt es zu, dass Sie sie einfach einmal ausprobieren. Es ist erstaunlich, welche Ergebnisse zum Schluss präsentiert werden!

Referenzen

Arbeitsblatt „Flensburger Methodenwerkstatt“ von Andreas B., Gregersen P., *www.bildungsverlag1.de*.

3.37 Theorien und Definitionen bilden

Kurzbeschreibung

Die Alltagstheorien der Teilnehmer werden zusammengefasst, um eine gemeinsame Definition des bzw. eine gültige Theorie zum Thema zu finden.

Ziele

- Die Erfahrungen der Teilnehmer zum Thema werden mit eingebracht.
- Eine gemeinsame Definition für ein Thema wird gefunden.

Tools

E-Mail, Diskussionsforum.

Wann einsetzen?

Zum Einstieg in ein Thema.

Gruppengröße

Zu Beginn Dreier-Gruppen, danach Secher-, 12er- usw. Gruppen, bis schließlich die ganze Seminargruppe zusammengeführt ist.

Dauer

Geben Sie vor, bis zu welchem Datum der jeweils nächste Schritt abgeschlossen sein soll. Die gesamte Übung sollte nicht mehr als zwei Wochen Zeit beanspruchen.

Ablauf

Fordern Sie Ihre Teilnehmer auf, ihre persönlichen Erfahrungen zu einem bestimmten Thema schriftlich darzulegen. Jeweils drei Teilnehmer senden sich in einer ersten Runde ihre Erfahrungen per E-Mail zu, bevor sie diese zu einer gemeinsamen Definition im Forum verdichten.

Beispiel

Liebe Pädagogik-Community,

im Schulpraktikums-Forum ist nun schon öfter der Begriff „guter Lehrer" aufgetaucht. Nun würde uns interessieren, was ihr denn darunter versteht!

Was macht eine gute Lehrerin/einen guten Lehrer aus?
Welche fachlichen oder persönlichen Fähigkeiten sind das?
Welche Charakterzüge? Und schließlich: Wie definiert ihr „eine gute Lehrerin"?

Bildet bitte Dreier-Gruppen und achtet bei der Gruppenbildung darauf, dass ihr nicht mit denselben Leuten, mit denen ihr das Schulpraktikum absolviert, beisammen seid. Wir haben für jedes Dreier-Team ein Forum eröffnet, in dem ihr unter euch seid. Schreibt einfach euren Namen im Forum dazu, dann gehört ihr zum jeweiligen Team. Wenn schon drei Namen dort stehen, ist das Forum voll und ihr müsst euch woanders eintragen.

Dazu habt ihr bis zum 6. Mai Zeit.

Überlegt euch nun unsere obigen Fragen und schickt eure Antworten an eure beiden Teammitglieder und an uns per
E-Mail.

Die E-Mails sollten bis zum 7. Mai bei den AdressatInnen eintreffen.

Lest euch alle E-Mails gut durch und versucht, jede/r für sich einen ersten Definitionsversuch ins Forum zu schreiben, der für euch stimmig ist und auch die beiden Definitionen eurer Teampartner/-innen berücksichtigt.

Nehmt euch dazu bis zum 10. Mai Zeit.

Nun sind drei Definitionsversuche in jedem Forum. Eure Aufgabe besteht jetzt darin, eine gemeinsame Definition für eure Gruppe zu schaffen. Benutzt dazu euer gemeinsames Forum oder den Chat.

Die gemeinsame Definition der Dreier-Teams sollten bis zum 17. Mai im jeweiligen Forum stehen!

Es ist durchaus möglich, dass ihr am 16. feststellt, dass ihr die gemeinsame Definition einfach nicht mittragen könnt. Für diesen Fall haben wir ein eigenes Forum eröffnet – meldet euch aber erstmal bei uns!

Viel Spaß nun beim Fachsimpeln

Die erste E-Mail ließen wir aus folgenden Gründen auch an uns schicken:

- Wir können nachvollziehen, wie die Arbeit in den Gruppen läuft.
- Die TN sind veranlasst, den Termin einzuhalten.
- Die Fähigkeiten, die die TN in der ersten E-Mail ausgearbei-tet haben, haben wir gesammelt, geclustert und veröffentlicht, sodass alle Meinungen für alle zugänglich waren.

Nachdem jedes Dreier-Team nun über eine gemeinsame Definition verfügt, werden jeweils zwei Dreier-Teams zu einem Sechser-Team zusammengefasst mit der Aufgabe, wiederum eine gemeinsame Definition zu finden.

Je nachdem, welches Ziel Sie verfolgen bzw. wie die Gruppe mit unterschiedlichen Meinungen umgehen kann, ist es möglich, zwei Gruppen zusammenzuspannen, die eher unterschiedliche oder eher ähnliche Definitionen erstellt haben.

Zur besseren Orientierung nochmals ein schematischer Ablauf dieser Übung:

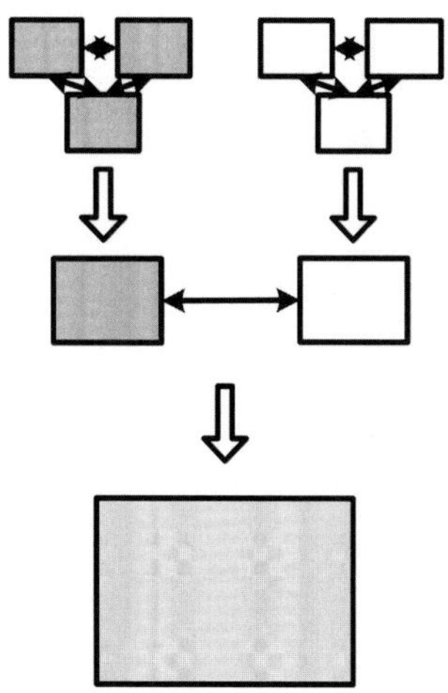

Jeweils drei TeilnehmerInnen tauschen ihre Erfahrungen / Einstellungen / Definitionen zu einem Thema per E-Mail aus. Jede/s Mitglied dieser Kleingruppe schreibt einen gemeinsamen Definitionsversuch ins Forum.

Im Forum einigen sich die TeilnehmerInnen der Kleingruppe auf eine gemeinsame Definition.

Zwei 3-er Gruppen bilden eine 6-er Gruppe

Im neuen Forum erarbeiten die TeilnehmerInnen der neuen 6-er Gruppe aus den eingebrachten Definitionen der 3-er Gruppen wiederum eine gemeinsame Definition.

Diese gemeinsame Definition der 6-er Gruppe wird wiederum in einem eigenen Forum veröffentlicht.

Es empfiehlt sich, die beiden letzten 6-er Gruppen im Chat oder in einer gemeinsamen Präsenzveranstaltung zusammen zu führen.

Bemerkungen

Diese Arbeit erfordert eine engagierte Teilnehmergruppe, die schon Erfahrungen im zu bearbeitenden Thema sammeln konnte. Wir haben mit dieser Methode in der Lehrerausbildung gearbeitet.

Eröffnen Sie schon für jede Dreier- und anschließend für die Sechser- und Gesamtgruppe ein eigenes Forum, damit die Übersichtlichkeit über die Threads gewahrt bleibt.

Diese Übung stellt hohe Anforderungen an die Zusammenarbeit der Teilnehmer. Darum erachten wir es hier als sehr wichtig, im Anschluss an die Übung eine Einheit einzuplanen, in der diese Zusammenarbeit evaluiert wird.

Erfahrungen

Diese Übung eignet sich gut als Vorbereitung für eine gemeinsame Präsenzphase, in der Sie gemeinsam mit der Gruppe eine endgültige Position festlegen können.

Wir haben die Übung abgewandelt auch als Vorbereitung auf einen Expertenchat eingesetzt, da so wirklich jeder Teilnehmer bereits einige Statements zum Thema abgegeben hatte, sich unterschiedlicher Sichtweisen, Zugänge und auch Diskussionspunkte bewusst wurde. Auf diese Art war ein recht hohes Diskussionsniveau garantiert und wir konnten beim Chat gleich ins Thema einsteigen, da wir nicht zu Beginn ein gemeinsames Verständnis fürs Thema herzustellen brauchten.

Für manche Gruppe ist das Angebot wichtig, ein zusätzliches Forum zu eröffnen „Warum ich mit der gemeinsamen Definition nicht einverstanden bin". Manchen Gruppen ist es – genau wie in Präsenzveranstaltungen – nicht möglich, eine gemeinsame Definition zu finden. Damit die „Nicht-Einverstandenen" nicht einfach wortlos bis zum Ende ausharren müssen, haben sie die Aufgabe, sich in diesem Forum einzubringen und vielleicht dort mit einem anderen „Aussteiger" Gemeinsamkeiten zu finden.

3.38 Thesen bilden

Kurzbeschreibung Die Teilnehmer filtern die für sie relevante Information aus einem Text.

Ziele Intensives Lesen und Auseinandersetzen mit Lehr- und Lernstoff.

Tools E-Mail, Diskussionsforum, Dokumentencontainer.

Wann einsetzen?

- Zu Beginn eines Themenblocks.
- Als eigenständige Übung, um unterschiedliche Wahrnehmung und Gewichtung von Information zu verdeutlichen.

Gruppengröße Einzelarbeit. Auch für größere Gruppen geeignet.

Dauer Eine Woche.

Ablauf Stellen Sie Ihren Teilnehmer im Dokumentencontainer einen Text zum Thema zur Verfügung oder verweisen Sie auf eine Internet-Seite, von welcher der Text heruntergeladen werden kann. Fordern Sie die Teilnehmer auf, Thesen zum Text zu bilden und diese im Diskussionsforum zu veröffentlichen.

Beispiel

> Liebe Zeitmanagerinnen und Zeitmanager,
>
> unter [...] findet ihr einen interessanten Artikel zum Thema „Zeitdiebe".
>
> Wir ersuchen euch, diesen Artikel durchzulesen und Thesen dazu zu bilden.
>
> Die Thesen sollen gebildet werden:
>
> - in der Form von kurzen, prägnanten Sätzen
> - in der Gegenwart

Es handelt sich bei Thesen also nicht um eine Inhaltsangabe, sondern vielmehr um Behauptungen zum Text, welche ihr basierend auf dem Text aufstellt.

Nummeriert die Thesen durch und übernehmt keine Formulierungen direkt – zitiert nur, wenn es sich nicht vermeiden lässt.

Obwohl ihr die Thesen mit eigenen Worten formuliert, achtet darauf, dass ihr keine Kommentare zum Text abgebt!

Und beachtet:
Jeder zentraler Gedanke gehört in eine eigene These!

Veröffentlicht bitte eure Thesen bis zum 7. März im entsprechenden Forum.

Bemerkungen

Es ist interessant zu sehen, welche unterschiedlichen Thesen die einzelnen Teilnehmer aus demselben Text ableiten. Dies kann die Grundlage für eine Diskussion im Chat oder Forum bilden.

Wenn Sie einen recht komplexen Text zur Bearbeitung zur Verfügung stellen und Ihre Teilnehmer mit den gebildeten Thesen „überraschen" wollen, bitten Sie die Teilnehmer, die Übung nicht im Forum zu veröffentlichen, sondern Ihnen per E-Mail zu senden. Zum vereinbarten Stichtag veröffentlichen Sie alle Thesen.

Um mehrere Texte zu bearbeiten, können Sie jeweils 3-4 Teilnehmer denselben Text übergeben.

Erfahrungen

Diese Übung ermöglicht eine grundlegende Auseinandersetzung mit Informationen und ist vor allem für Seminare/Lehrveranstaltungen mit Prüfungscharakter empfehlenswert.

Bei längeren Texten empfiehlt sich eine Beschränkung auf die fünf zentralen Thesen.

3.39 Trainingsbrief

Kurzbeschreibung Periodische Mitteilungen an Ihre Teilnehmer.

Ziele
- Der persönliche Kontakt zu den Teilnehmern wird vertieft.
- Die Teilnehmer sind und fühlen sich gut betreut.

Tools E-Mail.

Wann einsetzen? In periodischen Abständen über das ganze Seminar verteilt.

Gruppengröße Einzelbetreuung.

Dauer Für jeden einzelnen Teilnehmer kurz, für den Trainer mehrere Stunden pro Trainingsbrief.

Ablauf Schicken Sie in periodischen Abständen eine E-Mail an Ihre Teilnehmer.

Inhalte dieser E-Mails können sein:
- Zusammenfassung des Gelernten.
- Ausblick auf die nächsten Seminarwochen.
- Linktipps, Buchvorstellungen.
- Hinweise auf aktuelle Diskussionen zum Seminarthema.
- Auswertungen von Umfragen, die Sie im Seminar durchführen.
- Aufforderungen, wieder einmal in der Cafeteria vorbeizuschauen.

Zusätzlich können Sie jeden Teilnehmer einzeln informieren über:
- Persönliche Fortschritte.
- Prüfungsergebnisse.
- Empfehlenswerte Literatur, Websites.
- Anmerkungen zu seiner Arbeitsweise im Seminar.

Bemerkungen Persönlicher wird es, wenn Sie die E-Mail jedem TN einzeln zusenden.

Erfahrungen Trainingsbriefe eignen sich auch gut für Präsenzveranstaltungen. Überfordern Sie sich nicht selbst, indem Sie die Abstände, in denen Sie Trainingsbriefe versenden, zu kurz ansetzen! Unserer Erfahrung nach reichen Abstände von 3-4 Wochen gut aus.

3.40 Twisted Pair Puzzle: Puzzle der verdrehten Paare

Kurzbeschreibung

Die Teilnehmer lösen ein Buchstabenrätsel zum Seminarinhalt.

Ziele

Sie erreichen ein hohes Aufmerksamkeitsniveau durch die Kombination von Spiel und Lernen.

Tools

E-Mail.

Wann einsetzen?

Jederzeit.

Gruppengröße

Einzelarbeit.

Dauer

Kurz.

Ablauf

EEEILLNNNNOR AACHMPSßT

Das ist ein Puzzle der verdrehten Paare.

Senden Sie Ihren Teilnehmern in 14-tägigem Abstand solch ein Twisted-Pair-Puzzle zu. Die Aufgabe besteht darin, die richtigen Worte bzw. den richtigen Satz zu finden.

Je eine Buchstabenkombination besteht aus zwei Wörtern. Das obige Puzzle besteht also aus vier Wörtern.

Die erste Buchstabenkombination EEEILLNNNNOR könnte z.B. aus dem Wort „eilen" bestehen, dann bliebe noch ELNNNOR fürs zweite Wort übrig. Wohl eher heißt ein Wort „lernen". Da bleibt für das andere Wort noch EILNNO: „Online". Die erste Buchstabenkombination lautet also „Online lernen" und die Lösung für das gesamte Puzzle lautet: „Online lernen macht Spaß".

Der Erste, der die Lösung an Sie einsendet, bekommt fünf Punkte, die Zweite drei und der Dritte einen Punkt. Führen Sie übers Semester hinweg eine Liste mit den Highscores im Diskussionsforum oder Wiki-Web.

Sie können die Buchstaben in den Buchstabenkombinationen in beliebiger Reihenfolge anordnen, es muss nicht wie in unserem Beispiel die alphabetische Reihenfolge sein.

Erfahrungen

Nun, unsere Erfahrung haben wir schon ins Puzzle übersetzt:
EEEILLNNNNOR AACHMPSßT!

Sie können Ihre Teilnehmer auch dazu auffordern, aus dem Stoffgebiet ein Twisted Pair Puzzle zu kreieren und dieses an Sie zu senden – Sie werden sehen, einige Teilnehmer werden geradezu „süchtig" danach.

Referenzen

Dieses Lernspiel haben wir in modifizierter Form aus Sivasailam Thiagarajans lesenswertem Artikel *„Zero Cost E-Learning"* übernommen.

3.41 Von Seminardrachen und Prinzessinnen

Kurzbeschreibung

Märchen ermöglichen es, neue Sichtweisen einzunehmen, fantasievoll zu arbeiten.

Ziele

Je nachdem, in welcher Situation Sie mit Märchen arbeiten, können die Ziele unterschiedliche sein:

- Märchen als Auflockerung.
- Märchen als Gleichnisse für das Geschehen im Seminar.
- Märchen beflügeln die Fantasie für den Transfer des Gelernten in die Praxis.
- ...

Tools

E-Mail, Diskussionsforum, Wiki-Web.

Wann einsetzen?

Je nach Zielsetzung:

- Zum Seminarbeginn.
- Zu Beginn eines Themas.
- Zur Arbeit mit der Gruppe.
- Zur Reflexion.
- Für den Transfer.

Gruppengröße

Auch für Großgruppen geeignet.

Dauer

Bis zu einer Woche.

Ablauf

Märchen können in Online-Seminaren wie folgt eingesetzt werden:

Als Geschenk

Wann immer es etwas zu „schenken" gibt, ein Märchen, eine Geschichte eignen sich sehr gut dazu. Senden Sie Ihre Lieblingsgeschichte zum Thema an Ihre Teilnehmer und bitten Sie im Gegenzug um deren Lieblingsgeschichten. Vielleicht finden Sie eine, die sich zur „Seminargeschichte" eignet.

Zum Einstieg

Präsentieren Sie zum Einstieg ins Seminar oder in ein Thema ein Märchen. Lassen Sie die Teilnehmer veröffentlichen, was diese Geschichte mit ihnen und dem Seminar zu tun haben könnte.

Eine schöne Geschichte, die wir z.B. zum Einstieg in Zeitmanagement-Seminare veröffentlichen, stammt von Michael Endes „Momo“: Die Geschichte von Beppo Straßenkehrer.

Märchen zu Ende schreiben
Veröffentlichen Sie den Anfang eines Märchens oder einer Geschichte im Wiki-Web und laden Sie die Teilnehmer ein, diese zu Ende zu schreiben.

Der Anfang vom „hässlichen kleinen Entchen“ eignet sich gut, um den Transfer des Gelernten in die Praxis auf märchenhafte Weise zu beschreiben:

Beispiel

Stellen Sie sich vor, Sie setzen einige Methoden Ihres neu erworbenen Teamwissens am Arbeitsplatz ein.

Wir haben Ihnen die ersten Anfänge vom „hässlichen kleinen Entchen“ aufgeschrieben. Schreiben Sie die Geschichte als gemeinsame Seminargeschichte zu Ende. Stellen Sie sich dazu vor, Sie kehren an Ihren Arbeitsplatz zurück und wollen einiges verändern.

Sie wissen ja, Sie müssen sich nicht an die Wendungen der Ursprungsgeschichte halten!

Viel Spaß!

Es war so herrlich draußen auf dem Lande. Es war Sommer, das Korn stand gelb, der Hafer grün, das Heu war unten auf den grünen Wiesen in Schobern aufgesetzt, und der Storch ging auf seinen langen, roten Beinen und plapperte ägyptisch, denn diese Sprache hatte er von seiner Frau Mutter gelernt. Rings um die Äcker und die Wiesen gab es große Wälder und mitten in den Wäldern tiefe Seen. Ja, es war wirklich herrlich da draußen auf dem Lande! Mitten im Sonnenschein lag dort ein altes Landgut, von tiefen Kanälen umgeben; und von der Mauer bis zum Wasser herunter wuchsen große Klettenblätter, die so hoch waren, dass kleine Kinder unter den höchsten aufrecht stehen konnten; es war ebenso wild darin wie im tiefsten Walde. Hier saß eine Ente auf ihrem Nest, die ihre Jungen ausbrüten musste; aber es wurde ihr fast zu langweilig, bis die Jungen kamen. Dazu erhielt sie selten Besuch; die andern Enten schwammen lieber in den Kanälen umher, als dass sie hinaufliefen, sich unter ein Klettenblatt zu setzen, um mit ihr zu schnattern. ...

Umdichten
Laden Sie die Teilnehmer ein, bekannte Märchen in den jeweiligen Fachjargon zu „übersetzen".

Ein bekanntes Beispiel stammt von dem Linzer Rechtsanwalt Dr. Harry Zamponi:

Beispiel

Liebe Neue-Medien-Community,

hier das angekündigte Beispiel für ein „umgeschriebenes" Märchen. Es stammt von Harry Zamponi, der Rotkäppchen für Juristen übersetzt hat.

Rotkäppchen juristisch

Es war einmal eine Minderjährige, die unter der elterlichen Gewalt ihrer Mutter stand, da ihr Vater schon verstorben war. Ob die Mutter zugleich Vormund war, ist nicht bekannt.

Es lebte ferner ihre Großmutter mütterlicherseits.

Der der Mutter der Minderjährigen obliegenden Unterhaltspflicht der Großmutter gegenüber (§ 154 ABGB) kam erstere dadurch nach, dass sie kraft der ihr zustehenden elterlichen Gewalt die Minderjährige beauftragte, der Großmutter in ihren von der Mutter verschiedenen Wohnsitz, der sich von letzteren nicht weit, etwa zwei Kilometer, befand, einen Korb, Esswaren enthaltend, zuzustellen.

> *Die Minderjährige begab sich zwecks Erfüllung des ihr übertragenen Auftrages (§§ 1002, 1009 ABGB) zum Wohnsitz der Großmutter, der sich in einem Walde befand. Hiebei begegnete ihr ein herrenloses Tier, ein Wolf. Nachdem dieser durch Erkundigungen bei der Minderjährigen den Wohnsitz der Großmutter ermittelt hatte, begab er sich unverzüglich dorthin und verübte dortselbst an der Großmutter des Kindes das Delikt der Freiheitsentziehung in Idealkonkurrenz mit dem des Mordes (§§ 99/2, 75 StGB), begangen durch Auffressen.*

Bemerkungen Das Thema der Märchen ist nicht nur die heile Welt, sondern oft genug auch die Welt der Schurken, Hexen und Räuber.

So wurden Märchen ursprünglich nicht für Kinder sondern vielmehr von Erwachsenen für Erwachsene gemacht. Die im deutschsprachigen Raum bekannten Märchen wurden erst von Wilhelm Grimm geschönt und so geändert, dass sie den heute so bekannten, scheinbar unverkennbaren biedermeierlichen Märchenton erhalten haben.

Wann immer Sie über einen symbolhaften Text „stolpern“, archivieren Sie ihn! Oft ergeben sich in Online-Seminaren Situationen, in denen es zielführend ist, mit Märchen und Geschichten zu arbeiten. Dann ist es angenehm, auf ein vorhandenes Repertoire zurückgreifen zu können.

Vielleicht verfügen Sie über die Fantasie, selbst ein Märchen zu schreiben? Oder Sie nehmen eine Geschichte, die Ihre Teilnehmer in früheren Seminaren geschrieben haben (*siehe hierzu die Methode „Sich einen Reim machen“, Seite 219*) und stellen diese zur Online-Bearbeitung zur Verfügung.

Variante Statt Märchen zu schreiben, können Sie die Teilnehmer auch auffordern, Parodien zum Seminarthema einzeln oder gemeinsam zu entwickeln.

Erfahrungen

„Als Geschenk“ oder „Zum Einstieg“ setzten wir auch in Präsenzveranstaltungen bereits Märchen ein. Auch das „Umdichten“ konnten wir uns ganz gut vorstellen und haben es bereits einige Male mit großem Erfolg eingesetzt.

Nun wagten wir uns auch daran, ein Märchen im Wiki-Web gemeinsam fertigzustellen. Wir werden es bestimmt wieder tun! Viele der Teilnehmer waren mit großem Eifer dabei, die Geschichte nahm täglich neue Gestalt an und wir waren froh, dass die Wiki-Software die sich ändernden Versionen automatisch abspeicherte.

Referenzen

Nach Günther Gugel: Methoden Manual I + II. *„Neues Lernen“*. Tausend Praxisvorschläge für Schule und Lehrerbildung. Beltz 2004. „Das hässliche junge Entchen“ stamt von Hans-Christian Andersen. Quelle und Tipps in den buchbegleitenden Download-Ressourcen.

Einige sehr unterhaltsame Variationen von Rotkäppchen (für Juristen, Mathematiker, Chemiker und mehr) haben wir unter *www.webcitation.org/69Q5LSB5a* archiviert.

Eine ganze Reihe an Märchenvorlagen mit Einsatzempfehlungen können Sie folgenden Büchern entnehmen. Hans Heß (Hrsg.): *„Erzählbar“*. Bonn 2019; Detlev Blenk: *„Inhalte auf den Punkt gebracht“*. Weinheim 2013.

3.42 Zustimmung und Ablehnung

Kurzbeschreibung
Die Teilnehmer lesen und bewerten Fachliteratur.

Ziele
- Aktive Auseinandersetzung mit Fachliteratur.
- Alle Teilnehmer sind auf demselben Wissensstand.

Tools
Diskussionsforum, Dokumentencontainer, E-Mail.

Wann einsetzen?
Zu Beginn eines Themas; zur inhaltlichen Arbeit.

Gruppengröße
Einzelarbeit.

Dauer
Je nach Größe des Artikels ca. eine Woche.

Ablauf
Beauftragen Sie die Teilnehmer (im Forum „Organisatorisches" oder via E-Mail), einen Fachartikel zu lesen und drei Aussagen zu finden, mit denen sie übereinstimmen sowie drei Aussagen, die sie für problematisch erachten.

Beispiel

...
in den „Materialien" findest du einen Artikel zu den Themen „E-Learning Didaktik und E-Tutoren". Lese diesen Artikel durch und schreibe im Forum „E-Tutoren" einen Artikel mit dem folgenden Inhalt:

- Die drei wichtigsten Aussagen, mit denen du übereinstimmst.
- Die drei für dich wichtigsten Aussagen, mit denen du nicht einverstanden bist (die du als problematisch empfindest).

Begründe die Auswahl der Aussagen. Also: Wieso stimmst du überein, bzw. was empfindest du als problematisch? Es ist übrigens sehr erwünscht, wenn ihr zu den Beiträgen der anderen Teilnehmer Ergänzungen oder Rückfragen macht! Eure Beiträge sollten bis zum 3. November im angegebenen Forum stehen.
Über Fragen und Anregungen freuen wir uns!

Bemerkungen

Es ist gar nicht so einfach, Fachliteratur zu finden, der man zustimmen kann und die gleichzeitig auch problematische Thesen formuliert.

Variante

Anstatt drei Zustimmungen und Ablehnungen im zu bearbeitenden Text zu finden, können die Teilnehmer auch nach folgenden Vorgaben arbeiten:

- Mit welcher Aussage stimmen Sie am besten überein?
- Welcher Aussage „müssen" Sie widersprechen?

Sie können im Anschluss im Diskussionsforum oder im Chat Gruppen bilden, in denen Übereinstimmung und Widerspruch zu einer Meinung vertreten sind und die eine Synthese zu den diskutierten Punkten herzustellen versuchen (*siehe hierzu auch die Methode „Pro- und Contra-Diskussion", Seite 205*).

Diese Vorgehensweise eignet sich vor allem, wenn Sie Thesen zu einem bestimmten Thema erarbeiten, vorstellen und diskutieren wollen.

Erfahrungen

Wenn Sie wollen, dass Ergänzungen oder Rückfragen zu den Beiträgen anderer Teilnehmer gemacht werden, dann müssen sie diese ausdrücklicher formulieren, als wir es oben getan haben. Dem bloßen „Wunsch" Ausdruck zu verleihen, ist unserer Erfahrung nach oft nicht genug.

4. Die Arbeit mit der Gruppe

4. Die Arbeit mit der Gruppe

4.1 Cafeteria

Kurzbeschreibung

Die Cafeteria ist – wie auch bei einem Präsenzseminar – online der Treffpunkt der Teilnehmer und Trainer. Hier können Pausengespräche geführt, Comics hinterlegt, Witze erzählt, Geburtstags- und Weihnachtswünsche ... geschrieben werden.

Ziele

- Schaffung einer Begegnungsstätte, in der sich alle Beteiligten außerhalb des Seminars treffen können.
- Bildung einer funktionierenden Online-Community.

Tools

Diskussionsforum.

Wann einsetzen?

Die Cafeteria wird von Ihnen zu Beginn des Seminars eröffnet und bleibt auch bis zum Schluss geöffnet.

Gruppengröße

Alle Teilnehmer eines Seminars.

Dauer

Vom Beginn bis zum Ende des Seminars.

Ablauf

Laden Sie Ihre Teilnehmer in Ihrer Eröffnungsmail in die Cafeteria ein. Beschreiben Sie in Ihrer Mail, wozu Sie die Cafeteria eingerichtet haben und vor allem, welche Themen willkommen sind. Veröffentlichen Sie in der Cafeteria gleich als erstes eine *Eröffnungsmeldung*:

Beispiel

> Hallo,
>
> schön, dass du in der Cafeteria vorbeischaust! :-)
>
> Dies ist der Raum, in den wir uns sozusagen in den Pausen zurückziehen können. Private Dinge haben, wie in jedem Seminar, hier ihren Platz.

> Auch werden wir hier unsere virtuelle Vorstellungsrunde abhalten.
>
> Also, ich freu mich schon auf viele Cappucini ;-)
>
> Kornelia

Veröffentlichen Sie außerdem die Netiquette für die Benutzung der Cafeteria.

Wann immer Sie für das Seminar online sind, schauen Sie in der Cafeteria vorbei, ob es neue Themen gibt, auf die Sie antworten sollten oder ob sich vielleicht schon länger nichts mehr getan hat.

In diesem Fall eröffnen Sie ein neues Thema, von dem Sie denken, es stellt ein gutes Pausengespräch dar. Im vorliegenden Buch finden Sie eine Vielzahl von Anregungen dazu.

Beispiel

> Hallo,
>
> weil grad Zeit ist:
>
> Hier haben wir ein paar (unserer Meinung nach) gute Cartoons reingestellt: www.qualifizierung.com/statisch/humor/
> :-)
>
> Viel Spaß und eine schöne Pause ! :-))
> Kornelia & Hartmut
>
> P.S.: Eure Cartoons sind hier natürlich auch herzlich willkommen!

Schlagen Sie in diesem Forum einen eher informellen Ton an, schließlich sind Sie ja in der Pause!

Gerade in der Cafeteria ist es wichtig, dass Sie möglichst viel mit Emoticons arbeiten.

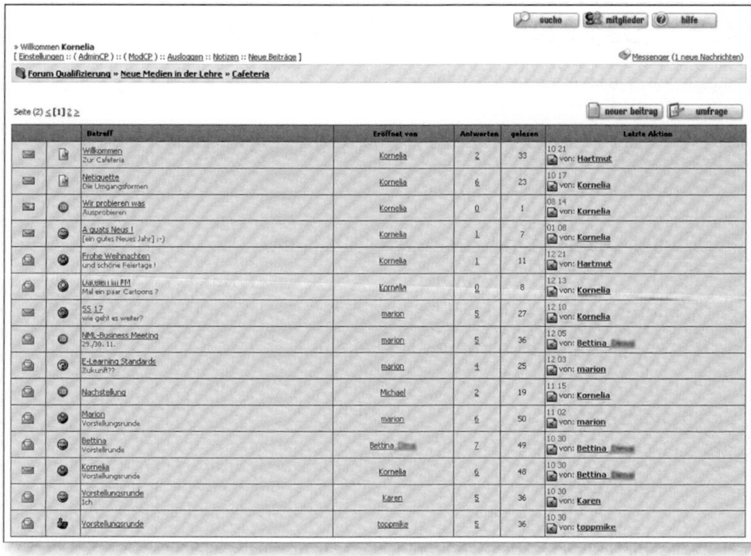

sucho | mitglieder | hilfe

» Willkommen **Kornelia**
[Einstellungen :: (AdminCP) :: (ModCP) :: Ausloggen :: Notizen :: Neue Beiträge]
Messenger (1 neue Nachrichten)

Forum Qualifizierung » Neue Medien in der Lehre » Cafeteria

Seite (2) ≤ [1] 2 ≥

neuer beitrag | umfrage

		Betreff	Eröffnet von	Antworten	gelesen	Letzte Aktion
		Willkommen Zur Cafeteria	Kornelia	2	33	10 21 von: Hartmut
		Netiquette Die Umgangsformen	Kornelia	6	23	10 17 von: Kornelia
		Wir probieren was Ausprobieren	Kornelia	0	1	08 14 von: Kornelia
		A guats Neus ! [ein gutes Neues Jahr] ;-)	Kornelia	1	7	01 08 von: Kornelia
		Frohe Weihnachten und schöne Feiertage !	Kornelia	1	11	12 21 von: Hartmut
		[illegible] Mal ein paar Cartoons ?	Kornelia	0	8	12 13 von: Kornelia
		SS 17 wie geht es weiter?	marion	5	27	12 10 von: Kornelia
		NML-Business Meeting 29./30. 11.	marion	5	36	12 05 von: Bettina
		E-Learning Standards Zukunft??	marion	4	25	12 03 von: marion
		Nachstellung	Michael	2	19	11 15 von: Kornelia
		Marion Vorstellungsrunde	marion	6	50	11 02 von: marion
		Bettina Vorstellrunde	Bettina	7	49	10 30 von: Bettina
		Kornelia Vorstellungsrunde	Kornelia	6	48	10 30 von: Bettina
		Vorstellungsrunde Ich	Karen	5	36	10 30 von: Karen
		Vorstellungsrunde	toppmike	5	36	10 30 von: toppmike

Die Übersicht der Beiträge einer aktiven Community in der Cafeteria.

Bemerkungen

Die Cafeteria erfordert besondere Pflege von Ihrer Seite!

Laden Sie Ihre Teilnehmer öfter einmal ein, auf einen virtuellen Kaffee vorbeizuschauen. Sorgen Sie dafür, dass es stets interessante Themen in der Cafeteria gibt, ermutigen Sie Ihre Teilnehmer dazu, auch eigene Themen zu eröffnen.

Die Vorstellungsrunden in unseren Online-Seminaren spielen sich immer in der Cafeteria ab. So sind immer alle Namen, Hobbys etc. einsehbar.

Erfahrungen

Wie auch bei Präsenzseminaren sind die Pausengespräche für alle Teilnehmenden sehr wichtig. In der Pause will man sich mit dem Referenten austauschen, sich ein Bild über alle Anwesenden machen, sich entspannen und nicht zuletzt den anderen ein Bild von sich selbst vermitteln.

Der Unterschied zu einer realen Cafeteria besteht unserer Erfahrung nach vor allem darin, dass – wenn der Gesprächsfaden erst einmal abgerissen ist – sich meist niemand „verpflichtet" fühlt, diesen wieder aufzunehmen. Wenn wir uns als Trainer jedoch sehr stark einbringen, dann stellt dieses Forum einen wichtigen Motivationsfaktor für die Teilnehmer dar.

4.2 Das können Sie sich schenken!

Kurzbeschreibung Alle Beteiligten machen der Gruppe online Geschenke.

Ziele
- Wieder Leben in die Community bringen.
- Beleben der Forumsarbeit.
- Gemeinsames „feiern".
- Spaß ins Seminar bringen.

Tools Diskussionsforum.

Wann einsetzen?
- Zu Weihnachten.
- Nach einer Überprüfung.
- Weil es grade einfach passt.

Gruppengröße Einzelarbeit, für jede Gruppengröße geeignet.

Dauer Wenige Tage.

Ablauf Eröffnen Sie einen Beitrag in der Cafeteria und laden Sie die Teilnehmer ein, in dieser Rubrik ein Geschenk an die Gruppe zu hinterlegen. Dies können ein Cartoon, Witz, Lieblingslink, Kochrezept, eine *„Brain Gym-Übung"* (*Seite 333*) usw. sein.

Beispiel

Hallo, liebe Neue-Medien-Interessierte,

wir schicken euch aus dem weihnachtlich-verregneten Vandans viele liebe Weihnachtswünsche! :-)

Wir schließen heute bis zum 7.1. unser Büro und freuen uns schon auf eine schöne Zeit. Wir hoffen, ihr habt auch ein paar freie Tage zum Genießen. Lasst es euch gut gehen!

Wir freuen uns schon auf Weihnachten, wenn unser Kleiner dieses Jahr das erste Mal so richtig die Kerzen und den Christbaum mitkriegt.

> :-D Ja, und Silvester ist für uns auch kein Problem, denn regelmäßig zu Mitternacht fängt er an zu weinen - so versäumen wir auf keinen Fall das neue Jahr! ;-)
>
> Also, schöne Feiertage, einen guten Rutsch und bis bald!
>
> Kornelia & Hartmut
> :-D
>
> Hier klicken, denn da geht es zum Weihnachtslink:
> (www.northpole.com).

Bemerkungen

Sie können die Teilnehmer auch damit beauftragen, jeweils abwechslungsweise für eine Seminarwoche Cartoons, Links etc. ins Forum zu stellen.

Erfahrungen

Eine nette Übung, die Spaß macht und sehr zum Community-Building beiträgt.

Beteiligen Sie sich selbst auch daran!

4.3 Frequently Asked Questions

Kurzbeschreibung Sie stellen den Teilnehmern Antworten auf oft gestellte Fragen zur Verfügung.

Ziele

- Die Teilnehmer finden ohne Aufwand Antworten auf häufig gestellte Fragen.
- Die Trainer müssen nicht andauernd auf dieselben Fragen antworten.

Tools Diskussionsforum, Wiki-Web (Variation).

Wann einsetzen? Die Antworten auf die gebräuchlichsten Fragen stellen wir bereits vor bzw. zu Seminarbeginn ins Netz und ergänzen die Liste nach Bedarf.

Gruppengröße Für jede Gruppengröße geeignet, je größer die Gruppe, desto wichtiger ist es, mit einer FAQ-Liste zu arbeiten.

Dauer Pro Eintrag wenige Minuten.

Ablauf Eröffnen Sie ein Forum mit der Überschrift „FAQ" (= Frequently Asked Questions).

Sammeln Sie Fragen, von denen Sie annehmen, dass diese während des Seminars gestellt werden und die passenden Antworten dazu.

Schreiben Sie pro Frage und Antwort einen eigenen Beitrag ins Forum FAQ.

Weisen Sie Ihre Teilnehmer bereits zu Seminarbeginn auf die Liste hin, so ersparen Sie sich viel Zeit, in der Sie sonst immer wieder dieselben Fragen beantworten müssten. Auch hat die Liste den Vorteil, dass alle Teilnehmer genau dieselbe Antwort auf eine Frage bekommen und die Gefahr von Missverständnissen so geringer gehalten wird.

Wann immer während des Seminars ähnliche (v.a. technische und/ oder organisatorische) Fragen auftauchen, veröffentlichen Sie diese mit der dazugehörenden Antwort im Forum.

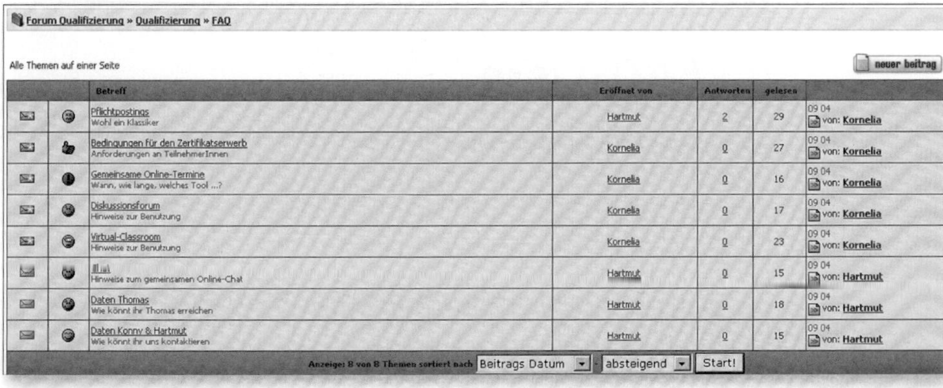

Ein FAQ-Forum zu Seminarbeginn.

Ein Eintrag ins FAQ-Forum zum Thema gemeinsame Online-Termine.

Variation

Statt im Diskussionsforum können Sie die FAQ-Liste auch im Wiki-Web veröffentlichen und komplettieren.

Bemerkungen

Das Führen dieser Liste erspart Ihnen viel Zeit für die Beantwortung der immer wiederkehrenden Fragen und ermöglicht es Ihren Teilnehmern, stets gut informiert zu sein.

Erfahrungen

FAQ-Listen eignen sich vor allem für die Beantwortung von organisatorischen und technischen Fragen.

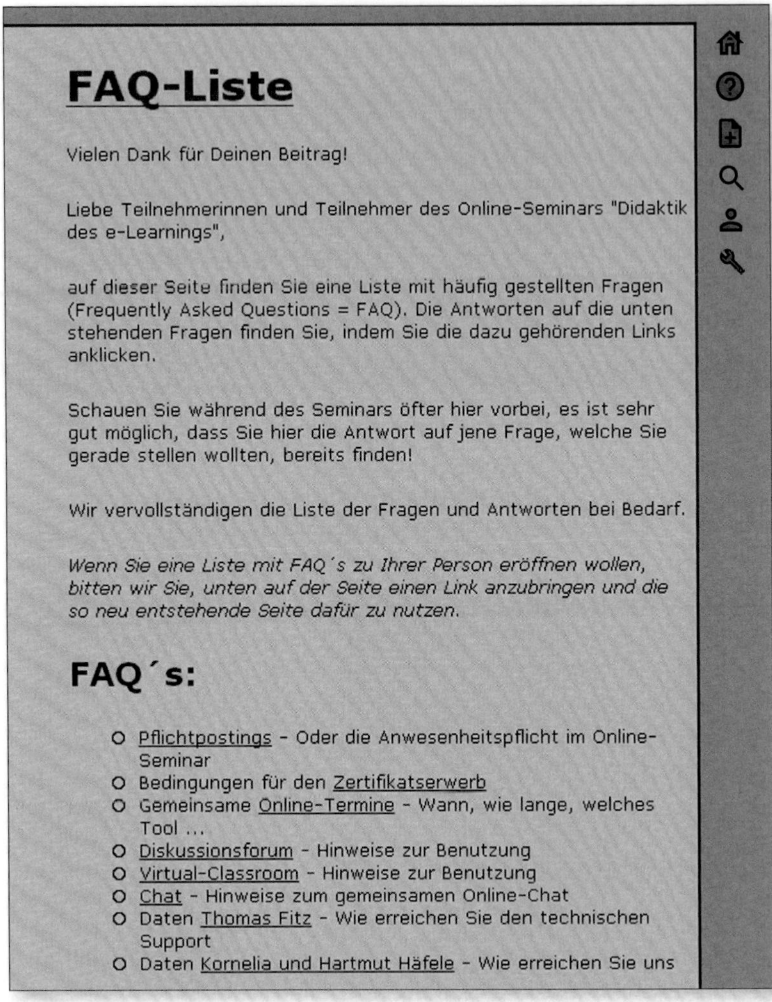

FAQ-Liste

Vielen Dank für Deinen Beitrag!

Liebe Teilnehmerinnen und Teilnehmer des Online-Seminars "Didaktik des e-Learnings",

auf dieser Seite finden Sie eine Liste mit häufig gestellten Fragen (Frequently Asked Questions = FAQ). Die Antworten auf die unten stehenden Fragen finden Sie, indem Sie die dazu gehörenden Links anklicken.

Schauen Sie während des Seminars öfter hier vorbei, es ist sehr gut möglich, dass Sie hier die Antwort auf jene Frage, welche Sie gerade stellen wollten, bereits finden!

Wir vervollständigen die Liste der Fragen und Antworten bei Bedarf.

Wenn Sie eine Liste mit FAQ´s zu Ihrer Person eröffnen wollen, bitten wir Sie, unten auf der Seite einen Link anzubringen und die so neu entstehende Seite dafür zu nutzen.

FAQ´s:

- Pflichtpostings - Oder die Anwesenheitspflicht im Online-Seminar
- Bedingungen für den Zertifikatserwerb
- Gemeinsame Online-Termine - Wann, wie lange, welches Tool ...
- Diskussionsforum - Hinweise zur Benutzung
- Virtual-Classroom - Hinweise zur Benutzung
- Chat - Hinweise zum gemeinsamen Online-Chat
- Daten Thomas Fitz - Wie erreichen Sie den technischen Support
- Daten Kornelia und Hartmut Häfele - Wie erreichen Sie uns

Eine mittels Wiki-Web erstellte und gepflegte FAQ-Liste.

4.4 Individuellen Kontakt pflegen

Kurzbeschreibung

Sie halten mit Ihren Teilnehmern individuellen Kontakt.

Ziele

- Die Teilnehmer sind und fühlen sich gut betreut.
- Der Trainer erhält Rückmeldungen zum Seminar.

Tools

E-Mail.

Wann einsetzen?

Während des gesamten Seminars.

Gruppengröße

Einzelbetreuung.

Dauer

Pro E-Mail kurz.

Ablauf

Melden Sie sich während Ihres Online-Seminars öfter bei Ihren Teilnehmern nicht nur per Forumsnachricht, sondern auch per E-Mail.

Es gibt viele Gründe für das Verfassen einer persönlichen E-Mail:

- Sie geben Ihren Teilnehmern das Gefühl, dass Sie sich individuell um sie kümmern.
- Sie erhalten Rückmeldungen einzelner Teilnehmer.
- Sie geben nach jeder abgelieferten Arbeit individuell Rückmeldung über die Qualität dieser Arbeit.
- Sie versichern sich, ob die Arbeitsleistung und/oder die Zusammensetzung einer Gruppe passt.
- Sie vermuten, ein Teilnehmer hat sich aus dem Seminar zurückgezogen.
- Sie informieren einen Teilnehmenden, wenn dessen Postings in Form, Inhalt, Netiquette usw. zu wünschen übrig lassen oder hervorragend sind.
- Sie wollen bestimmte Informationen nur bestimmten Teilnehmern zukommen lassen.
- Sie lassen Ihren Teilnehmern per E-Mail die Aufgaben bis zum nächsten Treffen, interessante Links oder Dokumente zukommen.
- ...

Bemerkungen Vermeiden Sie es, alle E-Mail-Adressen oben in die Adresszeile Ihres Mail-Clients einzugeben, sondern schicken Sie pro Adresse eine E-Mail. Dies erfordert zwar ein wenig mehr Aufwand, wirkt aber persönlicher.

Erfahrungen Der Umgangston in den Foren, beim Chat usw. wird viel ungezwungener, wenn Sie mit Ihren Teilnehmer auch in Mailkontakt stehen.

4.5 Prahlen Sie mal!

Kurzbeschreibung

Eigenlob stinkt nicht, sondern es ist eine gute Gelegenheit, sich mit der Arbeit im Diskussionsforum vertraut zu machen!

Ziele

- Sich mit der Arbeit in den Foren vertraut machen.
- Ein wenig Spaß ins Seminar bringen.

Tools

Diskussionsforum.

Wann einsetzen?

- Community Building.
- Einfach zwischendurch, vielleicht wenn Sie das Gefühl haben, dass die Gruppe ein wenig „durchhängt".

Gruppengröße

Einzelarbeit, für jede Gruppengröße geeignet.

Dauer

Wenige Tage.

Ablauf

- Veröffentlichen Sie als extra Beitrag in der Cafeteria eine Themenliste.
- Laden Sie die Teilnehmer ein, sich ein Thema auszuwählen und für sich zu reservieren. Bereits ausgewählte Themen stehen für die anderen Teilnehmer nicht mehr zur Verfügung.
- Fordern Sie die Teilnehmer nun auf, zum ausgewählten Thema nach Kräften zu prahlen.

Beispiel

> Liebe Führungskräfte-Community,
>
> einen Nachteil von Online-Seminaren, nämlich dass man die Mitstudierenden kaum oder nie zu Gesicht bekommt, wollen wir mit der heutigen Übung zu unserem Vorteil ausnutzen.
>
> Möglich, dass Sie bei dieser Übung mit hochrotem Kopf in die Tasten hauen, vielleicht machen Sie Ihre Aussagen auch mit einem verschmitzten Augenzwinkern - keiner siehts! ;-)

Wir laden Sie ein, einmal gehörig auf den Putz zu hauen und zu prahlen.

Es muss nicht unbedingt so ganz wahr sein, was Sie alles schreiben, sollte aber schon etwas mit Ihnen zu tun haben.

Wählen Sie sich dazu eines der unten stehenden Themen aus.

;-) Prahlen Sie damit, was für eine tolle Vorgesetzte Sie sind!
;-) Prahlen Sie damit, wie ungeheuer diplomatisch Sie sind!
;-) Prahlen Sie damit, welch unglaubliche Schulleistungen Sie vollbrachten!
;-) Prahlen Sie damit, wie kreativ Sie schreiben können!
;-) Prahlen Sie damit, welch tolle Mitarbeiter/-in Sie sind!
;-) Prahlen Sie damit, wie bescheiden Sie sind!
;-) ...

Werfen Sie also Ihre Bescheidenheit über Bord und prahlen Sie zu Ihrem Thema mindestens 300 Worte lang! Zum Vergleich: Das ist ungefähr so lange wie diese Nachricht.

Reservieren Sie gleich ein Thema für sich, zu dem Sie gut prahlen können, ist das Thema erstmal weg, dann müssen Sie sich für ein anderes entscheiden. Reservieren können Sie, indem Sie ein Stichwort Ihres Themas und Ihren Namen als Beitrag unten dran hängen.

Ihre Prahlereien hängen Sie bitte bis zum 15. Dezember an Ihren Reservierungs-Beitrag.

Viel Spaß! :-D

Erfahrungen

Eine Übung die – nach anfänglichen Startschwierigkeiten einiger Teilnehmer – allen viel Spaß macht. Die gemachten Aussagen gehen oft als „geflügelte Worte“ in den Seminarwortschatz ein.

Nach außen hin werden einige Teilnehmer zuerst jammern, sich innerlich aber immer wohler fühlen mit dieser Übung. Es gibt sogar Teilnehmer, die behaupten, es falle ihnen überhaupt nichts ein, sie könnten das einfach nicht tun ... Diese Teilnehmer bekommen dann von uns den hochoffiziellen Auftrag, ihre Lebenspartner, Mitarbeiter, Kinder etc. zu befragen und sind meist sehr erstaunt über die tollen Rückmeldungen, die sie erhalten.

4.6 Terminverwaltung leicht gemacht

Kurzbeschreibung

Alle Termine, die in Ihrem Seminar anfallen, werden übersichtlich dargestellt.

Ziele

- Die Teilnehmer und der Trainer sind ständig über alle anfallenden Termine informiert.
- Die Teilnehmer halten Kontakt untereinander.

Tools

Diskussionsforum, Online-Terminkalender, Wiki-Web.

Wann einsetzen?

Während des gesamten Seminars.

Gruppengröße

Einzelarbeit.

Dauer

Wöchentlich sehr kurz.

Ablauf

Veröffentlichen Sie alle Termine, die in Ihrem Online-Seminar anfallen. Benutzen Sie hierfür das Forum „Organisatorisches". Manche Foren-Software, genauso wie die Open Source Lernplattformen ILIAS und Moodle, verfügen über einen komfortablen Terminkalender, in den diese Termine direkt eingetragen werden können.

Fordern Sie die Teilnehmer dazu auf, Ihnen auch alle Termine, die die Arbeitsgruppen betreffen, per E-Mail mitzuteilen und veröffentlichen Sie diese Termine ebenfalls im Forum „Organisatorisches" bzw. im Terminkalender.

Beauftragen Sie nun jede Woche einen anderen Teilnehmer damit, jeweils montags die Termine der Woche an die gesamte Gruppe per E-Mail zu senden. Dazu passend verfasst der Teilnehmer ein „Motto der Woche", welches in derselben E-Mail versandt wird.

Darüber hinaus benachrichtigt der Teilnehmer den Nächsten, der diese Aufgabe in der nachfolgenden Woche übernehmen wird.

Bemerkungen

Tipps zum Bilden von Reihenfolgen finden Sie im Kapitel *„Sonstige Methoden" (Seite 328 ff.)*.

Erfahrungen

Eine einfache Übung, die Sie als Trainer sehr entlastet. In Seminaren, die mit Zertifikat abschließen, nehmen die Teilnehmer in die Termine der Woche oft auch den Rat auf, spätestens jetzt mit dem Lernen zu beginnen. ;-)

Der Kalender in der Open-Source-Lernplattform Moodle verwaltet und zeigt Kurstermine, Gruppentermine und persönliche Termine; zusätzlich werden Abgabetermine für Aufgaben und Tests automatisch eingetragen.

4.7 Themenspeicher

Kurzbeschreibung Einsatz verschiedener Diskussionsforen, die die weitere Arbeit, Themen und Vorgehensweise strukturieren.

Ziele Die Teilnehmer bringen sich aktiv in die thematische und methodische Gestaltung des Seminars ein.

Tools Diskussionsforum.

Wann einsetzen? Während des gesamten Seminars.

Gruppengröße Für jede Gruppengröße geeignet.

Dauer Von Beginn bis zum Ende des Seminars.

Ablauf Weisen Sie die Teilnehmer (am Schwarzen Brett, in Ihrer Begrüßungsmail, in einer gesonderten Nachricht ...) darauf hin, dass Sie Foren zu unterschiedlichen Zwecken eröffnet haben und laden Sie sie dazu ein, sich durch Mitarbeit in diesen Foren aktiv an der Gestaltung des Seminars zu beteiligen.

Die folgenden Eröffnungsmeldungen haben wir in den unterschiedlichen Themenspeichern veröffentlicht:

Beispiel

Verwendete Methoden
In diesem Speicher gehen wir nochmals auf die bereits im Seminar eingesetzten Methoden ein, beschreiben Ziele, Gruppengröße, Dauer und Ablauf und geben auch unsere Erfahrungen beim Einsatz der Methode wieder.

Wenn Sie zu den verwendeten Methoden Fragen und Anregungen haben, bitten wir Sie, diese hier zu posten! Wir antworten gerne umgehend.

Gesucht - Gefunden
Für welche didaktische Fragestellung Ihrer Praxis suchen Sie Ideen?

Für welche Projekte suchen Sie Partner/-innen?
Welche Ideen möchten Sie vertiefen?
Suchen Sie eine kritische Freundin, einen kritischen Freund?

Wenn Sie das Experten/-innenwissen dieses Seminares nutzen wollen, sind Sie hier an der richtigen Stelle!

Beschreiben Sie Ihr Anliegen und an wen sich Ihre Frage/Ihr Wunsch richtet. Schauen Sie selbst auch öfter mal hier rein - vielleicht werden genau Sie gesucht! :-))

Methodenspeicher
Welche Methoden, von denen Sie vielleicht gehört oder gelesen haben, möchten Sie im Seminar gerne ausprobieren?
Zum Einsatz welcher Methoden hätten Sie gerne Tipps?
Welche Methoden möchten Sie gerne für den Einsatz in Online-Seminaren adaptieren?

Notieren Sie hier bitte Ihre Fragen zu Methoden, auch zu jenen, die im Seminar verwendet wurden. Der Methodenspeicher ist allerdings nicht für die Methodenreflexion gedacht - diese führen wir im Anschluss an jede Übung an passender Stelle durch.

Wenn möglich, folgen Sie beim Schreiben im Methodenspeicher dem folgenden Muster:
An wen richtet sich Ihre Anfrage?
Welches Anliegen haben Sie? (Brauche Tipps und Tricks, möchte Methode ausprobieren, möchte Methode adaptieren, möchte Erfahrungsaustausch ...)
Beschreiben Sie die Methode (Wenn vorhanden: Name, Ziel, wann einsetzen, Sozialform, ...)

Diesen Speicher sichten wir monatlich und arbeiten gerne mit den von Ihnen gemachten Vorschlägen.

Problemspeicher
Welche offenen Fragen haben Sie (noch)?
Für welche Probleme hätten Sie gerne eine Lösung?

> Worauf hätten Sie gerne eine Antwort - und von wem?
> Welche Themen möchten Sie gerne ins Seminar einbringen?
>
> Schreiben Sie hier Ihre Fragen, Probleme, Themen ... hin, formulieren Sie diese so gut wie möglich aus.
>
> Folgen Sie - wenn möglich - dabei dem folgenden Muster:
> - An wen richtet sich Ihre Frage/Ihr Problem:
> - Formulieren Sie die Frage/das Problem:
> - Soll die Frage im Seminar behandelt, oder persönlich geklärt werden:
>
> Wir arbeiten den Problemspeicher monatlich durch und freuen uns, wenn wir die Seminarinhalte so praxisrelevant wie möglich gestalten können! :-D

Bemerkungen

Mindestens wenige Wochen vor Ende des Seminars, besser jedoch öfter, müssen Sie einen „Kassensturz" machen: Welche der Wünsche können (noch) erfüllt werden, welche Themen haben (noch) Platz.

Sie können es jedoch auch zum Ritual machen, monatlich über die gemachten Vorschläge abzustimmen.

Wenn Sie wollen, können Sie eine Umfrage durchführen, ob ein gewünschtes Thema, eine Methode ... berücksichtigt werden soll. Es wird unter Umständen notwendig sein, den Verfasser zuerst um eine genaue Beschreibung der Idee zu bitten.

Erfahrungen

Erinnern Sie die Teilnehmer öfter daran, sich im Methodenspeicher umzusehen und mitzuarbeiten.

4.8 Umfragen erstellen und durchführen

Kurzbeschreibung

Die Meinung der Kursteilnehmer zu (vor allem organisatorischen) Fragen einholen.

Ziele

Schnell und unkompliziert die Basis für (vor allem organisatorische) Entscheidungen schaffen.

Tools

Umfragefunktion im Diskussionsforum, der Lernplattform oder im Wiki-Web. Auch das Web 2.0 bietet eine Vielzahl kostenloser Umfragetools. Einige Empfehlungen haben wir im Abschnitt D gelistet.

Wann einsetzen?

Wann immer im Laufe des Seminars notwendig.

Gruppengröße

Einzelarbeit.

Dauer

Wenige Minuten.

Ablauf

Wann immer Sie oder ein Kursteilnehmer ein organisatorisches Detail zu klären hat, initiieren Sie (oder der Teilnehmer) eine Umfrage im Forum.

Beispiel

Hallo, liebe E-Learning-Pädagoginnen!

Ich habe Konny und Hartmut gefragt, ob mein Betreuungslehrer an der HAK, Herr W., in unser Diskussionsforum hineinschnuppern kann. Konny und Hartmut schlagen vor, dass ich darüber eine Abstimmung durchführen soll, da es auch von euch und nicht nur von ihnen abhängt.

Hiermit bitte ich euch, bis zum Ende der nächsten Woche, am 6.12., darüber abzustimmen, ob sich Herr W. als neues Mitglied registrieren und mitschauen kann, was wir hier alles so machen.

Vielen Dank und liebe Grüße aus Kufstein
Irene. :-D

Fragen: Registrierung eines Nicht-LV-Teilnehmers :: Stimmen insgesamt: :7		
Wahl der Antworten	Stimmen	Statistiken
ja	6	[85.71%]
nein	1	[14.29%]
Du hast bereits abgestimmt		

Das Ergebnis einer Umfrage durch eine Teilnehmerin.

Erfahrungen

Eine sehr effektive Methode, um schnell eine für alle nachvollziehbare Entscheidungsbasis zu schaffen.

Wir setzen dieses Instrument auch immer dann ein, wenn es darum geht, gemeinsam den Zeitpunkt für den nächsten Online-Termin zu finden.

4.9 Wer ist meine Kollegin/mein Kollege?

Kurzbeschreibung

Die Teilnehmer erraten ihre Kollegin bzw. ihren Kollegen für eine gemeinsame Arbeit.

Ziele

- Bildung von Arbeitsgruppen.
- Community Building.

Tools

Diskussionsforum, E-Mail.

Wann einsetzen?

- Zum Seminarbeginn.
- Für die Arbeit mit der Gruppe.

Wenn Sie sich für die Gruppenbildung ein wenig zusätzliche Zeit nehmen und diese in die Lern-Community investieren wollen, ist diese Übung zu empfehlen.

Gruppengröße

Ab 3 Personen.

Dauer

Einige Tage – variiert je nach Personenanzahl.

Ablauf

Fordern Sie die Teilnehmer auf, Ihnen per E-Mail eine interessante Tatsache über sich mitzuteilen.

Sie bilden – ohne dies den Teilnehmern mitzuteilen – Zweier-Gruppen. Geben Sie via E-Mail jedem Teilnehmer den vorher erhaltenen Hinweis über ihren geheimen Kollegen, ohne jedoch dessen Namen zu verraten.

Nun müssen die Teilnehmer (z.B. im Diskussionsforum in der Cafeteria) recherchieren, wer ihr geheimer Kollege ist. Zur Recherche dürfen sie auch jedem in der Cafeteria eine einzige Frage stellen. Die Frage darf sich aber nicht auf den Hinweis beziehen, den sie erhalten haben! Wenn der Hinweis also lautete, dass der geheime Kollege gerne bergsteigt, dann darf nicht gefragt werden, welche Sportarten ausgeübt werden.

Da dieser Teil der Übung im Forum (der Cafeteria) stattfindet, erhalten alle Teilnehmer eine Fülle von Informationen über alle anderen.

Wenn jemand einen Verdacht hat, wer sein geheimer Kollege ist, dann soll er Ihnen (und vorerst nur Ihnen) dies per E-Mail mitteilen. Sie geben diesem Teilnehmer via E-Mail Rückmeldung, ob der Verdacht richtig ist. Erst wenn beide Partner sich erraten haben, wird das „Geheimnis" öffentlich gelüftet.

Bemerkungen Das mag jetzt vielleicht kompliziert klingen; wenn Sie die Methode einmal ausprobieren, werden Sie jedoch gleich feststellen, dass diese leicht von der Hand geht.

Erfahrungen Das gegenseitige Fragen stellen und Raten macht nicht nur Spaß, die Teilnehmer erfahren zudem viel Neues über die anderen und bekommen dadurch ein besseres Bild und auch Gruppengefühl.

Darüber hinaus wird der Umgang mit den verwendeten Tools geübt, so dass die Hemmschwelle für das inhaltliche Arbeiten mit diesen Werkzeugen abgebaut wird.

4.10 Wer kann das sein ...?

Kurzbeschreibung

Ein Eisbrecher in Rätselform.

Ziele

Der Kontakt unter den Teilnehmern wird intensiviert.

Tools

E-Mail, Diskussionsforum, evtl. Wiki-Web.

Wann einsetzen?

Wenn sich die Teilnehmer schon ein wenig kennen, um die Community zu beleben.

Gruppengröße

Einzelarbeit.

Dauer

Einige Tage.

Ablauf

Erster Schritt

Fordern Sie die Teilnehmer auf, ein kurzes Rätsel, z.B. einen Vierzeiler, über sich zu verfassen. Wenn Sie wollen, stellen Sie dieses Rätsel unter ein Motto wie: Privates, Berufliches, Teamarbeit, Online-Lernen, das Seminarthema ... Die Teilnehmer senden ihren Vierzeiler per E-Mail an den Trainer.

Beispiel

1. Zu Online-Terminen komme ich oft zu spät,
dafür bin ich die erste, die dann wieder geht ;-)
Das liegt daran, dass ich von zu Haus aus lerne,
meine beiden Kleinen haben das sehr gerne! :-D

2. Warum mach ich einen Online-Kurs?
Darüber führte ich mit meiner Frau Diskurs.
Nun bin ich doch ziemlich froh,
denn meistens chatte ich mit euch aus dem Büro! :->

3. Daheim
ists Lernen fein.
Kurzer Rede langer Sinn,
bin froh, dass ich bei euch jetzt bin!

> 4. Nun rate mal, wer kann das sein:
> Diesen Kurs mach ich ohne Führerschein,
> auf der Tastatur waren zuerst eingerostet meine Hände,
> doch beim „Quizzen" bin ich schon richtig behende! ;-)

2. Schritt

Zweiter Schritt

Sie veröffentlichen die eingegangenen Rätsel in der Cafeteria, ohne zu verraten, von wem sie stammen. Am einfachsten ist es, wenn Sie dazu nur eine Meldung ins Diskussionsforum schreiben, in der Sie die Rätsel durchnummeriert veröffentlichen.

3. Schritt

Dritter Schritt

Fordern Sie die Teilnehmer nun auf, die Rätsel zu lösen, indem sie für jede Nummer raten, wer der Verfasser sein könnte. Die Liste mit den Lösungen senden die Teilnehmer bis spätestens zu einem vereinbarten Zeitpunkt wiederum an Sie.

4. Schritt

Vierter Schritt

Veröffentlichen Sie die Lösung im Diskussionsforum und geben Sie bekannt, wer die meisten Rätsel gelöst hat.

Wenn Sie wollen, kurbeln Sie eine Diskussion an, in der die Rätsel hinterfragt, erklärt werden können.

Variante

Diese Aufgabe kann auch Teil eines Wettbewerbes sein, den Sie mit Ihrer Seminargruppe während des gesamten Seminars immer wieder durchführen (*Weitere Vorschläge für Wettbewerbsaufgaben finden Sie im Kapitel „Sonstige Methoden" ab Seite 328*).

Die Gruppen der ersten fünf Teilnehmer, die Ihnen per E-Mail ihre Rätsellösungen mitteilen, erhalten pro richtiger Lösung einen Punkt.

Um den Wettbewerb so richtig anzuregen, veröffentlichen Sie im Wiki-Web eine Liste mit Highscores.

Bemerkungen

Voraussetzung für die Arbeit mit dieser Eisbrecher-Methode ist, dass sich die Teilnehmer schon ein wenig kennen.

Erfahrungen

Eine einfach durchzuführende Übung, die Spaß und neues Wissen über die anderen Teilnehmer bringt.

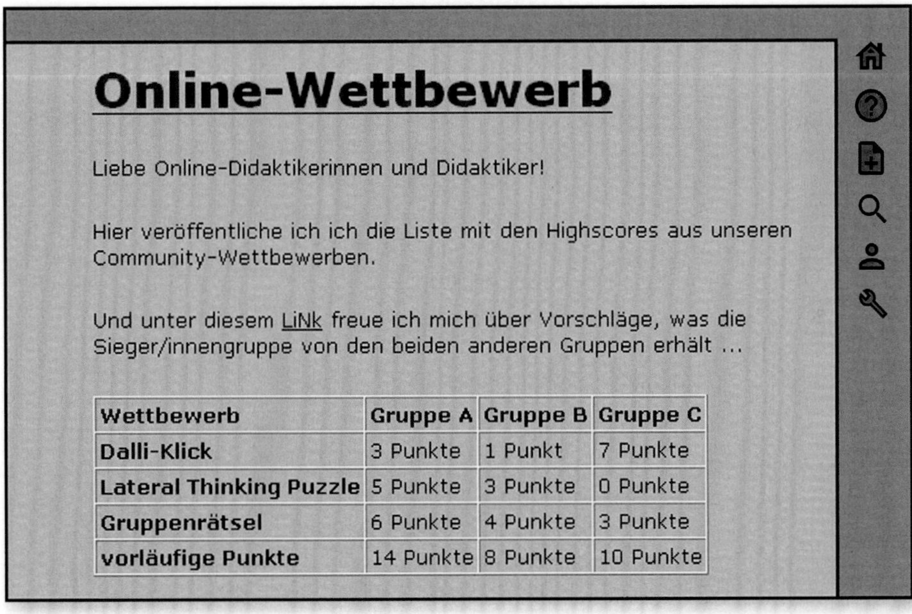

Online-Wettbewerb

Liebe Online-Didaktikerinnen und Didaktiker!

Hier veröffentliche ich ich die Liste mit den Highscores aus unseren Community-Wettbewerben.

Und unter diesem LiNk freue ich mich über Vorschläge, was die Sieger/innengruppe von den beiden anderen Gruppen erhält ...

Wettbewerb	**Gruppe A**	**Gruppe B**	**Gruppe C**
Dalli-Klick	3 Punkte	1 Punkt	7 Punkte
Lateral Thinking Puzzle	5 Punkte	3 Punkte	0 Punkte
Gruppenrätsel	6 Punkte	4 Punkte	3 Punkte
vorläufige Punkte	14 Punkte	8 Punkte	10 Punkte

Die Highscoreliste einer Seminargruppe im Wiki-Web.

5. Reflexion/Feedback

5. Reflexion/Feedback

5.1 Einleitung

In diesem Abschnitt finden Sie unter anderem auch Methoden zur Überprüfung der Lernleistungen Ihrer Teilnehmer. Die meisten dieser Methoden sind auf eine Selbstüberprüfung durch die Teilnehmer ausgelegt, Sie finden jedoch auch Methoden und Tools, die es ermöglichen, die Antworten der Teilnehmer zur Korrektur direkt an Sie als Trainer zu senden.

Persönliche Leistungserbringung im virtuellen Raum

Das Thema „Wie kann ich wissen, dass die online erbrachte Leistung auch wirklich von dem Teilnehmer persönlich erbracht wurde?“ nimmt in der E-Learning-Diskussion breiten Raum ein. Da dies ein Methodenhandbuch ist, möchten wir auf dieses Thema nicht allzu stark eingehen, gerne stellen wir dazu jedoch zwei Überlegungen an:

- Die Chance, dass eine Person zu einer schriftlichen Leistungsüberprüfung antritt und vorgibt, jemand anderes zu sein, ist bei großen Institutionen mindestens so groß wie beim Online-Lernen. Wir denken dabei beispielsweise an die schriftlichen Prüfungen an der Uni zurück, an denen 50 und mehr Personen teilnahmen und die von wissenschaftlichen Mitarbeitern beaufsichtigt wurden, die die meisten Gesichter gar nicht kannten.
- Neue Lehr- und Lernformen benötigen neue Wege der Überprüfung. Ein stures „Herunterleiern“ auswendig gelernter Inhalte ist beim Online-Lernen genau so wenig sinnvoll wie in Präsenzseminaren und Lehrveranstaltungen. Einen großen Teil der Note erhalten wir in unseren Seminaren, die mit Zertifikat abschließen, indem wir eine Methode einsetzen, die die aktive Mitarbeit und Auseinandersetzung der Teilnehmer mit dem

Thema erfordert (wie Expertenthemen, Betriebsbesichtigungen mit Interviews etc.). Zu Beginn teilen wir den Teilnehmern die Kriterien mit, die wir zur Benotung heranziehen.

Wenn Sie schriftliche Arbeiten zur Benotung heranziehen und sich nicht sicher sind, dass die eingereichten Arbeiten auch wirklich von den jeweiligen Teilnehmern stammen (diese Sicherheit haben Sie übrigens in genau demselben Maße auch bei Präsenzveranstaltungen nicht), so können Sie die Teilnehmer beispielsweise in den Chat einladen und dort ein vertiefendes Gespräch führen, die Teilnehmer im Web-Konferenzraum Details präsentieren lassen, die anderen Teilnehmer auffordern, Fragen zu den schriftlichen Arbeiten zu stellen usw.

Zur Selbstüberprüfung oder als Feedback an die Trainer und in Maßen eingesetzt als Mittel zur Notenfindung eignen sich die Methoden und Tools, die wir Ihnen nachfolgend vorstellen, jedoch sehr gut.

Prüfungsfragen finden

Zu diesem Thema finden Sie die Methode *„Fragen generieren" (Seite 335)*. Zusätzlich zu dieser Methode wollen wir die folgenden Varianten vorschlagen:

Variante 1
Jedes Mal, wenn eine thematische Einheit abgeschlossen ist, beauftragen Sie die Teilnehmer damit, alleine oder in einer Kleingruppe 1-3 Fragen aus diesem Themengebiet zusammenzustellen.

Variante 2
Kurz vor Ende des Seminars teilen Sie die Inhalte in Einheiten auf und beauftragen pro Einheit eine Gruppe von Teilnehmer damit, fünf Fragen zu dieser Einheit zu stellen.

Variante 3
Zusätzlich zum Formulieren der Fragestellungen beantworten die Teilnehmer die von ihnen selbst gestellten Fragen.

Variante 4
Eine Gruppe von Teilnehmern beantwortet die Fragen einer anderen Gruppe. So können Sie auch herausfinden, ob die Fragen verständlich genug gestellt wurden.

Variante 5
Der Trainer beantwortet alle gestellten Fragen und stellt die Antworten den Teilnehmer zur Verfügung.

Variante 6
Nachdem alle Fragen gesammelt und gegebenenfalls beantwortet wurden, lassen Sie die Teilnehmer die Wahrscheinlichkeit angeben, mit der eine Frage pro Themenbereich geprüft werden wird.

Wichtig erscheint uns, dass die Fragen und gegebenenfalls auch die dazu gehörenden Antworten von Ihnen bezüglich ihrer Qualität kommentiert werden.

Am einfachsten ist es für die Teilnehmer natürlich, Multiple-Choice-Fragen auszuarbeiten oder Fragen, bei denen es auf ein reines Auswendiglernen ankommt. Achten Sie deshalb darauf, dass die Teilnehmer auch ein Fallbeispiel konstruieren müssen.

Beispiel

Eure Aufgabe ist es, zwei Prüfungsfragen zum Inhalt des Artikels zu stellen. Die beiden Prüfungsfragen sollen in zwei der drei Traditionen (Behaviorismus, Kognitivismus, Konstruktivismus) formuliert sein. Vergesst nicht anzugeben, welcher Lerntheorie die Fragen zuzuordnen sind!

Für jene, denen unser kurzer Ausflug in die Lerntheorien nicht mehr ganz in Erinnerung ist, hier zwei Linktipps:

www.hamstone.de/thesis,
archiviert unter: https://t1p.de/hlex
oder ihr schaut nach auf http://de.wikipedia.org

Unterstützung der Teilnehmer bei der Durchführung der (Selbst-)Überprüfung

Kontakt zum Trainer anbieten
Jedes Mal, wenn wir Selbstevaluationsaufgaben an die Teilnehmer weiterleiten, bieten wir ihnen an, sich für eventuelle Rückfragen mit uns in Verbindung zu setzen.

Lernpartnerschaften bilden
Besonders gut eignet sich dazu der *Kritische Freund* (*siehe die gleichnamige Methode auf Seite 342*). Unterstützen Sie die Lernpartner bei der Organisation der Lernpartnerschaft (Wann sollen Lösungen zugesandt werden, wie werden sie kommentiert, gibt es dazu ein Forum ...?).

Prüfungsforum einrichten
Richten Sie ein Diskussionsforum ein, in dem die Teilnehmer auftauchende Fragen zu den Aufgaben diskutieren und Ergebnisse austauschen können. Sehen Sie oft selbst in diesem Forum nach, geben Sie dort evt. Linktipps oder weisen Sie auf die im Seminar verwendeten Unterlagen hin.

Die Arbeit mit den Web-2.0-Tools

Die Werkzeuge zur (Selbst-)Überprüfung, die wir in diesem Buch vorstellen, sind kostenlos und sehr einfach zu bedienen.

Rufen Sie die Web-Adresse des Werkzeuges auf, mit dem Sie einen Test, ein Quiz etc. erstellen möchten. Egal, für welches Werkzeug Sie sich entscheiden, allen ist gemeinsam, dass Sie auf einfache Art durch die Erstellung des Tests navigiert werden und zum Schluss eine Web-Adresse erhalten, unter der Ihr Test aufgerufen und bearbeitet werden kann. Diese Web-Adresse geben Sie einfach Ihren Teilnehmern bekannt und schon können diese zur (Selbst-)Überprüfung schreiten.

Die Adressen der Tools, mit deren Hilfe Sie die nachfolgend beschriebenen Quizzes, Puzzles etc. erstellen können, finden Sie unter *„Linktipps"* in den Download-Ressourcen.

5.2 Acht-Dimensionen-Feedback

Kurzbeschreibung

Die Teilnehmer geben schriftliches Feedback zur Lehrveranstaltung.

Ziele

- Die Teilnehmer werden in ihren Einschätzungen zum Seminar ernstgenommen.
- Sie erhalten Rückmeldungen zur weiteren Seminarplanung.

Tools

E-Mail.

Wann einsetzen?

Zum Seminarende.

Gruppengröße

Einzelarbeit – für jede Gruppengröße geeignet.

Dauer

Wenige Tage.

Ablauf

Schicken Sie Ihren Teilnehmern zum Ende Ihres Seminars eine E-Mail, in der Sie sie bitten, als Feedback zum Seminar kurz auf jeden der unten stehenden Punkte einzugehen.

Bitten Sie evtl. zur besseren Illustration der Rückmeldungen um Beispiele.

Beispiel

Transfer: Können Sie die bearbeiteten Inhalte in Ihrer beruflichen Praxis umsetzen?

Kohäsion: War die Bereitschaft und Anstrengung der Teilnehmer/-innen, sich gegenseitig zu helfen und miteinander gut auszukommen, für Sie vorhanden?

Vertrauen: Spürten Sie, dass andere auf Ihre Fähigkeit zusammenzuarbeiten, zu lernen und sich weiterzuentwickeln, bauten?

Leistungsdruck: Haben Sie den Eindruck, dass die Arbeitsbelastung sorgfältig geplant ist, und dass Sie für die Planung Ihrer Lernzeit Hilfe bekommen?

Unterstützung: War die Bereitschaft der Kursteilnehmer/-innen, gemeinsam lernen zu wollen, für Sie erkennbar?

Anerkennung: Hatten Sie das Gefühl, dass Ihre Beiträge zur Diskussion und zum gemeinsamen Wissenserwerb konstruktiv aufgenommen wurden?

Fairness: Fühlen Sie sich gerecht behandelt?

Innovation: War im Seminar ein Klima vorhanden, das Veränderungen, Kreativität und Risikobereitschaft gefördert hat?

Bemerkungen

Sie können auch die wichtigsten Punkte auswählen und nur diese mit der Bitte um Feedback an Ihre Teilnehmer senden.

Die meisten der angeführten acht Punkte zielen auf die soziale Dimension. Alle acht Punkte ins Feedback einzubeziehen ist vor allem für reine oder überwiegende Online-Veranstaltungen sinnvoll.

Erfahrungen

Mithilfe dieser Methode bekommen Sie sehr viele Rückmeldungen zur Gestaltung von Online-Communities.

Referenzen

Die Dimensionen haben wir in Anlehnung an die *acht Klimadimensionen*, die von Donald McMurray an der Elearn 2002 in Montreal vorgestellt wurden, entwickelt.

5.3 Das Führen eines Lerntagebuchs

Kurzbeschreibung

Die Teilnehmer reflektieren ihr Lernen durch das Verfassen eines Lerntagebuchs.

Ziele

Reflexion des Lernens und Lehrens.

Tools

Diskussionsforum oder Weblog (eventuell passwortgeschützt).

Wann einsetzen?

Während des gesamten Seminars.

Gruppengröße

Einzelarbeit.

Dauer

Während des gesamten Seminars.

Ablauf

Das Verfassen von Lerntagebüchern ist eine Methode aus der Aktionsforschung, die die Handelnden dazu anhalten soll, die eigene Praxis zu erkunden, zu überprüfen und möglicherweise zu verändern.

Lerntagebücher werden im Verlauf von Lehrveranstaltungen eingesetzt, um die persönliche Auseinandersetzung der Studierenden mit Lehrinhalten und Lehrzielen zu dokumentieren und zu reflektieren.

Wie empirische Untersuchungen gezeigt haben, fördert das Lerntagebuch im Gegensatz zum traditionellen „Prüfungslernen" das langfristige Behalten von Inhalten, also das eher bedeutsame und anwendungsorientierte Lernen (nach Mayr 1997, S. 234).

Beispiel

Liebe Online-Pädagoginnen und -Pädagogen,

was ein Lerntagebuch ist, brauche ich euch wohl nicht zu erklären? ;-)

Eure Aufgabe während des gesamten Seminars besteht darin, euer Lerntagebuch mindestens wöchentlich zu führen und fünf dieser

Aufzeichnungen im dafür eingerichteten Forum zu veröffentlichen. Für das Eintragen im Forum haltet euch bitte an die folgende Form der Überschrift: „Name: Kurzhinweis auf Inhalt".

Die Tagebuchaufzeichnungen sollten unmittelbar nach einer Sitzung (am besten innerhalb eines Tages) gemacht werden, wobei der Umfang zwischen einer halben und einer ganzen DIN-A4-Seite liegen sollte.

Ihr solltet in den Aufzeichnungen versuchen, euch die wesentlichen Inhalte der letzten Woche noch einmal zu vergegenwärtigen und in eigenen Formulierungen eure Auseinandersetzung damit zu dokumentieren (z.B. durch begründete Zustimmung oder Ablehnung, durch Herstellen von Beziehungen zu persönlichen Erfahrungen, Beschreiben eigener Ideen und das Entwickeln von Lösungsvorschlägen).

Mögliche Fragestellungen, auf die ihr im Lerntagebuch eingeht:

- Welche Ziele wollte ich persönlich mit diesem Seminar(teil) erreichen?
- Welche Ziele wollte ich fachlich mit diesem Seminar(-teil) erreichen?
- Was erwarte ich von diesem Seminar(-teil)?

Notiert bitte auch, wenn euch etwas unklar geblieben ist! Formuliert dazu eine Frage, die entweder beim nächsten Online-Termin besprochen werden sollte oder postet diese Frage gleich in das passende Forum.

Am Ende eurer Eintragungen versucht bitte eine Bewertung der jeweiligen Woche, indem ihr eure persönliche Beteiligung und euren Lernprozess mit einem kurz begründeten Notenvorschlag evaluiert.

Wer mehr darüber wissen will, schaue bei Werner Stangls Arbeitsblättern unter http://arbeitsblaetter.stangl-taller.at nach. Die Informationen dieser Seite zum Lerntagebuch haben wir archiviert unter: www.webcitation.org/69Q6Lc1QR

Erfahrungen

Unserer Erfahrung nach geht das Führen von Lerntagebüchern den Teilnehmern in Online-Seminaren leichter von der Hand als jenen in Präsenzveranstaltungen. Das mag daran liegen, dass das Schreiben eine für Online-Teilnehmer gewohnte Übung ist.

Eine Unterteilung der Foren in Wochen, in denen alle Teilnehmer ihre Reflexion für die jeweilige Woche veröffentlichen, erschien uns unkomplizierter als eine Unterteilung nach Teilnehmern. So schauten wir jede Woche in ein Forum und sahen, wer seine Beiträge bereits abgeliefert hatte, anstatt uns durch alle Teilnehmerforen „klicken" zu müssen.

Referenzen

▶ Mayr, Johannes (1997). *Evaluieren*. In: Buchberger, Friedrich, Eichelberger, Harald, Kement, Karl, Mayr, Johannes, Seel, Andrea & Teml, Hubert (1997). Seminardidaktik. Innsbruck: STUDIENVerlag, S. 224-256.

5.4 Feedback geben und nehmen

Kurzbeschreibung

Die Teilnehmer geben sich untereinander aufgrund vorgegebener Kriterien Feedback.

Ziele

- Das Geben und Nehmen von Feedback.
- Rückmeldungen über die Sicht anderer zur eigenen Person erhalten.
- Rückmeldungen über die eigene Sicht anderer Personen geben.

Tools

Diskussionsforum.

Wann einsetzen?

- Wenn es thematisch passt.
- Zum Ende einer längeren Gruppenarbeit.
- Zum Ende des Seminars.

Gruppengröße

Bis zu 10 Teilnehmer. Sollte Ihre Gruppe größer sein, so teilen Sie diese für die Feedback-Runde in Untergruppen zu 6-7 Personen auf.

Dauer

Einige Tage.

Ablauf

Jeder Teilnehmer eröffnet im Forum einen neuen Beitrag mit dem eigenen Namen und fordert darin die anderen Teilnehmer auf, Rückmeldungen zur eigenen Person abzugeben.

- Die Teilnehmer dürfen ihre Rückmeldungen erst lesen, wenn die Runde beendet ist.
- Es ist auch möglich, die Rückmeldungen anonym abzugeben.
- Wer Rückmeldungen zum jeweils zweiten und dritten Punkt (siehe Beispiele unten) geben will, muss auch eine Rückmeldung zum ersten Punkt schreiben.

Eine Auswahl von Beispielen, wie die Rückmeldungen strukturiert werden könnten:

Beispiele

Ich schätze an dir ...
Nicht so gut gefällt mir ...
Versuch doch mal ...

Hochdaumen
Tiefdaumen
Zeigefinger (dahin soll´s weitergehen)

Behalte das bei ...
Hör damit auf ...
Fang damit an ...

Was mir an deinem Arbeitsstil gefällt ...
Was mir an deinem Schreibstil gefällt ...
Was du ändern könntest ...

Bemerkungen

Das Geben und Nehmen von Rückmeldungen ist bei Online-Seminaren ein genau so sensibles Thema wie bei Präsenzseminaren.

Es ist daher wichtig, dass Sie die Rückmeldungen mitverfolgen, gegebenenfalls die Möglichkeit einer Aussprache herbeiführen.

Erfahrungen

Wir bitten im Anschluss an jede Feedback-Runde die Teilnehmer darum, abschließend zu veröffentlichen, wie es ihnen mit ihren Rückmeldungen geht, was sie gut, was sie weniger gut akzeptieren können etc.

5.5 Koffer packen

Kurzbeschreibung

Die Teilnehmer bewerten das Seminar nach der persönlichen Wichtigkeit und melden diese Bewertung spielerisch zurück.

Ziele

- Die Teilnehmer schätzen das Seminar für sich ein.
- Unterstützung des Transfers.

Tools

Web-Konferenzraum, E-Mail.

Wann einsetzen?

- Zum Seminarende.
- Zur Reflexion.
- Zum Transfer.

Gruppengröße

Um den Chat im Web-Konferenzraum sinnvoll nutzen zu können, empfehlen wir eine Gruppengröße von bis zu 10 Personen. Wenn Sie die Chat-Funktion nicht zu Diskussionszwecken, sondern vorwiegend dazu nutzen, die Themen/Inhalte, die in den Koffer gelegt werden, zu beschreiben, dann eignet sich diese Übung auch für Gruppen bis zu 15 Personen.

Dauer

30-45 Minuten.

Ablauf

In der Einladung zum letzten gemeinsamen Online-Termin per E-Mail fordern Sie die Teilnehmer auf, ihren Seminarkoffer zu packen.

Dazu sollen diese folgende Überlegungen anstellen:

Beispiel

Welche Themen, Inhalte, Methoden, Situationen, Erkenntnisse ... aus dem Seminar sind Ihnen wichtig?
Was packen Sie in Ihren Koffer ein, um es aus dem Seminar mitzunehmen?
Welche Themen, Inhalte, Methoden, Situationen, ... legen Sie bewusst nicht in Ihren Koffer?
Was können und dürfen und was wollen Sie da lassen?

Bereiten Sie ein Bild eines Koffers, einer Kiste o.Ä. vor. Zum Abschluss des gemeinsamen Online-Termins laden Sie die Teilnehmer ein, in beliebiger Reihenfolge ihre Begriffe **in** (dies nehme ich mit) bzw. **neben** den Koffer (dies lasse ich hier) zu legen.

Fordern Sie die Teilnehmer auf, für die Präsentation der Themen, Inhalte, die sie in den Koffer packen, vorformulierte Sätze vorzubereiten.

Nachfolgend ein Auszug aus den vorformulierten Sätzen einer Teilnehmerin, mit denen diese ihr Kofferpacken im Chat des Web-Konferenzraums begleitete:

Beispiel

In den Koffer lege ich die Cafeteria, denn die Übungen, die wir dort gemacht haben, waren eine tolle Auflockerung. ;-)
Auch mitnehmen möchte ich die Experten/-innenthemen – sowohl die Arbeit in der Gruppe als auch die Ergebnisse, die bei allen herausgekommen sind.

Und besonders gerne nehme ich das Netzwerk mit und freue mich schon auf angeregte Projektberatungen nach dem Seminar! :-)

Neben den Koffer legen kann ich auch einiges:
Zuerst lasse ich mal meine große Skepsis gegenüber E-Learning hier.
Dann auch noch meine Hemmung, öffentlich was zu schreiben.
Von den Inhalten lasse den Expertenchat hier, ich ärgere mich immer noch über die Aussagen ... ;-)

Bemerkungen

Die Ergebnisse dieser Übung sind andere, wenn Sie die Frage nach der praktischen Verwertbarkeit des Seminars stellen. So erhalten Sie mehr Rückmeldungen zu Themen und Inhalten und wenige bis keine zum Gruppenprozess.

Bei einer Gruppengröße von mehr als sieben Personen ist es sinnvoll, die Äußerungen pro Person auf jeweils drei innerhalb und drei außerhalb des Koffers zu beschränken.

Wir freuen uns, wenn Sie von den von uns vorbereiteten „Koffer“-Bildern unter *www.pixeleye.com* Gebrauch machen!

Erfahrungen Mit dieser Übung setzen sich die Teilnehmer nochmals mit dem Seminar auseinander. Durch die Aufforderung einzupacken, was ihnen wichtig ist, wird ein Schritt in die Richtung Praxistransfer gemacht. Darüber hinaus bietet die Übung auch für Sie als Trainer viele Rückschlüsse und Anregungen für die Vorbereitung des nächsten Seminars.

Das gemeinsame Kofferpacken zum Seminarabschluss im Web-Konferenzraum.

5.6 Lass Bilder sprechen ...

Kurzbeschreibung

Feedback zur Stimmung in der Gruppe.

Ziele

- Die Teilnehmer geben Rückmeldung zu ihrer Stimmung.
- Der Trainer erhält Rückmeldungen zur weiteren Planung.

Tools

E Mail.

Wann einsetzen?

- Wann immer es Ihnen geeignet erscheint.
- Zum Ende einer intensiven Gruppenarbeit.

Gruppengröße

Für jede Gruppengröße geeignet.

Dauer

Wenige Tage.

Ablauf

Fordern Sie die Teilnehmer auf, sich ein Bild auszusuchen, das
- ihre derzeitige Stimmung im Seminar oder
- die Zusammenarbeit in der Gruppe etc.

wiedergibt.

Bitten Sie sie, dieses Bild mit einem einzigen erklärenden Satz an Sie zu mailen.

Wenn Sie die Ergebnisse veröffentlichen wollen, teilen Sie dies den Teilnehmern unbedingt vorher mit!

Bemerkungen

Wir freuen uns, wenn Sie von den von uns kostenlos zur Verfügung gestellten Bildern des Montafoner Bildarchivs unter *www.pixeleye.com* Gebrauch machen! Einfach die Internet-Adresse an Ihre Teilnehmer weitergeben und diese suchen sich das für sie passende Bild aus. Es ist natürlich auch möglich, auf den scheinbar unerschöpflichen Fundus an Memes im WWW zurückzugreifen.

Erfahrungen

Eine schöne Methode, um der „Verschriftlichung" eines Online-Seminars entgegenzuwirken. Der Umweg über ein Bild ermöglicht es den Teilnehmer über ihr Befinden zu „sprechen", ohne dies erst in Worte kleiden zu müssen.

Auch Online gilt, was für Präsenzseminare wichtig ist: Wenn Sie Stimmungen ansprechen, so müssen Sie auch darauf eingehen. Antworten Sie jedem Teilnehmer auf die an Sie gesandte E-Mail, fragen Sie gegebenenfalls nach, sprechen Sie Konflikte in „Einzelgesprächen" per E-Mail oder im Diskussionsforum an.

5.7 Matches, Multiple Choices und mehr

Kurzbeschreibung

Zuordnungs- und Multiple-Choice-(MC)-Aufgaben werden zur (Selbst-)Überprüfung eingesetzt.

Ziele

- Überprüfung des Gelernten.
- Feedback an Teilnehmer und Trainer.

Tools

Kostenlose Online-Tools für das Erstellen von Zuordnungs- und MC-Aufgaben finden Sie unter *„Linktipps"* in den Dowload-Ressourcen.

Wann einsetzen?

Zur Überprüfung.

Gruppengröße

Einzelarbeit.

Dauer

Je nach Aufgabe 5-15 Minuten.

Ablauf

Folgen Sie den Anleitungen, die Sie im von Ihnen ausgewählten Tool erhalten und innerhalb von wenigen Minuten haben Sie einen Kurztest zur Selbstüberprüfung Ihrer Teilnehmer zusammengestellt. Sie erhalten eine Web-Adresse, die Sie Ihren Teilnehmern per E-Mail mitteilen. Ihre Teilnehmer geben die Web-Adresse in ihren Browser ein und können die von Ihnen erstellten Aufgaben bearbeiten.

Beispiel einer Zuordnungsaufgabe

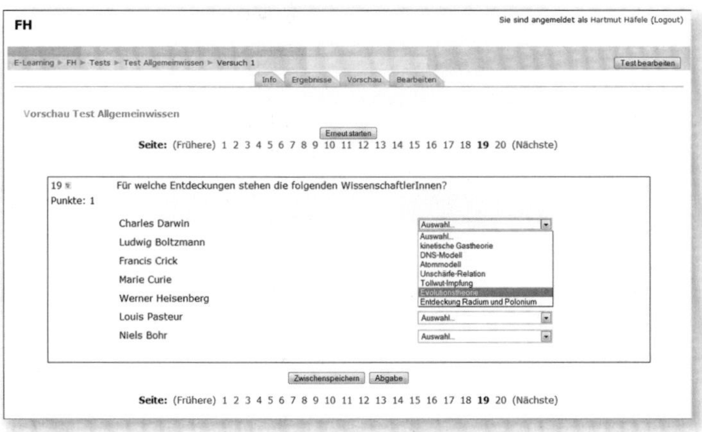

Eine Zuordnungsaufgabe in der Open-Source-Lernplattform Moodle (www.moodle.org).

Zuordnungsaufgaben können in zahlreichen Variationen erstellt werden: Paare zuordnen, Gruppen bilden, sinnvolle Sätze aus vorgegebenen Satzteilen zusammensetzen, Begriffe bestimmten Bildteilen zuordnen etc.

Beispiel einer Gruppenzuordnung

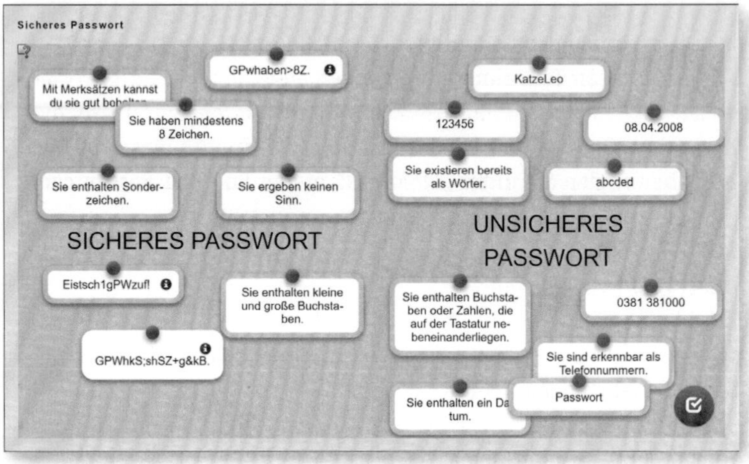

Beispiel für eine Gruppenzuordnung, erstellt mit www.LearningApps.org.

Beispiel Multiple-Choice-Quiz

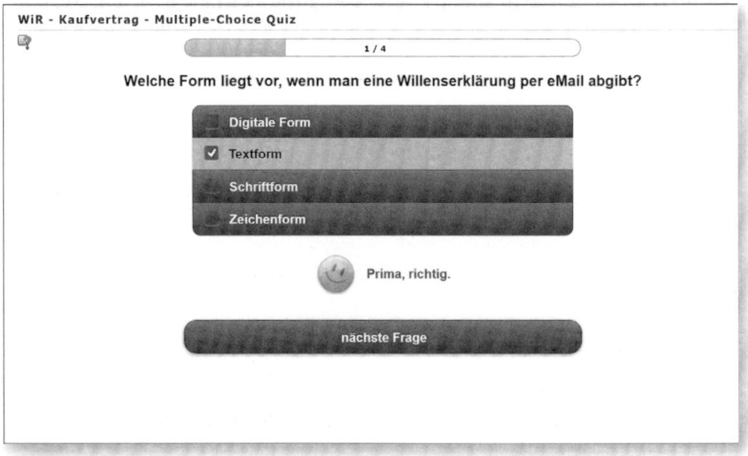

Ein Multiple-Choice-Quiz zum Thema Kaufvertrag.

Bemerkungen Zuordnungsaufgaben und Multiple-Choice-Quizzes eignen sich sowohl zur Selbstevaluation der Teilnehmer als auch für Testsituationen. Die Open-Source-Lernplattformen *Moodle* und *ILIAS* bieten hervorragende Online-Tools für die Erstellung und Auswertung von MC- und Zuordnungsaufgaben sowie zusätzlich auch für Lücken- und Freitextfragen an.

Kostenlose Web-2.0-Plattform LearningApps.org

Besonders empfehlenswert ist die völlig kostenlose und werbefreie Web-2.0-Plattform *LearningApps.org*, die es ermöglicht, mit minimalem Aufwand auch multimediale Lernbausteine online zu erstellen und zu verwalten. Die Plattform bietet neben den vorher beschriebenen Aufgabentypen eine Vielzahl weiterer Aufgabenformate, die einzeln genutzt oder in eine bestehende Website, ein Wiki-Web oder eine Lernplattform eingebunden werden können. Dazu zählen etwa eine Pinnwand, auf welcher neben Texten und Bilder auch Audios und Videos gepostet werden können sowie ein Werkzeug zum Erstellen von Mind Maps.

Flipped Classroom

In konstruktivistischen Lernszenarien können Seminarteilnehmer und Schüler damit auch ohne technische Vorkenntnisse schnell selbst einfache Quizzes und andere anspruchsvollere Lernbausteine erstellen. LearningApps wird deshalb gerne auch in Flipped-Classroom-Szenarien eingesetzt.

Gamification

Durch den Einsatz von Ranglisten, Fortschrittsanzeigen, unmittelbarem Feedback sowie Mehrspieleraufgaben (z.B. Order Challenge, Schätzen, Wo liegt was?, Mehrspieler-Quiz) lassen sich Lerninhalte bei Bedarf auch gamifizieren.

Erfahrungen

Besonders in Veranstaltungen, die mit einem Zertifikat abschließen, ist die Möglichkeit der Selbstevaluation bei den Teilnehmern sehr willkommen. Wir bieten diese Möglichkeit den Teilnehmern aller unserer Seminare und sie wird auch von vielen gerne genutzt.

Referenzen

Mehr zum Thema Flipped Classroom finden Sie unter *www.flipped-mathe.de*. Einen interessanten Artikel zum Thema Gamification und Motivation finden Sie unter „Linktipps" in den buchbegleitenden Download-Ressourcen.

5.8 „Mündliche" Überprüfung

Kurzbeschreibung Die Mitarbeit der Teilnehmer wird im One-to-One-Chat überprüft.

Ziele
- Überprüfung der Mitarbeit.
- Einzelkontakt zu den Teilnehmer herstellen.

Tools Web-Konferenzraum, Chat, eventuell Whiteboard.

Wann einsetzen? 1-2 Mal pro Seminar.

Gruppengröße Einzelarbeit.

Dauer 15 Minuten.

Ablauf Vereinbaren Sie mit jedem Teilnehmenden einen Termin, an dem Sie sich zu einem „Einzelgespräch" im Chat treffen.

Vereinbaren Sie vor dem Überprüfungs-Chat die Rahmenbedingungen:
- Wer wird beim Chat alles mit dabei sein?
- Welches Themengebiet wird geprüft?
- Wie lange wird das Prüfungsgespräch dauern?
- Wird das Ergebnis des Gespräches benotet?
- ...

Beispiel

Haefele Hartmut: Guten Abend, Frau Steiner!
Steiner Christine: Guten Abend!
Haefele Hartmut: Gehts Ihnen gut?
Steiner Christine: Na ja, mal schauen, was so auf mich zu kommt! ;-)
Ansonsten geht es mir gut, Danke!
Steiner Christine: Und Ihnen?
Haefele Hartmut: Danke, ein bisschen verkühlt, aber das ist bei dem Wetter nicht weiter verwunderlich.
Haefele Hartmut: So, dann wolln wir mal!

Haefele Hartmut: Sie haben sich zum Thema „Community Building" vorbereitet, stimmts?
Steiner Christine: Ja, genau.
Haefele Hartmut: Wenn Sie an die Eröffnungsphase unseres Kurses denken, welche Schritte haben wir gesetzt, um die Community aufzubauen? Was fällt Ihnen da alles ein?
Steiner Christine: Mhm, jetzt muss ich kurz überlegen - ist doch schon drei Monate her.
Steiner Christine: Also zuerst fällt mir da unsere Einstiegsübung in ...

Bemerkungen

Anstatt Termine an die Teilnehmer auszugeben, können Sie auch im Diskussionsforum Termine zur Verfügung stellen, an denen sich die Teilnehmenden eintragen können.

Wenn die Überprüfung intensiver ausfallen soll, können Sie diese im Web-Konferenzraum durchführen.

Erfahrungen

Mit dieser Methode erhalten Sie unmittelbare Rückmeldungen dazu, wie gut der zu lernende Stoff bei den Teilnehmern ankommt und verstanden wird.

5.9 Punktabfrage

Kurzbeschreibung Die Teilnehmer geben durch Bepunkten Kurz-Statements ab.

Ziele
- Die Teilnehmer können durch Bepunkten ihre Meinung kund tun.
- Der Trainer erhält ein Feedback zu einem vorher ausgewählten Thema.

Tools Web-Konferenzraum.

Wann einsetzen?
- Zu Beginn einer Sitzung.
- Zum Ende einer Sitzung.

Gruppengröße Bis zu 15 Personen.

Dauer Wenige Minuten.

Ablauf Bereiten Sie Folien zum Bepunkten vor, die Sie im Web-Konferenzraum aufrufen. Bitten Sie die Teilnehmer, jeweils eine entsprechend platzierte Markierung im Whiteboard anzubringen.

Beispielsweise für den Beginn einer Online-Sitzung:

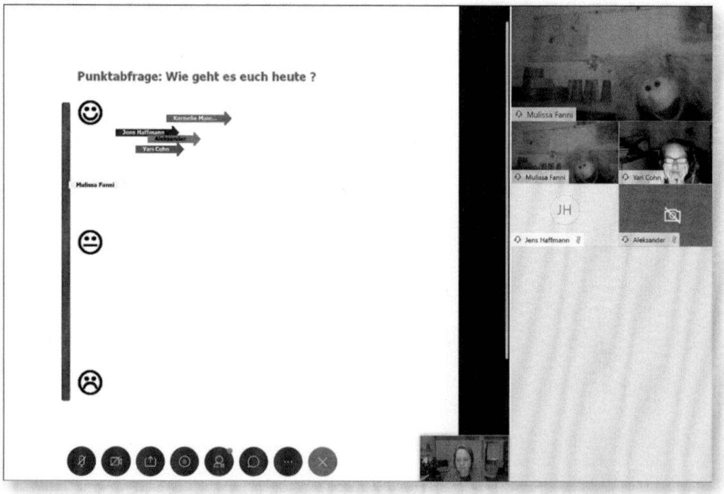

Beispiel 1: Punktabfrage mithilfe der Whiteboard-Funktion des Web-Konferenzraums.

Dazu auch ein Auszug aus unseren vorbereiteten Formulierungen, mit denen wir die obige Punktabfrage im Chat des Web-Konferenzraums eingeführt haben:

Beispiel

> Wie schon in der Einladung angekündigt, haben wir heute einiges an Programm! :-)
> Habt ihr schon einmal online mit mehreren Leuten zusammen am Whiteboard gearbeitet?
> Es gibt einiges, was man da zusammen machen kann. Zum Einstieg ins heutige Seminar wollen wir ähnlich wie in einer Präsenzveranstaltung, erstmal nachfragen, wie es euch geht. Dazu haben wir uns für die Methode der „Punktabfrage" entschieden. Wir bitten euch, auf der Folie, die wir gleich aufrufen werden, eure Meinung mittels eines Punkts kundzutun.
>
> www.qualifizierung.com/whiteboard/wiegehts.htm
>
> Also, los gehts!
> Danke für die Punkte.

Unter der obigen URL haben wir die Folie mit dem Raster fürs Bepunkten hinterlegt. Es empfiehlt sich, Internetadressen auch bereits in den vorbereiteten Formulierungen zu notieren, da es viel Zeit in Anspruch nimmt, eine solche Adresse während des Chats zu tippen.

Geben Sie den Teilnehmern die Möglichkeit, die Punkte im Chat des Web-Konferenzraums zu interpretieren. Anbei haben wir einen Auszug zur Interpretation aus einem Online-Seminar eingefügt:

Beispiel Interpretation

> Guelan> einem scheint's nicht so gut zu gehen, aber da muss ziemlich scrollen ...
> Kornelia> Ja, genau !
> Andrea> Das bin ich ... meine Kleine ist krank ... bin drum nicht ganz bei der Sache ... aber das kann sich noch geben ... ;-)

Der folgende Screenshot illustriert die Bepunktung nach der Behandlung eines Themas:

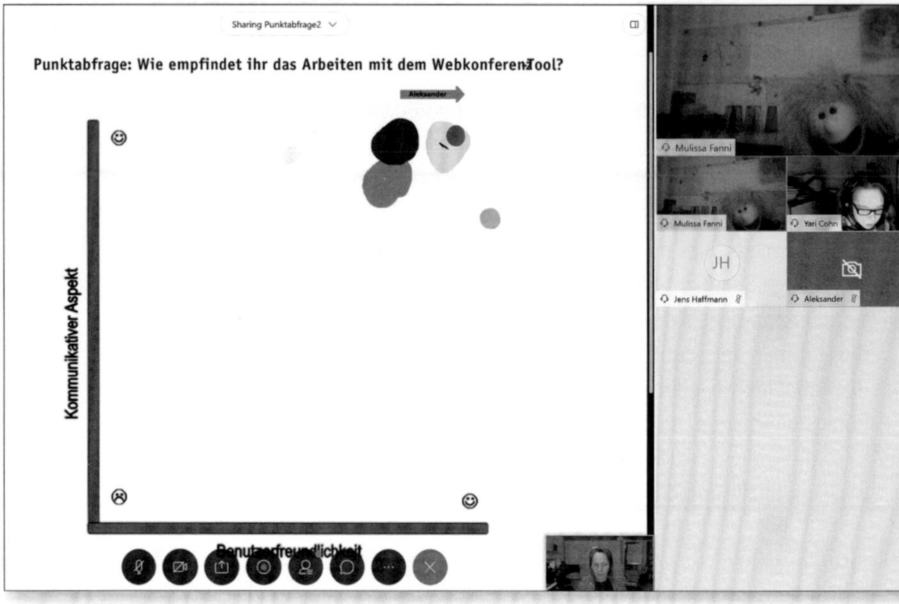

Beispiel 2: Punktabfrage im Whiteboard zur Behandlung eines Themas.

Bemerkungen Diese Methode kann auch angewendet werden, um Ergebnisse, die Sie per Cyberstorming gesammelt haben, auf einer Folie (Slide) zu präsentieren und die Teilnehmer bepunkten zu lassen, um so deren Präferenzen zum Thema herauszufinden.

Erfahrungen Eine schnell vorzubereitende und durchzuführende Methode, die in Echtzeit Feedback gibt. Es lohnt sich, diese Methode zu Beginn und zum Ende jeder Whiteboard-Sitzung (in abgewandelter Form) einzusetzen.

5.10 Rasende Reporter im virtuellen Raum

Kurzbeschreibung

Die Teilnehmer verfassen eine Seminarzeitung.

Ziele

- Die Teilnehmer bringen sich aktiv ins Seminargeschehen ein.
- Das Verfassen von Artikeln dient der Reflexion und dem Transfer des Gelernten.

Tools

Diskussionsforum oder Wiki-Web.

Wann einsetzen?

Während des gesamten Seminars.

Gruppengröße

In Zweier-Gruppen oder als Einzelarbeit.

Dauer

Ca. eine Woche pro Gruppe.

Ablauf

Stellen Sie eine Zeitung mit den Rubriken, die Sie für Ihr Seminar wichtig halten, im Diskussionsforum zusammen.

Die Aufgabe Ihrer Seminarteilnehmer ist es nun, für die einzelnen Rubriken Artikel zu verfassen.

Sie können entweder eine Zweier-Gruppe oder einzelne Teilnehmende für eine Woche verpflichten, in der diese eine bestimmte Anzahl von Artikeln verfassen müssen oder die Teilnehmer beauftragen, während des Seminars 1-2 Artikel pro Rubrik zu posten.

Beispiel

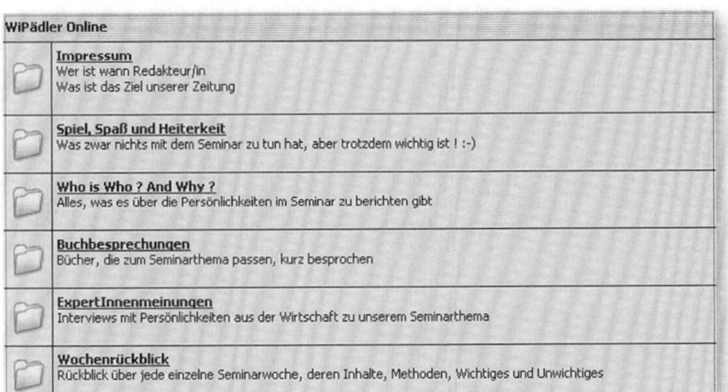

Die Rubriken einer Seminarzeitschrift für Wirtschaftspädagogen.

Einträge in der Rubrik „Buchbesprechungen" der Wirtschaftspädagogen-Seminarzeitung.

Bemerkungen

Stellen Sie bei Bedarf im Dokumentencontainer (selbst erstellte) Fotos zum Download zur Verfügung, die die Redakteure in ihre Artikel einbauen können.

Erfahrungen

Die Aufgabe, Artikel zu schreiben, wird von den Teilnehmern gar nicht so sehr als Arbeit wahrgenommen, wie z.B. der Auftrag, eine Buchrezension zu schreiben.

Die meisten haben sehr viel Spaß daran und je länger die Zeitung online ist, umso lebendiger werden auch die Artikel.

In unserer Seminarzeitung war es jedem stets erlaubt, Artikel zu veröffentlichen, so entwickelten sich gerade die „Vermischten" Rubriken sehr gut.

5.11 Schwemmlandübung

Kurzbeschreibung

Die Teilnehmer schätzen eine Seminareinheit in Bezug auf ihre eigenen Fähigkeiten, Bedürfnisse etc. ein.

Ziele

- Die Teilnehmer werden in ihren Einschätzungen zum Seminar ernst genommen.
- Der Trainer erhält Rückmeldungen zur weiteren Seminarplanung.

Tools

Fotos und Zeichnungen aus dem Internet, Diskussionsforum.

Wann einsetzen?

Am Ende einer thematischen Einheit.

Gruppengröße

Einzelarbeit – für jede Gruppengröße geeignet.

Dauer

Einige Tage.

Ablauf

Nachdem Sie eine thematische Einheit im Seminar abgeschlossen haben, fordern Sie die Teilnehmer auf, das in dieser Einheit Gelernte mit deren Fähigkeiten, Fertigkeiten, Wünschen, Bedürfnissen etc. in Beziehung zu setzen.

Suchen Sie sich dazu ein Bild aus, das für die Teilnehmer als Grundlage der Reflexion gilt.

Je nachdem, für welches Bild Sie sich entscheiden, könnten Ihre Fragen wie folgt lauten:

Beispiel

Bild der Insel

- Wo im gerade behandelten Thema fühlst du dich sicher, stehst mit beiden Beinen auf der festen Insel? Bei welchen der Teilbereiche hast du im besten Sinne des Wortes „deine Schäfchen im Trockenen“.
- Bei welchen der besprochenen Inhalte stehst du nicht mehr so sicher auf der festen Insel? Wo fühlst du zwar schon ein bisschen das Wasser um deine Füße, weißt aber, dass solange die Flut nicht steigt, du hier auch noch recht sicher stehst?

- Und welche der Themenbereiche liegen für dich im „offenen Meer"? Wo hast du keinen festen Boden mehr unter den Füßen, siehst du vielleicht schon die Haie herumflitzen?
- ...

Bild des Hauses

- Welche deiner Fähigkeiten kannst du in Bezug auf unser behandeltes Thema in den Vorgarten deines Hauses stellen, sodass jede und jeder Vorbeikommende sie sehen kann und Eintretende wissen, wo sie sind?
- Welche deiner Fähigkeiten und Fertigkeiten befinden sich im Keller, damit du an der Werkbank noch ein wenig in Ruhe an ihnen feilen kannst?
- Welche deiner Fähigkeiten, Ideen, Bedürfnisse sind in der Küche, damit sie noch ein wenig vor sich hin köcheln können, bis sie ausgereift sind?
- Welche deiner Fähigkeiten, Wünsche ... kannst du in den Kamin schreiben?
- Auf welchen deiner Fähigkeiten und Fertigkeiten kannst du dich so richtig ausruhen?
- Welche deiner Fähigkeiten, Ideen befinden sich in der Besenkammer (und willst du sie da drinnen lassen?)?
- ...

Bild der Frau/des Mannes

- Was ist dir unter die Haarwurzeln gegangen?
- Worüber rümpfst du die Nase?
- Worauf möchtest du ganz genau hinschauen?
- Was hast du dir zu Herzen genommen?
- Was hast du schwer/leicht verdaut?
- Was macht dir ein gutes Gefühl im Bauch?
- Was willst du gleich anpacken?
- Worauf möchtest du hinweisen?
- ...

Mit Fantasie und vielleicht auch zeichnerischem Talent lassen sich noch einige Bilder finden, die Sie Ihren Teilnehmern als Ausgangsbild zur Verfügung stellen können. Diese Bilder können Sie entweder im Internet finden oder Sie zeichnen/fotografieren selbst und stellen den Teilnehmern die Bilder im Dokumentencontainer bereit.

Bitten Sie die Teilnehmer nun, das von Ihnen ausgesuchte Bild herunterzuladen und in die entsprechenden Bildausschnitte (Insel, Vorgarten, Keller, Bauch, ...) die Fähigkeiten, Themen, Wünsche einzutragen.

Die Ergebnisse dieser Übung müssen nicht unbedingt in Diskussionsforum oder Wiki-Web öffentlich gemacht oder per E-Mail an Sie zurückgespielt werden, sondern dienen vor allem den Teilnehmern zur besseren Selbsteinschätzung.

Variation

Sie können – wenn Sie dies in der Eröffnungsmeldung Ihren Teilnehmern mitgeteilt haben – die beschrifteten Bilder auch anonym (z.B. im Wiki-Web) ausstellen und die Teilnehmer auffordern, bei jedem Bild dazuzuschreiben, wer ihrer Einschätzung nach der Autor desselben ist und diese Einschätzung auch kurz zu begründen. So erhalten die Teilnehmer Rückschlüsse aufs „Fremdbild" (*siehe hierzu die Methode „Wer kann das sein ...?" auf Seite 269*).

Bemerkungen

Diese Übung ist als „Inselübung" oder „Schwemmlandübung" im Repertoire vieler Trainer.

Wir freuen uns, wenn Sie von den von uns unter der Adresse *www.pixeleye.com* kostenlos zur Verfügung gestellten Vorlagen Gebrauch machen! Einfach den Teilnehmern die Adresse mitteilen, diese laden dann das von Ihnen ausgewählte Bild herunter und bearbeiten es.

Erfahrungen

Diese Methode ist eine gute Möglichkeit, ein komplexes Thema – was haben die Seminarinhalte mit meinen Fähigkeiten, Wünschen, Bedürfnissen etc. zu tun – umzusetzen.

5.12 Sounding Board

Kurzbeschreibung

- In Organisationsentwicklungsprozessen und auch längeren Lehrgängen ein Tool zur Reflexion des (Change) Prozesses.
- Für Seminare eine Möglichkeit, qualifizierte Rückmeldungen zum Seminar zu erhalten.

Ziele Lenkung und Evaluation von Projekten und Prozessen.

Tools Web-Konferenzraum, Wiki-Web.

Wann einsetzen?

- Bei längeren Prozessen als ständiges Lenkungsorgan.
- Zum Seminarende und zum Transfer.

Gruppengröße Auch in Großgruppen möglich.

Dauer

1. Synchrone Phase pro Thema ca. 15 Minuten.
2. Asynchrone Phase ca. 1 Woche.
3. Synchrone Phase pro Thema ca. 30 Minuten.

Ablauf Die folgende Beschreibung ist für den Einsatz als Lenkungstool in OE-Prozessen gedacht, kann jedoch leicht für den Einsatz als Feedbacktool adaptiert werden.

Beschreibung der Ausgangslage
Eine Projektgruppe innerhalb eines (internationalen und/oder großen) Unternehmens hat Thesen zur zukünftigen Strategie des Unternehmens entwickelt.

Ihre Aufgabe als Moderatorin lautet,

- diese Thesen einer breiteren Öffentlichkeit im Unternehmen zu präsentieren,
- qualifizierte Rückmeldungen zu klar definierten Punkten zu erhalten,
- diese Rückmeldungen Ihrem Auftraggeber strukturiert zur Verfügung zu stellen.

Vorbereitung
Legen Sie gemeinsam mit Ihrem Auftraggeber 4-5 Themenbereiche fest, die mit dem Sounding Board bearbeitet werden sollen und

bereiten Sie für jedes Thema
- eine kurze Präsentation sowie
- die konkreten Fragen, welche über ein allgemeines Feedback hinaus beantwortet werden sollen, vor.

1. Präsentation der Themen
Da sich die Teilnehmerinnen und Teilnehmer an dieser Phase meist nicht am selben Ort befinden, wird diese als Onlinephase mithilfe des Web-Konferenztools gestaltet.

Sie präsentieren die 4-5 vorher definierten Themenbereiche. Im Anschluss an die Präsentation jedes Themas sind Verständnisfragen gestattet. Es sollte möglich sein, jedes Unterthema samt Klärung der Verständnisfragen in 10-15 Minuten zu präsentieren.

Achten Sie darauf, die ebenfalls vorher mit dem Auftraggeber vereinbarten Fragen oder Präzisierungswünsche für jedes Unterthema konkret auszuformulieren.

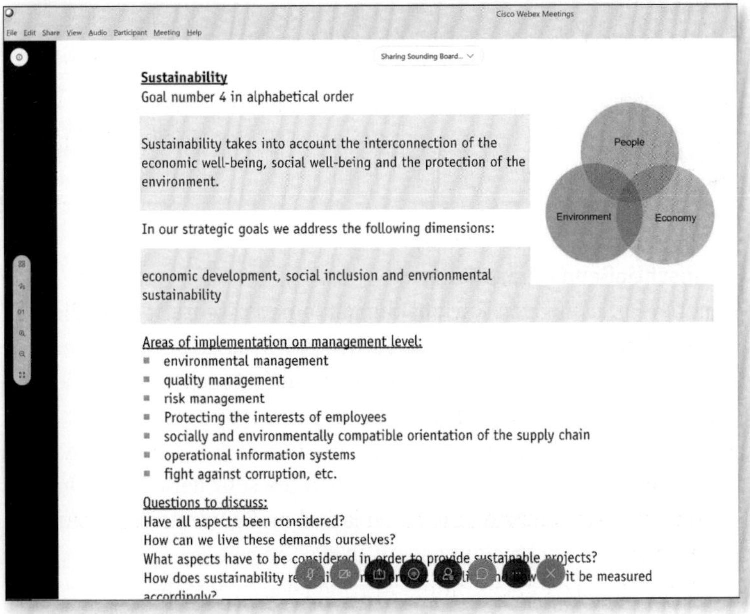

Abb.: Sounding Board – Themen und Präzisierungsfragen.

2. Arbeitsphase im Wiki-Web
Eröffnen Sie einen Artikel im Wiki-Web, in dem alle zu bearbeitenden Themen angelegt sind. Jedes Thema erhält eine eigene Seite.

Je besser Sie die Seiten im Wiki-Web verlinken, desto einfacher wird es, Ihren Auftrag nach klar strukturierten Rückmeldungen zu erfüllen.

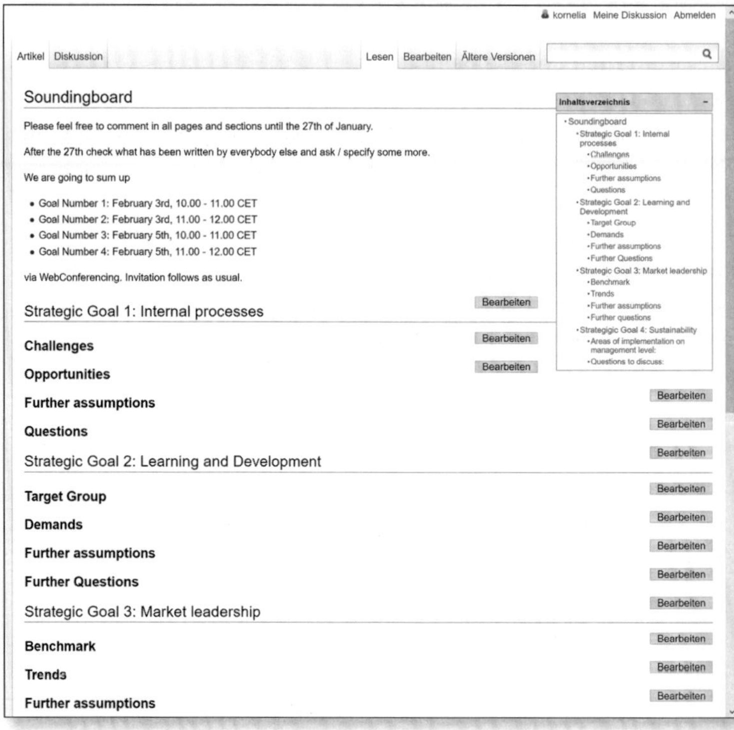

3. Abschließende Präsentation

Generieren Sie aus den Rückmeldungen eine Präsentation für die Webkonferenz. Nehmen Sie sich für jedes Thema ausreichend Zeit, um gemeinsam mit den Teilnehmern neu aufgetauchte Fragen oder unklare Anmerkungen zu klären.

Nach Abschluss dieser drei Phasen haben Sie sehr detaillierte, breit gefächerte und – aufgrund der thematischen Zuordnung im Wiki-Web – strukturierte Rückmeldungen zu Ihren Themen.

Bemerkungen Beim ersten Lesen erscheint der Aufwand für die Methode in Vorbereitung und Durchführung recht hoch. Wenn Sie es dennoch wagen, werden Sie merken, dass sich dieser in Grenzen hält.

Im Gegenteil – das Ergebnis würde auch einen höheren Aufwand rechtfertigen:

- Alle Teilnehmerinnen und Teilnehmer sind am Ende sehr gut informiert und haben die Möglichkeit wahrgenommen, Rückmeldungen abzugeben.
- Sie als Verantwortliche erhalten qualifizierte Rückmeldungen – und je nachdem, wie Sie die Fragestellung angelegt haben auch Vorschläge zur weiteren Vorgehensweise – zu den von Ihnen ausgewählten Schwerpunkten.

Erfahrungen

Diese Methode zwingt uns als Verantwortliche eines längeren Prozesses dazu, immer wieder „klar Schiff" zu machen und ist damit für uns zum unverzichtbaren Lenkungsinstrument geworden.

Zum Abschluss gerade von neu designten Seminaren schätzen wir das Sounding Board als Methode der Weiterentwicklung. Dafür bedanken wir uns bei den Teilnehmern, indem wir zu jedem Aspekt den wir nachfragen, Transfervorschläge (die dann natürlich auch dem Rückmeldungsprozess ausgesetzt sind) liefern.

5.13 Vertiefen der eingereichten Arbeit

Kurzbeschreibung Mit Fragen zu von den Teilnehmern eingereichten Arbeiten versichern Sie sich, dass diese auch wirklich von den Studierenden stammen.

Ziele Sich Sicherheit verschaffen, dass die (zur Benotung) eingereichte Arbeit von dem Teilnehmer selbst geschrieben wurde und nicht per „Copy & Paste" aus dem Internet stammt.

Tools Chat, E-Mail.

Wann einsetzen? Jederzeit.

Gruppengröße Einzelgespräch.

Dauer Wenige Minuten.

Ablauf Laden Sie alle Teilnehmer, bei denen Sie sich versichern wollen, zu einem persönlichen Chat ein, in dem Sie die Seminararbeit vertiefen.

Beispiel

> Hallo Markus,
>
> ... Einige der Thesen, die du in deiner Arbeit aufstellst, finde ich sehr interessant. Dazu habe ich noch ein paar Fragen und ich lade dich mit dieser Mail zu einem privaten Chat ein, um diese zu klären. Der Chat wird rund 10-15 Minuten dauern. Als Termin schlage ich dir vor: Mittwoch, 9. April, 8.30 Uhr oder Donnerstag, 10. April 15.15 Uhr. ...

Erfahrungen

Auch wenn Sie möglicherweise nicht erfahren werden, dass Ihr Teilnehmer die Arbeit aus dem Web kopiert hat, so können Sie sicher sein, dass er bei der Vorbereitung zum Chat nochmal ganze Arbeit leisten wird! ;-)

6. Transfer

6. Transfer

6.1 Acht Köpfe

Kurzbeschreibung

Die Teilnehmer generieren nach dem Schneeballprinzip praktische Ideen.

Ziele

- Problemanalyse und Problemlösung.
- Transfer des Gelernten.

Tools

E-Mail, Diskussionsforum bzw. Wiki-Web.

Wann einsetzen?

Zum Ende eines Themas.

Gruppengröße

Mindestens 8 Personen, auch für sehr große Gruppen geeignet.

Dauer

Einige Tage.

Ablauf

Wenn möglich, bilden Sie Gruppen zu jeweils 8 Teilnehmern. Sollte dies nicht möglich sein, adaptieren Sie die unten stehenden Angaben je nach Bedarf. Wenn Sie also Siebener-Gruppen bilden, dann schicken Sie die Fallstudie statt an vier nur an drei Teilnehmer etc.

Erste Mail-Runde
Schicken Sie vier Teilnehmer pro Achter-Gruppe je eine kurze Fallstudie und fordern Sie diese auf, eine Lösung auszuarbeiten und an Sie zurückzusenden.

Zweite Mail-Runde
In der zweiten Runde senden Sie jede der vier Lösungen an zwei weitere Teilnehmer pro Achter-Gruppe. Einer der Teilnehmer wird aufgefordert, die Schwächen der Lösung zu suchen und zu kritisieren. Der andere Teilnehmende wird aufgefordert, nach den Stärken jeder Lösung zu suchen und diese herauszuheben. Auch diese Arbeiten werden wieder an Sie zurückgesandt.

Dritte Mail-Runde
Nun schicken Sie die Originallösung zusammen mit den positiven und negativen Kritiken an die beiden verbleibenden Teilnehmer der Achter-Gruppen, die die Aufgabe haben, die Originallösung zu verbessern, indem sie in Einzelarbeit sowohl die aufgedeckten Stärken als auch die Schwächen berücksichtigen und einarbeiten.

Senden Sie die Lösungen an alle Teilnehmer oder veröffentlichen Sie diese im Forum oder im Wiki-Web.

Bemerkungen Ein unkompliziertes E-Mail-Spiel, das Sie auch dazu verwenden können, um Prüfungsfragen mit den Teilnehmern vor- oder nachzubereiten.

Erfahrungen Wie die meisten E-Mail-Spiele setzt auch dieses aufs spielerische Lernen und es funktioniert!

Referenzen Dieses E-Mail-Spiel ist eine modifizierte Variante eines Spiels aus Sivasailam Thiagarajans lesenswertem Artikel *„Zero Cost E-Learning“*.

6.2 Kurzartikel verfassen

Kurzbeschreibung

Die Teilnehmer verfassen zum Inhalt des Seminars kurze Artikel.

Ziele

Verstehen und Umsetzen des Gelernten dadurch, dass die Teilnehmer dies in eigene Worte fassen, Beispiele dazu finden etc.

Tools

Diskussionsforum, Weblog.

Wann einsetzen?

- Entweder zum Ende eines jeden Themas oder
- in bestimmten zeitlichen Abständen (alle zwei Wochen).

Gruppengröße

Einzelarbeit oder Arbeit in kleinen Teams zu 2-3 Personen.

Dauer

Während des gesamten Seminars, je Artikel kurze Zeit.

Ablauf

Legen Sie eine Reihenfolge fest, in der sich die Teilnehmer wöchentlich beim Verfassen eines Kurzartikels abwechseln.

Eine andere Möglichkeit ist es auch, den Teilnehmern vorzugeben, mindestens zwei Kurzartikel pro Seminar zu verfassen. Die Teilnehmer können sich dann selbst aussuchen, zu welchem Thema dies sein wird.

Wenn Sie wollen, können Sie die einzelnen Wochen unter ein Motto stellen oder die Teilnehmer auffordern, ihren Kurzartikel aus einem bestimmten Blickwinkel heraus zu verfassen.

Beispiel

> Liebe Neue-Medien-Interessierte,
>
> in den letzten drei Wochen haben wir uns mit LMS, CMS und LCMS, deren Funktionen sowie Vor- und Nachteilen für den Einsatz im betrieblichen und schulischen E-Learning beschäftigt.

Die zwei Kurzartikel, die bis zum 21. Oktober zu erstellen sind, beschäftigen sich damit, welche der Formen denn nun wirklich zum Einsatz kommen. Warum? Warum nicht?

Jeweils ein Artikel setzt sich mit der Situation in Schulen und einer mit der Situation in Betrieben auseinander.

Der Hinweis für die Schul-Forscher: Versucht, ein oder mehrere Interviews mit Schuldirektoren/-innen oder Mitarbeiter/-innen des Pädagogischen Institutes, der Bildungsserver etc. zu führen.

Der Hinweis für die Betriebs-Forscher: Bei Automobilherstellern, Versicherungen, weltweit produzierenden Betrieben ... wird E-Learning schon lange praktiziert. Recherchiert im Internet und versucht, mit Mitarbeiter/-innen der Bildungsabteilungen ins (virtuelle) Gespräch zu kommen!

Die Artikel sollen wie immer eine Länge von 200-300 Worten umfassen.

Reserviert die Artikel so schnell wie möglich für euch, in dem ihr unter „Antworten" euren Namen und das gewünschte Thema angebt. Wenn bereits zwei Namen pro Thema genannt sind, ist dieses voll und ihr müsst auf die nächste Chance warten. ;-)

Grüße

Bemerkungen Im Gegensatz zur ebenfalls beschriebenen Methode des Verfassens einer *„Seminarzeitung" (Seite 297)* zielt diese Methode vermehrt auf den Transfer des Gelernten und hat ausschließlich Inhalte der Lehrveranstaltung zum Thema.

Erfahrungen Diese Methode ist vor allem für Teilnehmer, die über keine oder wenig berufliche Praxis verfügen (z.B. Studierende an Universitäten und Fachhochschulen) geeignet.

6.3 Maßnahmenplanung

Kurzbeschreibung

Die Teilnehmer planen anhand von anerkannten Leitsätzen Maßnahmen zu deren praktischer Umsetzung.

Ziele

- Praxisbezug im Seminar herstellen.
- Zusammenarbeit im virtuellen Raum organisieren.
- Transfer.

Tools

Chat, Diskussionsforum, E-Mail.

Wann einsetzen?

- Zur inhaltlichen Arbeit.
- Vor Seminarende, als Transfermethode.

Gruppengröße

Ab vier Personen, auch für große Gruppen geeignet.

Dauer

- Im Seminar: 3-4 Wochen.
- Nach dem Seminar: Je nach geplanter Maßnahme.

Ablauf

Erster Schritt: Leitsätze/Aussagen suchen
Suchen Sie zum Seminarthema Leitsätze, Aussagen prominenter Theoretiker oder Praktiker. Die Anzahl der Leitsätze hängt von Ihrer Teilnehmerzahl ab: Für jeweils 3-5 Teilnehmer sollte ein „eigener" Leitsatz zur Bearbeitung zur Verfügung stehen.

Eröffnen Sie für jeden dieser Leitsätze ein neues Forum. Und fordern Sie die Teilnehmer auf, sich jenem Leitsatz zuzuordnen, mit dessen Aussage sie übereinstimmen.

Beispiel

> Schönen guten Tag, Frau Liesinger,
>
> in unserer nächsten Übung, die den Transfer in Ihre berufliche Praxis unterstützen soll, geht es darum, konkrete Maßnahmen für die Umsetzung während des und nach dem Seminar zu planen.

Dazu habe ich im Forum „Maßnahmenplanung“ vier Foren mit Aussagen prominenter Organisationsentwickler/-innen zum Thema „Die Lernende Organisation“ veröffentlicht.

Ich bitte Sie, Ihren Namen in jenem Beitrag zu veröffentlichen, der Sie am meisten positiv anspricht. Achten Sie bitte darauf, dass sich pro Beitrag höchstens 4 Teilnehmer/-innnen einschreiben können. Wenn diese Zahl schon erreicht ist, bitten wir Sie, sich einem anderen Beitrag zuzuordnen.

Sollten Sie sich von keinem dieser vier Beiträge positiv angesprochen fühlen, teilen Sie mir dies bitte per Mail mit. Wir versuchen dann eine Aussage zu finden, deren Inhalte Sie in Ihre berufliche Praxis umsetzen können.

Es geht also nicht darum, sich zu einer Aussage zuzuordnen, von der Sie meinen, dies würde in Ihrem Betrieb schon so gelebt oder eben, davon wäre Ihr Unternehmen meilenweit entfernt. *Es geht ganz einfach ausschließlich darum, jene Aussage für sich zu finden, die Sie positiv anspricht.*

Wenn möglich, versehen Sie im nächsten Schritt die Foren mit einem Passwort, sodass nur die betreffende Gruppe Zugang zum Forum erhält, die in diesem Forum arbeitet.

2. Schritt

Zweiter Schritt: Mit den Leitsätzen arbeiten
Nun stellen Sie Fragen, die die Gruppenmitglieder diskutieren und deren Antworten Sie gemeinsam im Forum veröffentlichen sollen. Zur Diskussion stehen zumindest Chat, E-Mail und das Forum zur Verfügung. Ideal wäre, wenn Sie Ihren Teilnehmern die Adresse eines Wiki-Webs nennen können, in dem sie an den gemeinsamen Formulierungen feilen können (unter *den „Linktipps“* in den Download-Ressourcen finden Sie ein Wiki-Web zum Experimentieren und Veröffentlichen für sich und Ihre Teilnehmer).

Geben Sie den Teilnehmern auch zumindest einen Linktipp, der ihnen als Ausgangspunkt für eine mögliche Recherche dient.

In unserem Beispiel zur „Lernenden Organisation" platzierten wir die folgende Eröffnungsmitteilung in jedes Forum (Thema und Passwort jeweils abgeändert):

Beispiel

Liebe Teilnehmerin, lieber Teilnehmer,

Peter Senges Aussage „*Learning organizations are organizations where people continually expand their capacity to create the results they truly desire, where new and expansive patterns of thinking are nurtured, where collective aspiration is set free, and where people are continually learning to see the whole together.*" zur lernenden Organisation hat Sie positiv angesprochen.

Für den ersten Teil der Maßnahmenplanung, den Sie als Gruppe durchführen werden, ersuche ich Sie, die folgenden Schritte zu vollziehen:

- Übersetzung der Aussage Peter Senges

Finden Sie eine gemeinsame Übersetzung obiger Aussage und veröffentlichen Sie diese bis zum 14. Oktober in Ihrem Forum.

- Beantwortung von Fragen

Welche Ihrer Meinung nach wichtigsten Rahmenbedingungen müssen gegeben sein, damit dieser Leitsatz in die Praxis transferiert werden kann?
Geben Sie ein Beispiel eines in der Branche bekannten Unternehmens, in dem dieser Leitsatz gelebt wird (versucht wird, diesen Leitsatz bestmöglich zu leben).

Veröffentlichen Sie Ihre Gruppenantworten auf diese beiden Fragen bis zum 28. Oktober wiederum in Ihrem Forum.

Die folgende Adresse kann Ihnen als Ausgangspunkt für eventuelle Recherchen zum Thema dienen: www.infed.org/thinkers/senge.htm (von uns archiviert unter www.webcitation.org/69QQEtxop).

Im nächsten Beitrag habe ich für Sie eine Umfrage eröffnet, die es Ihnen erleichtern soll, den ersten gemeinsamen Online-Termin für diese Gruppenarbeit zu vereinbaren. *Stimmen Sie in der Umfrage bitte bis spätestens morgen über den Zeitpunkt Ihres ersten gemeinsamen Online-Termins ab.*

Anbei das Passwort für Ihr Forum, das Ihnen fürs Erste eine Arbeit ohne Zwischenrufe erleichtern soll. Geben Sie dieses bei der Passwortabfrage bitte ohne Anführungszeichen ein: „M.I.T.".

Wenn sich während der Arbeit innerhalb der Gruppe Widersprüche auftun, die eine gemeinsame Weiterarbeit be- oder gar verhindern, bitte ich Sie um Kontaktaufnahme per E-Mail. Natürlich stehe ich Ihnen auch sonst gerne per E-Mail zur Verfügung.

Zu guter Letzt darf ich Ihnen eine Stunde Moderationszeit für diese Arbeitsschritte anbieten. Wenn Sie dies nutzen wollen, bitte ich Sie um baldige Mitteilung und auch darum, mir zwei Terminvorschläge zu unterbreiten.

3. Schritt

Dritter Schritt: Rückmeldungen geben

Im nächsten Schritt schalten Sie die Foren für alle Teilnehmer frei. Jeder Teilnehmer gibt nun in mindestens einem (bei vielen Teilnehmer auch mindestens zwei) Forum eine Stellungnahme zum dort Veröffentlichten ab und bringt Änderungsvorschläge ein.

4. Schritt

Vierter Schritt: Maßnahmenplanung

Die Teilnehmer kehren wieder in ihr ursprüngliches Forum zurück. Anhand der dort veröffentlichten Aussagen, Stellungnahmen, Zustimmung und Bedenken filtern sie für sich drei Maßnahmen heraus, die sie planen, in ihrer Arbeit zu verwirklichen.

Damit es sich dabei nicht nur um „schriftliche Lippenbekenntnisse" handelt, muss diese Maßnahmenplanung allen von Ihnen genannten Kriterien genügen (Ziel, Zeit, Personen, Budget, ...).

Ein weiterer Schritt in die konkrete Umsetzung ist es, die Maßnahmenplanung entweder im Seminar zu veröffentlichen und sich Feedback der Teilnehmer einzuholen oder diese gemeinsam mit der kritischen Freundin/dem kritischen Freund umzusetzen.

Bemerkungen

Wenn Ihre Seminarteilnehmer aus demselben Unternehmen kommen, können Sie beispielsweise die Fragen in der Eröffnungsmitteilung des Forums um die folgenden erweitern:

- Welche dieser Rahmenbedingungen sind in unserem Unternehmen (Abteilung, Berufsbild ...) gegeben?
- Wo in unserem Unternehmen wird dieser Leitsatz gelebt?
- Wo wird versucht, ihn ansatzweise zu leben?

Erfahrungen

Besonders während des zweiten Schrittes ist es wichtig, öfter einmal im Forum nachzufragen, wie es mit der gemeinsamen Arbeit vorangeht. Mindestens einmal in dieser Zeit fragen wir auch mittels persönlicher Mail nach, wie die gemeinsame Arbeit läuft.

Das Anbieten von einer Stunde Moderationszeit für jede Gruppe hat sich ebenfalls sehr bewährt. Diese Stunde wird von den Teilnehmern nicht nur zur Bearbeitung von Themen sondern auch zur Strukturierung der Zusammenarbeit herangezogen.

6.4 Netzwerke bilden

Kurzbeschreibung Die Ressourcen der Teilnehmer werden vernetzt.

Ziele
- Transfer des Gelernten in die berufliche Praxis der Teilnehmer.
- Erfahrungsaustausch, Wissensgenerierung ... (siehe unten).

Tools Diskussionsforum, E-Mail.

Wann einsetzen?
- Zum Ende des Seminars.
- Als Mittel des Transfers in die Praxis.

Gruppengröße 12-15 Teilnehmer.

Dauer Start mit Seminarende, Dauer hängt von den Teilnehmern ab.

Ablauf Stellen Sie den Teilnehmern gegen Ende des Seminars die Netzwerk-Idee vor und klären Sie deren Interesse an einer Teilnahme ab.

Liebe Beraterinnen und Berater,

ein wichtiger Pfeiler auf welchem das Curriculum unseres Lehrgangs aufgebaut ist, ist eure Professionalität und euer Bestreben, diese im Austausch mit anderen zu vertiefen.

Gerade in eurem Berufsfeld, in dem die meisten Unternehmen aus „Ein-Frau-" bzw. „Ein-Mann"-Betrieben bestehen, ist es von großer Bedeutung, den beruflichen Horizont im Austausch mit anderen zu erweitern.

Daher möchten wir die Bildung eines Netzwerks anregen und euch auch gleich noch weitere gute Gründe dafür nennen:

Innerhalb eines Netzwerks ist es stets möglich, Rückmeldungen für geplante Projekte, die Meinungen und Bedenken anderer Experten/-innen einzuholen, Anregungen für die eigene Tätigkeit zu gewinnen, fachzusimpeln und sich über neue

Entwicklungen im Fachgebiet auszutauschen. Außerdem ist es maßgeschneiderte Weiterbildung, mit anderen Professionals im Netz zu werken und regt zur geistigen Fortbewegung an.

Die Teilnahme an einem Netzwerk ist natürlich freiwillig.
Wir stehen euch in der „Gründungszeit“, also bis zum Ende des Seminars gerne mit unseren Erfahrungen zur Verfügung.

Wir bitten euch, bis zum 15. September abzustimmen, ob ihr grundsätzlich an der Gründung und Teilnahme an einem Netzwerk interessiert seid.

- Bieten Sie den Teilnehmern Adressen an, unter denen sie kostenlos ein Forum als „Heimatplattform“ eröffnen können (*siehe die „Linktipps“ in den bucheigenen Download-Ressourcen.*) Legen Sie vor Seminarende die Reihenfolge fest, in der die Teilnehmer die Verantwortung für die Pflege der Netzwerkkommunikation übernehmen. Darunter fällt auch die Aufgabe, interessante Links per Mailingliste weiterzuschicken. Erfahrungsgemäß ist ein monatliches Rotieren der Verantwortung sinnvoll.

Bemerkungen

Auch hier, wie bei allen Projekten, deren Start Sie im Seminar initiieren, ist es wichtig, dass Sie klarstellen, inwieweit Sie in den weiteren Verlauf involviert sein werden, ob Sie als Experte zur Verfügung stehen etc.

Erfahrungen

Das „Netzwerk für Beratung, Lernen und Entwicklung“, in dem wir seit mehreren Jahren Mitglieder sind, trifft sich einmal im Jahr zu einer Netzwerkstatt. Regional finden Projektwerkstätten statt. Der restliche Austausch unter den Mitgliedern erfolgt über eine Mailingliste bzw. mit einzelnen Mitgliedern, mit denen die Zusammenarbeit enger ist, auch via Instant Messaging oder über persönliche Kontakte.

Diese Kommunikationsmittel sind für effektives Netzwerken ausreichend, denn vor allem die Mailingliste macht es möglich, stets über alle Aktivitäten und Projekte informiert zu sein.

6.5 Partnerschaftliche Beratung im Transfer

Kurzbeschreibung

Entspricht im Wesentlichen der auf *Seite 199* beschriebenen Methode, wird hier jedoch speziell unter dem Fokus des Transfers durchgeführt. Auch in diesem Fall werden die Praxisprojekte oder Fallbeispiele der Teilnehmer von allen anderen Teilnehmern begutachtet und mit Vorschlägen versehen.

Ziele

- Praxisbezug herstellen.
- Aktive Mitarbeit aller Teilnehmer erreichen.
- Den Transfer unterstützen.

Tools

Wiki-Web, E-Mail (Variation).

Wann einsetzen?

- Für die inhaltliche Arbeit.
- Vor dem Seminarende, als Transfermethode.
- Nach dem Seminarende.

Gruppengröße

10-12 Personen. Bei größeren Gruppen ist es möglich, diese in zwei Untergruppen zu teilen.

Dauer

2-3 Wochen. Kann öfters wiederholt werden und sogar den Anstoß zu einer längerfristigen Zusammenarbeit der Teilnehmer geben.

Ablauf

Das Wissen und die Erfahrung der Teilnehmer wird zur Umsetzung von Projekten genutzt.

Alle Teilnehmer haben ein Projekt definiert, das für ihre praktische Tätigkeit relevant ist. Ausgangspunkt kann eine *„Fallstudie"* (*Seite 158*) sein.

In einer vorher festgelegten Reihenfolge wird jeden Tag ein anderes Projekt im Wiki-Web veröffentlicht und von allen Teilnehmern mit Kommentaren versehen. Es kann sich dabei um Fragen, Anregungen, Literaturhinweise, Tipps und Tricks, Bedenken, Karikaturen, eigene Erfahrungen etc. handeln.

Jeder Teilnehmer hat die Aufgabe, sich pro Tag 10 Minuten Zeit zu nehmen, um das jeweilige Projekt durchzusehen und mit den eigenen Anmerkungen zu versehen.

Einige Teilnehmer werden aufgrund der Rückmeldungen mit anderen in E-Mail-Kontakt treten, auf jeden Fall erhalten alle eine Fülle von Hinweisen aus unterschiedlichen Blickwinkeln.

Variationen

Variation

Statt im Wiki-Web kann diese Übung auch als E-Mail-Übung durchgeführt werden.

Legen Sie dazu wiederum eine Reihenfolge fest. Jeder Teilnehmer schickt sein Projekt nun an den nächsten in der Reihenfolge, der es mit seinen Bemerkungen versieht und an die nächste in der Liste weiterschickt usw.

Um ihre Vorschläge zu vermerken, haben die Teilnehmer jeweils einen Tag Zeit.

Bemerkungen

Eine sehr nachhaltige Transferunterstützung, die weit über die eigentliche Seminarlaufzeit hinaus wirkt. Voraussetzung: Die unterschiedlichen Projekte gegen Ende des Seminars müssen klar definiert werden. Vereinbaren Sie jedoch vorab mit den Teilnehmern, inwieweit Sie als Experte einbezogen werden können und wollen.

Das Initiieren dieser Übung ist ein Service, den Sie auch Teilnehmern eines ansonsten ausschließlich als Präsenzveranstaltung geführten Seminars anbieten können.

Erfahrungen

Eine relativ unaufwendige Übung, die für alle Teilnehmer spannende Ergebnisse liefert.

6.6 Projekte lebendig dokumentieren

Kurzbeschreibung Die Teilnehmer dokumentieren ihr Projekt und stellen es für Rückmeldungen zur Verfügung.

Ziele Erfahrungsaustausch.

Tools Wiki-Web.

Wann einsetzen?
- Für die inhaltliche Arbeit.
- Vor Seminarende, als Transfermethode.

Gruppengröße Einzelarbeit, für jede Gruppengröße geeignet. Bei Gruppen, die größer als 10 Teilnehmer sind, empfiehlt es sich, die Anzahl der Projekte zu limitieren, zu denen rückgemeldet werden kann bzw. soll.

Dauer Beginn bereits während des Seminars, die Übung kann nach Seminarende durch die Teilnehmer weiter fortgesetzt werden.

Ablauf Jeder Teilnehmer dokumentiert ein Projekt (eine Fallstudie) zum Seminarthema aufgrund von vorgegebenen Eckpunkten (wie Ausgangssituation, Projektidee, Ziel, Zielgruppe, Arbeitspakete, Meilensteine ...) und präsentiert dieses im Wiki-Web.

Beispiel

> Liebe Beraterinnen und Berater,
>
> nehmt euch bis zum 24.11. Zeit, um euer Projekt anhand der Formulare, die ihr unter www.learnbits.com im Diskussionsforum unter Dokumentencontainer findet, zu dokumentieren.
>
> Manche der in den Formularen gestellten Fragen, wie z.B. die nach den Namen der Projektmitarbeiter/-innen, sind natürlich nicht für uns im Seminar bestimmt. Ihr entscheidet selbst, welche Informationen ihr offenlegt und zu welchen Punkten ihr anschließend Feedback wünscht!

Ihr werdet für einzelne Sparten mehr bzw. weniger Platz als zur Verfügung gestellt benötigen, gestaltet deshalb das Formular so, wie es für euer Projekt am besten passt.

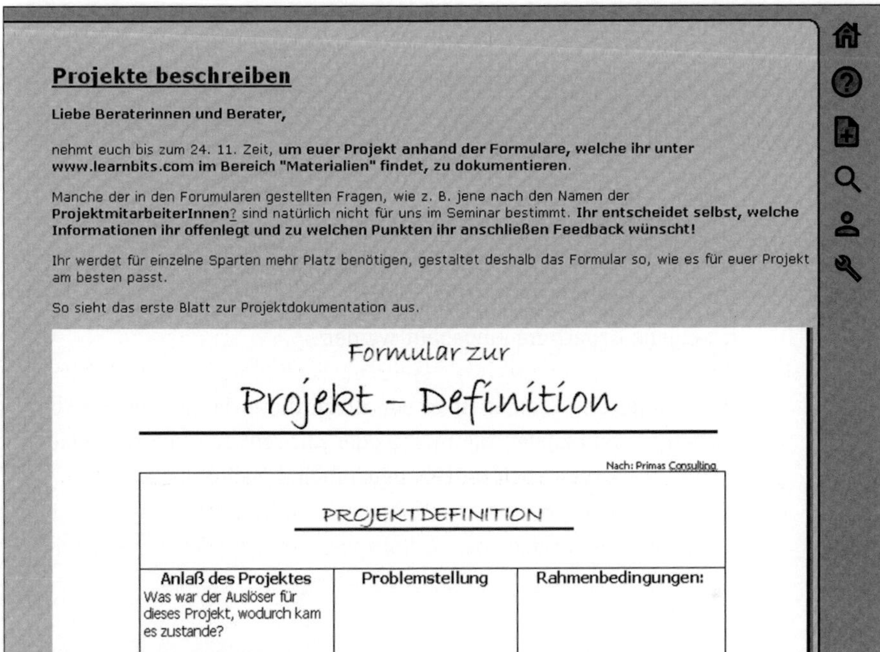

Arbeitsanweisung zur Projektdokumentation im Wiki-Web.

Alle Teilnehmer begutachten die beschriebenen Projekte (Fallstudien) und stellen dazu Fragen, geben Hinweise auf Literatur, Best-Practice-Modelle, eigene Erfahrungen, mögliche Schwierigkeiten.

Jeder Teilnehmer integriert die erhaltenen Hinweise ins eigene Projekt und gibt nun an, an welchen Punkten mögliche Schwierigkeiten erwartet werden bzw. stellt Fragen, die er gerne mit den anderen erörtern würde.

Während des gesamten Seminars können diese Webseiten stets aktualisiert werden.

Erinnern Sie die Teilnehmer auch daran, nach einer größeren Aktualisierung bzw. beim Auftauchen einer Frage eine Mail oder Instant Message an die anderen Teilnehmer zu senden und diese aufzufordern, mal wieder auf der betreffenden Webseite vorbeizuschauen.

Bemerkungen Wie bei allen Übungen, die eine Fortsetzung nach dem Seminar erfahren, geben Sie auch hier klar an, ob und inwieweit Sie für die weitere Arbeit zur Verfügung stehen.

Unter den *„Linktipps“* der Download-Ressourcen finden Sie im Abschnitt „Diskussionsforum“ den Link zum bucheigenen Dokumentencontainer. Dort sind Formulare hinterlegt, die wir zur Projektbeschreibung verwenden.

Erfahrungen Für die meisten Teilnehmer ist dies **der** Mehrwert eines Seminars. Das Expertenwissen der anderen Teilnehmer kann „angezapft“ und ins eigene Repertoire eingebaut werden.

Ihre Aufgabe als Trainer ist es vor allem, diese Übung stets im Fluss zu halten. Teilnehmer, die nichts oder nur sehr spärlich rückmelden, sollten Sie hierzu auch mittels persönlicher Mail einladen.

6.7 Transfergruppen

Kurzbeschreibung

Die Teilnehmer stellen auf eine konkrete Anfrage eines anderen Teilnehmers Ideen zur Verfügung.

Ziele

Die Teilnehmer profitieren auch nach Seminarende noch von ihrer Expertenrunde.

Tools

Diskussionsforum, E-Mail, evtl. Mailingliste.

Wann einsetzen?

- Vor dem Seminarende als Transferübung.
- Nach Seminarende.

Gruppengröße

Je mehr Teilnehmer, desto besser.

Dauer

- Die Organisation der Gruppe: Eine Woche.
- Die Transfergruppe: Besteht über das Seminarende hinaus.

Ablauf

Stellen Sie die Idee einer Transfergruppe vor und stimmen Sie über die Funktion „Umfrage“ im Diskussionsforum darüber ab, wie viele Teilnehmer potenziell an einer Teilnahme Interesse haben.

Nachdem mindestens fünf Personen ihre Bereitschaft zur Teilnahme an der Transfergruppe bekundet haben, organisieren Sie mit diesen die weiteren Details.

Wichtig ist es, zu klären:

- Wie soll die Kontaktaufnahme erfolgen?
  Wird es eine Mailingliste geben, über die die Anfragen an die Mitglieder gestellt werden?
  Gibt es ein Forum, in dem die Anfragen platziert werden?
  ...
- Was, wenn keine Antworten auf eine Anfrage eingehen?
  Nochmaliger Aufruf, neue Formulierung, gezieltes Anschreiben einiger Mitglieder, Moderator schaltet sich ein, ...
- Was geschieht mit den Ergebnissen, die aufgrund der Ideen, Feedbacks ... entstehen?
  Rückmeldung nur an jene, die Anfragen gestellt haben.
  Rückmeldung nur an jene, die Ideen generiert haben.
  Ergebnisse werden per Mail, Forum, an alle veröffentlicht.

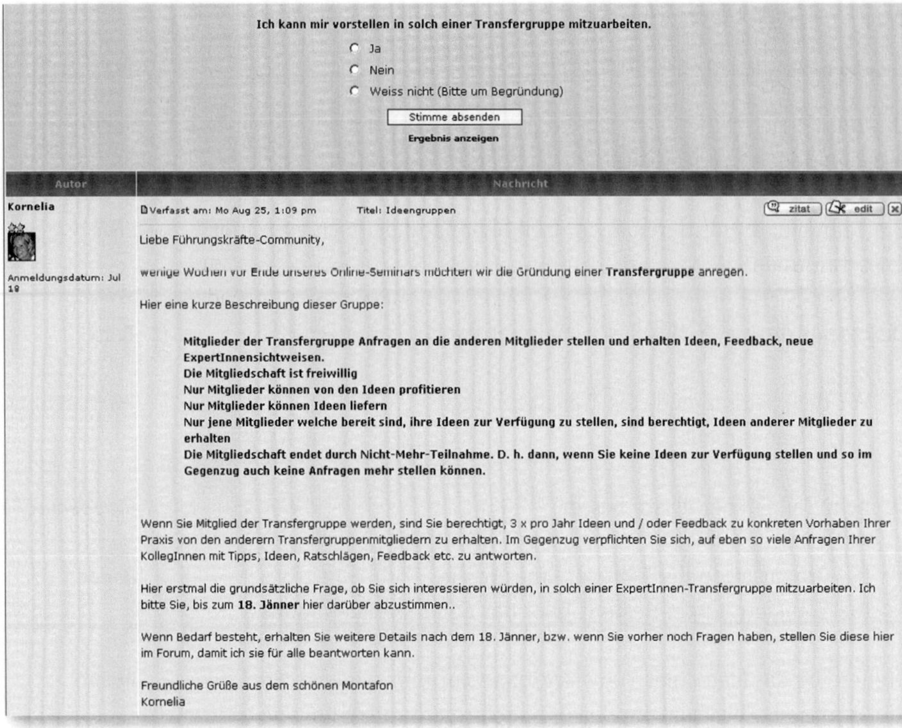

Abfrage der Bereitschaft, in einer Transfergruppe mitzuarbeiten.

- Was passiert, wenn was passiert?
  Gedanken zum Urheberrecht und zur Haftung (*siehe unten*).
- Wer ist verantwortlich dafür, dass etwas geschieht?
  Halbjährlich wechselnde Moderation, Moderation durch Trainer (*siehe dazu unten*).

Bemerkungen

Die Methode besteht auf drei Grundannahmen:

- Nur wer in der Gruppe aktives Mitglied ist, ist berechtigt, Ideen zu erhalten bzw. verpflichtet, Ideen zu liefern.
- Wer Ideen erhalten hat, gibt dem Ideengeber Rückmeldung darüber, was er verwenden möchte und wie sich die Ideen ausgewirkt haben.
- Das Geben und Nehmen der Ideen erfolgt freiwillig. Das heißt vor allem, es gibt kein Urheberrecht an gegebenen Ideen und es können keine Forderungen geltend gemacht werden, wenn eine Idee nicht zum gewünschten Erfolg führt.

Auch hier gilt wie für alle Maßnahmen, die über das Seminarende hinaus weitergeführt werden, dass Sie Ihre Teilnahme/Nichtteilnahme deutlich formulieren.

Erfahrungen

Wir haben diese Methode bei einem unserer Online-Seminare mit Erfolg eingesetzt. Alle Teilnehmer zeigten sich interessiert, an der Transfergruppe mitzuarbeiten. Wir haben uns entschieden, keine Rolle in der Transfergruppe zu übernehmen, haben jedoch nach einigen Monaten auf unsere Nachfrage in der Mailingliste sehr zufriedene Antworten zum Erfolg der Gruppe erhalten.

7. Sonstige Methoden

7. Sonstige Methoden

7.1 Bildanalogien

Kurzbeschreibung

Bilder als Mittel zur inhaltlichen Auseinandersetzung und als Anstoß zur Meinungsbildung.

Ziele

Je nachdem, wie Sie die Bilder einsetzen (*siehe unten*).

Tools

Diskussionsforum oder Wiki-Web.

Wann einsetzen?

- Als (zusätzliche) Methode der inhaltlichen Arbeit.
- Um Einstellungen und Wertvorstellungen transparent zu machen.

Gruppengröße

Einzel- oder Kleingruppenarbeit.

Dauer

Wenige Tage.

Ablauf

Der Einsatz von Bildern eignet sich für die inhaltliche Arbeit, ist aber gerade in Online-Seminaren ein wichtiges Mittel, um mit Einstellungen bzw. Wertvorstellungen der Teilnehmer zu arbeiten.

Bilder können Sie im Rahmen Ihres Online-Seminars unterschiedlich einsetzen:

- Lassen Sie Ihre Teilnehmer zu Beginn aus einer von Ihnen zur Verfügung gestellten Bildergalerie ein Bild auswählen, das am ehesten ihre Einstellung zum Thema (ihre Situation am Arbeitsplatz, ihre Persönlichkeit ...) symbolisiert.
- Bieten Sie Ihren Teilnehmern als Anstoß für eine Diskussion nicht Texte, sondern Bilder, Fotografien, Karikaturen an.
- Schaffen Sie einen (vielleicht provokativen) Einstieg in ein Thema.
- Veröffentlichen Sie Bilder und dazugehörende Fragen als Denkanstoß für eine Einzel- oder Kleingruppenarbeit.
- Fordern Sie Ihre Teilnehmer dazu auf, auch eigene Bilder zum Thema im Forum zu veröffentlichen.

- Lassen Sie Ihre Teilnehmer zum Ende des Seminars aus Ihrer Bildergalerie ein Bild auswählen, das am ehesten ihre Befindlichkeit (Zufriedenheit mit dem Seminar, Einstellung zum Online-Lernen ...) symbolisiert. Wenn Sie zu Beginn und zum Ende dieselbe Frage stellen, ist es interessant zu vergleichen, ob und inwiefern sich die gewählten Bilder verändert haben.

Beispiel

In unserem Beispiel (siehe die Abbildung auf der nächsten Seite) haben wir Bilder auf einer Wiki-Webseite veröffentlicht und die Teilnehmer dazu aufgefordert, möglichst kreative Lösungsvorschläge zum abgebildeten Problem zu liefern.

Die Arbeit im Wiki-Web ermöglicht es, das Sammeln von Antworten als eine Art Brainstorming anzulegen, in dem vorhergehende Antworten „geklaut“, also abgeändert, zu eigen gemacht werden dürfen.

Mit dieser Fragestellung („Nennt so viele Lösungsmöglichkeiten wie möglich, um die abgebildeten Situationen zu verbessern“) wollten wir die Kreativität so richtig ankurbeln – denn wir hatten nicht mal die Problemstellungen definiert! Klar, es handelte sich um Teilnehmer, mit denen wir das Modul „Fit fürs E-Learning“ übernommen hatten und es war abzusehen, dass wir auf die Arbeitsplatzgestaltung hinauswollten. Dennoch „bemühten“ sich einige Teilnehmer, die Bilder so kreativ wie möglich zu interpretieren und Lösungen herauszuarbeiten ... eine Auflockerung für den ganzen Kursstart!

Bemerkungen

Anstatt das Wiki-Web zu verwenden, können Sie die Bilder auch ins Diskussionsforum laden und dort mit Ihren Teilnehmern arbeiten.

Wir freuen uns, wenn Sie von den von uns unter *www.pixeleye.com* kostenlos zur Verfügung gestellten Bilder Gebrauch machen!

Erfahrungen

Bilder sind sehr geeignet, um bei deren Kommentierung Einstellungen, (Vor-)Urteile etc. sichtbar zu machen. Auch setzen wir Bilder gerne in kreativen Prozessen ein.

Liebe E-Learnerinnen und E-Learner,

ohne lange Umschweife gleich zu eurer Aufgabe bis zum 15. 4.:

Nennt so viele Lösungsmöglichkeiten wie möglich, um die abgebildeten Situationen zu verbessern!

Seid dabei kreativ, schreibt, was euch einfällt!

Situation 1 - Verbesserungsvorschläge gesucht!

1. Aufräumen
2. Ordner verwenden
3. Ablagekörbe verwenden
4. Gehaltserhöhung versprechen - dann kommt Dienstnehmer sicherlich wieder
5. Freien Parkplatz versprechen
6. Bilder kaufen
7. Wand bunt streichen, wirkt gleich wohnlicher!
8. Draussen arbeiten
9. Sachen wegwerfen

Eine „Bilderarbeit" im Wiki-Web.

7.2 Fit am Computer

Kurzbeschreibung Übungen für das Wohlbefinden und für die bessere Konzentration.

Ziele Die Arbeit vor dem Computer-Bildschirm wird unterbrochen und die Konzentration der Teilnehmer gesteigert.

Tools Diskussionsforum, Wiki-Web.

Wann einsetzen?
- Wann immer es passt.
- Als Geschenk in der Cafeteria.
- Als Hinweis zu Beginn des Seminars.

Gruppengröße Für jede Gruppengröße geeignet.

Dauer Wenige Minuten.

Ablauf Veröffentlichen Sie die folgenden Übungen in der Cafeteria des Diskussionsforums oder auf einer Wiki-Seite.

Klatschtest
- Wie ist Ihre Stimmung in diesem Moment, da Sie diese Zeilen lesen?
- Sind beide Gehirnhälften voll eingeschaltet?
- Sind Sie gut drauf?

Sehen Sie sich um, hören Sie, was es zu hören gibt, fühlen Sie genau nach, wie es Ihnen im Augenblick geht. Nehmen Sie Ihre jetzige Situation mit allen Sinnen wahr: Vielleicht gibt es auch etwas zu riechen oder zu schmecken.

Jetzt öffnen Sie die Arme und strecken sie aus den Schultern heraus nach oben, sodass Ihre Schultern mit den ausgestreckten Armen eine Linie bilden.

Wenn Sie die Situation und Ihr Gefühl voll wahrnehmen, klatschen Sie in die Hände und lassen Sie sie zusammen. Landen beide Hände genau deckungsgleich aufeinander, sind beide Gehirnhälften aktiviert und die Voraussetzungen für Stressfreiheit und gute Stimmung gegeben.

Falls sich die Handinnenflächen nicht genau abdecken (alle Finger der rechten Hand müssen alle Finger der linken Hand genau abdekken), richten Sie Ihren Körper symmetrischer ein. Halten Sie Ihre Handflächen genau zusammen und verändern Sie Ihre Schultern, Ihre Kopf- und Körperhaltung so, dass die Hände beim ungesteuerten Zusammenklatschen direkt aufeinander passen.

Eine Hilfe ist dabei die Vorstellung eines „goldenen Fadens", den Sie an Ihrer Brustmitte festbinden und an dem Sie Ihren ganzen Körper imaginär nach oben ziehen, bis Sie vollkommen symmetrisch sitzen oder stehen.

Sie merken vielleicht, dass Sie sofort tiefer atmen. Ihr Gehirn wird besser mit Sauerstoff versorgt und ein konzentrierteres Arbeiten ist möglich.

BRAIN-GYM-Übungen

Überkreuz-Bewegungen

Stehen Sie auf und heben Sie Ihr rechtes Bein. Gleichzeitig strecken Sie Ihren linken Arm in die Höhe. Nun wechseln Sie. Fangen Sie langsam an und werden immer schneller.

Eine Variante: Sie winkeln Ihr rechtes Bein und berühren es mit Ihrem linken Ellenbogen und umgekehrt. Wenn Sie bei dieser Übung hüpfen oder umhergehen, fördern Sie zugleich Ihre körperliche Ausdauer.

Denkmütze

Ziehen Sie Ihre Ohren leicht nach hinten und massieren Sie sie sanft mit Daumen und Zeigefinger. Beginnen Sie oben und reiben Sie vorsichtig hinunter zum Ohrläppchen. Halten Sie Ihren Kopf dabei aufrecht. Wiederholen Sie diese Übung dreimal und Sie werden sich wahrscheinlich konzentrierter Ihrer Arbeit am Bildschirm zuwenden können.

Nackenrollen

Schließen Sie Ihre Augen und atmen Sie ruhig. Rollen Sie Ihren Kopf langsam von einer Seite zur anderen. Spüren Sie Verspannungen nach. Entdecken Sie Verspannungen, halten Sie in Ihrer Bewegung inne und atmen Sie tief, bis sich Ihre Muskulatur lockert.

Bauchatmen

Atmen Sie durch die Nase ein, halten Sie Ihren Atem an und atmen Sie durch den spitzen Mund aus – zählen Sie jeweils bis 3. Achten Sie darauf, dass sich Ihre Bauchdecke beim Einatmen nach vorne und beim Ausatmen zurück bewegt. Wiederholen Sie diese Übung mehrmals.

Bemerkungen Einige dieser und andere Übungen haben Sie bestimmt auch in Ihrem Trainerrepertoire. Schreiben Sie sie einfach auf und stellen sie Ihren Teilnehmern online zur Verfügung!

Erfahrungen Die Übungen sind nicht nur für Teilnehmer, sondern auch für Trainer wohltuend! :-)

Referenzen BRAIN-GYM: *Brain-Gym – Das Handbuch*, Paul E. Dennison und Gail E. Dennison, 2015, VAK Verlags GmbH.

7.3 Fragen generieren

Kurzbeschreibung

Die Teilnehmer erstellen Fragen und Antworten zu den Lehr- und Lerninhalten.

Ziele

- Wiederholung des Lehr- und Lernstoffes.
- Generierung von Fragen zur Durchführung von Quizzes etc.

Tools

E-Mail, Wiki-Web, Diskussionsforum (Variante).

Wann einsetzen?

- Für die inhaltliche Arbeit.
- Zur Reflexion.
- Zur Prüfungsvorbereitung.

Gruppengröße

Einzelarbeit. In Gruppen, die größer als 15 Personen sind, können auch Kleingruppen bis zu drei Personen gebildet werden.

Dauer

- Zur Generierung der Fragen eine Woche.
- Für die Beantwortung bis zu zwei Wochen.

Ablauf

Fordern Sie Ihre Teilnehmer (bzw. die Kleingruppen) auf, Ihnen zu einem bestimmten Thema eine festgesetzte Anzahl an Fragen per E-Mail zu schicken. Geben Sie vor, welche Fragetypen in den Fragen vertreten sein müssen (z.B. mindestens eine offene Frage, mindestens eine Multiple-Choice-Frage ...).

Sichten Sie die Fragen und stellen Sie alle, die Sie für sinnvoll erachten, ins Wiki-Web. Geben Sie Ihren Teilnehmern eine Anleitung, wie viele Fragen sie bis wann beantworten müssen etc.

Beispiel

> Nehmt euch bis zum 14. Oktober Zeit, um auf mindestens drei der unten stehenden Fragen zu antworten. Berücksichtigt dabei bitte Folgendes:
>
> - Wenn die Multiple-Choice- oder Richtig/Falsch-Fragen schon beantwortet sind, dann müsst ihr euch eine andere Frage aussuchen.

- Von den drei Fragen die ihr beantwortet, müssen mindestens zwei offene Fragen, d.h. Fragen ohne vorgegebene Antwortmöglichkeiten sein.
- Schreibt euren Namen neben die von euch verfasste Antwort.
- Ihr könnt ganz nach dem Wiki-Prinzip die Antworten eurer Vorschreiber/-innen korrigieren, wenn ihr meint, dass diese nicht zutreffend sind.
- Schaut auch, nachdem ihr geantwortet habt, noch einige Male hier vorbei – vielleicht wurden eure Antworten ja korrigiert und es gibt etwas zu diskutieren! ;-)
- Ach ja: Und benutzt bitte auf keinen Fall die Copy-and-Paste-Funktion für eure Antworten. Wenn ihr auf ein Dokument oder eine Website hinweisen wollt, dann gebt uns den dazugehörenden Link bekannt!

Die Fragenliste
A. Multiple-Choice-Fragen
1. Welche Komponenten umfasst interaktives E-Learning?
(2 richtige Antworten möglich)
a) Steuernde Interaktivität
b) Technische Interaktivität
c) Soziale Interaktivität
d) Didaktische Interaktivität

Die Antworten:
a) und d) sind richtig schreibt [Yogi]

Nehmen Sie nach Ablauf der Zeit, die Sie zur Beantwortung der Fragen gegeben haben, zu den Antworten Stellung.

Bemerkungen Viele dieser Fragen übernehmen wir in unsere Quizzes, Multiple-Choice-Tests etc.

Erfahrungen Das Erstellen und Beantworten der Fragen ist eine gute Möglichkeit, die Teilnehmer anzuhalten, sich nochmals mit dem Seminarstoff auseinanderzusetzen. Die Beantwortung im Wiki-Web ist darüber hinaus eine (meist humorvolle) Auseinandersetzung mit den Meinungen und

Ansichten anderer Teilnehmer. Es ist jedoch auch schon vorgekommen, dass einzelne Teilnehmer verärgert darauf reagiert haben, dass ihre Antwortvorschläge von anderen korrigiert worden sind. In diesem Fall ist es sinnvoll, mit diesen Teilnehmern per E-Mail Kontakt aufzunehmen.

Fragen generieren im Forum

Variation

Die Beantwortung der Fragen kann auch vom Wiki-Web ins Forum verlegt werden.

Eröffnen Sie dazu ein neues Forum, in dem jede Frage einen neuen Beitrag darstellt. Die Teilnehmer beantworten die Fragen im Forum. Nach dem Ablauf der von Ihnen vorgegebenen Zeit nehmen Sie zu den Antworten Stellung.

Beispiel

... in diesem Forum findet ihr die Fragen, die ihr per E-Mail an uns geschickt habt. Für jede Frage haben wir einen neuen Thread begonnen, dessen Überschrift sich wie folgt zusammensetzt:
1. Abkürzung, um welche Art von Frage es sich handelt:
MC = Multiple-Choice-Frage, RF = Richtig/Falsch-Frage
OF = offene Frage, FB = Fallbeispiel
2. Eine kurze Beschreibung, worum es in der Frage geht.

Beantwortet mindestens drei Fragen, wobei zumindest eine OF und ein FB darunter sein sollen. Wenn eine MC- bzw. RF-Frage bereits richtig beantwortet wurde, müsst ihr euch eine andere Frage suchen. Antwortet auf die Fragen, indem ihr wie immer auf den „Antwort"-Button drückt und dort euren Beitrag hinschreibt. Verwendet bitte auf keinen Fall die Copy-and-Paste-Funktion bzw. falls doch, dann macht dies als Zitat kenntlich und schreibt die Antwort mit eigenen Worten hin. Wenn ihr zitiert, dann verweist bitte auf die entsprechenden Quellen. Nehmt euch bis zum 14. Oktober Zeit, um die Fragen zu beantworten. Nach diesem Termin werden wir zu den Antworten Stellung nehmen.
Sollten vorher schon Rückfragen von eurer Seite auftauchen, so bitten wir euch, uns diese an uns oder an die/den betreffende/n Teilnehmer/-in per Mail zu schicken ...

7.4 Gehirnakrobatik

Kurzbeschreibung Lockerungsübungen fürs Gehirn.

Ziele

- Für die geistige Beweglichkeit.
- Damit wieder etwas Leben in die Community kommt.
- Um einer neu gebildeten Arbeitsgruppe den Arbeitseinstieg zu erleichtern.
- Um die Forumsarbeit zu beleben.
- Um Spaß ins Seminar zu bringen.

Tools Diskussionsforum oder Wiki-Web.

Wann einsetzen? Nach der Bildung von neuen Arbeitsgruppen, die länger zusammen arbeiten werden oder ganz einfach dann, wenn Sie ein wenig Schwung in die Arbeit bringen wollen.

Gruppengröße Die Übungen können in Einzel- oder Gruppenarbeit bearbeitet werden.

Dauer Wenige Tage.

Ablauf Veröffentlichen Sie eine der unten stehenden Übungen im Forum oder im Wiki-Web und fordern Sie die Teilnehmer auf, ihre Lösungsvorschläge zu veröffentlichen.

Vielleicht wollen Sie ja selbst mitraten – die Lösungen finden Sie am Ende dieser Übung.

Beispiele

Quadrat
Wie viele Möglichkeiten finden Sie, um ein Quadrat in vier Teile von gleicher Größe aufzuteilen?

Zwei Züge
Zug A fährt zur selben Zeit von der Meeresküste ab wie der tausend Kilometer entfernte Zug B aus den Bergen. Zug A fährt mit einer Durchschnittsgeschwindigkeit von 80 km/h und Zug B mit durchschnittlich 70 km/h.

Welcher Zug ist zu dem Zeitpunkt, an dem sie sich begegnen näher am Meer?

Wahrheit und Lüge

Ein Mann geht eine Straße entlang, die sich gabelt. Der erste Straßenzweig führt nach „Lügenstett", einer Stadt, in der alle Bewohner/-innen lügen, der zweite Straßenzweig führt nach „Wahrstadt", einer Stadt in der alle Bewohner/-innen die Wahrheit sagen. An der Gabelung steht ein Mädchen, das aus einer der beiden Städte kommt.

Welche (einzige) Frage muss er dem Mädchen stellen, um den Weg nach Wahrstadt zu erfahren?

Wortspielereien

Veröffentlichen Sie im Diskussionsforum oder Wiki-Web vier willkürlich ausgewählte Buchstaben. Beauftragen Sie die Teilnehmer nun, aus dieser Buchstabenfolge so viele sinnvolle Sätze wie möglich zu bilden, indem sie die vorgegebenen Buchstaben in der vorgegebenen Reihenfolge als Anfangsbuchstaben eines Wortes nehmen. Es ist auch möglich, die zu bildenden Sätze auf das Seminarthema zu begrenzen.

Beispiel – Aus der Buchstabenfolge „L D S R" lassen sich unter anderem die folgenden Sätze bilden:

- Lesen die Studierenden richtig?
- Lass Daniel seinen Regenschirm!
- Leg die Sachen rüber.
- ...

Die perfekte Führungskraft

(oder was auch immer Ihr Seminarthema ist ...)

Lassen Sie Ihre Teilnehmer überlegen, was man alles an Führungskräften verbessern könnte. Und das ist nicht so sehr moralisch gemeint, als vielmehr ganz praktisch. Denken Sie sich aus, womit es für Führungskräfte einfacher werden würde, das Leben zu bewältigen. Das könnten z.B. vier Hände sein, eine Haut so dick wie ein Elefant, Augen auf dem Rücken, ein eingebauter Terminkalender o.Ä.

Drei einer Sorte
Die Teilnehmer finden jeweils drei Begriffe aus vorgegebenen Kategorien, die eine bestimmte Buchstaben kombination enthalten. Die Kategorien, die Sie den Teilnehmer vorgeben, variieren nach Ihrem Seminarthema.

Beispiele:
tio Zeitdiebe
ise Incentives
ere Praxis des Gender Mainstreaming

Mögliche Lösungen zu Beispiel 1:
Viel zu ra**tio**nelles Arbeiten.
Zu kleine Por**tio**n Selbstbewusstsein – kann nicht „Nein" sagen.
Computer funk**tio**niert oft nicht.

Erfahrungen

Diese Übungen können einfach in der Cafeteria platziert werden und Sie beobachten, wer sich daran beteiligt. Daraus können Sie vielleicht auch ablesen, mit wem Sie wieder einmal „persönlichen" Kontakt via E-Mail aufnehmen sollten.

Lösungen

Lösung: Quadrat
Die ersten vier Lösungen sind schnell gefunden: Durch Quer- oder Längsstriche wird das Quadrat geviertelt. Auch auf weitere Lösungen mit geraden Linien kommen die meisten dann nach einer Weile. Darüber hinaus weitere Lösungen zu finden, fällt den meisten dann schwer, da sie nur an gerade Linien denken. Es gibt jedoch noch viele Möglichkeiten, wenn Sie beispielsweise auch gekrümmte Linien dazunehme:

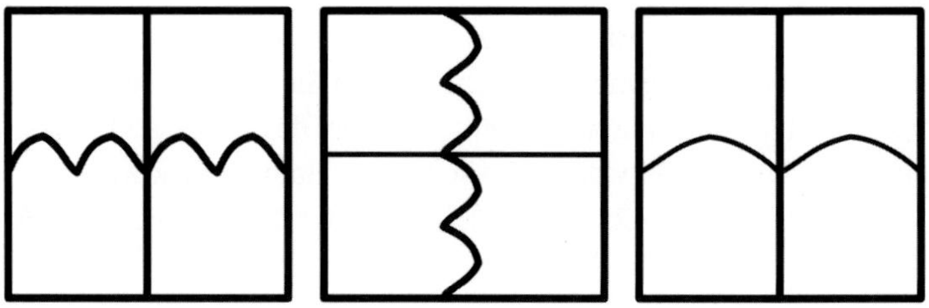

Lösung: Zwei Züge
Wenn sich die beiden Züge begegnen, befinden sie sich am selben Ort und damit exakt gleich weit entfernt vom Meer. ;-)

Lösung: Wahrheit und Lüge
Er fragt das Mädchen „Woher kommen Sie?". Wenn sie aus Lügenstett ist, wird sie lügen und nach Wahrstadt zeigen. Wenn sie aus Wahrstadt kommt, wird sie die Wahrheit sagen und ebenfalls nach Wahrstadt zeigen. So wird ihm die Antwort in jedem Falle den Weg nach Wahrstadt weisen.

Referenzen

Einige dieser Übungen stammen aus dem Buch *„Brainpower"* von Antje Wolters und Joern J. Barmbeck, zu anderen Übungen wurden wir durch die Website *https://t1p.de/iyxl* angeregt, andere wiederum aus dem „überlieferten Trainerrepertoire" und wir können die Urheberin/den Urheber leider nicht mehr ausfindig machen.

7.5 Kritische Freundin/Kritischer Freund

Kurzbeschreibung Jeder Teilnehmer findet einen Kritischen Freund/eine Kritische Freundin zur intensiven Zusammenarbeit.

Ziele Reflektierte Auseinandersetzung mit dem eigenen Handeln.

Tools E-Mail, Diskussionsforum.

Wann einsetzen?

- Während des gesamten Seminars.
- Besonders gut geeignet als Methode der Reflexion und des Transfers.

Gruppengröße Ab 2 Personen.

Dauer Variabel, je nach Zielsetzung.

Ablauf Bitten Sie Ihre Teilnehmer, sich einen Teilnehmer zu suchen, mit dem sie während des gesamten Seminars immer wieder zusammenarbeiten, sich austauschen, beraten, reflektieren werden.

Die Teilnehmer können sich nach Sympathie zusammenfinden, oder sie setzen dazu eine der in diesem Kapitel beschriebenen Möglichkeiten der Gruppenbildung ein.

Geben Sie den Kritischen Freunden besonders zu Beginn immer wieder Themen, die gemeinsam bearbeitet/reflektiert werden sollten.

Das nachfolgende Beispiel stammt aus einer Weiterbildung für leitendes Pflegepersonal:

> Liebe Teammitglieder,
>
> nun haben wir das Thema „Mitarbeiter/-innengespräche" also abgeschlossen. Jetzt geht es nur mehr ums Tun! ;-)

Dazu machen wir euch folgenden Vorschlag:
Schreibt auf, worauf ihr euch besonders konzentrieren wollt. Was ist euer nächstes Vorhaben, welches die Schritte dorthin?

Schickt diesen Plan an euren Kritischen Freund und vereinbart einen fixen Termin jeden Monat, an dem ihr euch über den Verlauf, euren Erfolg bei der Zielerreichung ... austauschen werdet.

Denkt daran: Kritischer Freund zu sein, bedeutet auch, kritische Fragen zu stellen!

Liebe Grüße

Erfahrungen

Besonders als Methode des Transfers haben wir mit der Kritischen Freundin/dem Kritischen Freund sehr gute Erfahrungen gemacht.

Einer der oft geäußerten Nachteile des E-Learnings – der eingeschränkte soziale Kontakt – wird durch den Einsatz dieser Methode sehr gut aufgefangen.

Referenzen

Die Methode der Kritischen Freundin/des Kritischen Freunds ist der Aktionsforschung entliehen und ausführlich beschrieben in: Altrichter, Posch: *„Lehrer erforschen ihren Unterricht"*.

7.6 Laterales Denken

Kurzbeschreibung

Die Teilnehmer lösen „lateral thinking puzzles", also Rätsel, bei denen sie lernen, Probleme aus unterschiedlichen Sichtweisen zu beleuchten.

Ziele

- Für die geistige Beweglichkeit.
- Um Leben in die Community zu bringen.
- Um einer neu gebildeten Arbeitsgruppe den Arbeitseinstieg zu erleichtern.
- Um neue Denk- und Sichtweisen zu fördern.

Tools

Chat, Diskussionsforum.

Wann einsetzen?

Ähnlich den anderen hier beschriebenen Kreativitätsmethoden, lässt sich die Methode des Lateralen Denkens besonders gut dann einsetzen, wenn Sie einen kreativen Prozess im Seminar initiieren wollen. Dazu zählen auch Überlegungen, wie das im Seminar Gelernte/Ausprobierte in die Praxis übertragen werden kann.

Gruppengröße

Im Chat: 5-7 Personen. Im Diskussionsforum: Beliebig viele Teilnehmer.

Dauer

- Im Chat: 5-10 Minuten.
- Im Diskussionsforum: Entweder bis zu einem von Ihnen festgesetzten Zeitpunkt (3-5 Tage), oder Sie geben die Lösung bekannt, nachdem zwei Tage lang niemand mehr eine Frage gestellt oder einen Lösungsversuch präsentiert hat.

Ablauf

Sie veröffentlichen ein „lateral thinking puzzle" – wie der „Erfinder" der Methode, Paul Sloane, es nennt.

Die Teilnehmer können nun Fragen stellen, um das Puzzle zu lösen. Sie als Hüter der Lösung antworten auf die gestellten Fragen mit einem einfachen „Ja" bzw. „Nein". Wenn die Fragen allzu sehr an der Lösung vorbeizielen und Sie mit einem „Ja" oder „Nein" die Teilnehmer verwirren würden, können Sie ausnahmsweise auch mit „belanglos" antworten.

Wenn ein Teilnehmer einen Lösungsvorschlag präsentiert, antworten Sie im Falle einer falschen Lösung ebenfalls nur mit einem lapidaren „Nein".

Wenn Sie wollen, können Sie auch die Anzahl der Fragen und/oder Lösungsvorschläge, die pro Teilnehmer präsentiert werden dürfen, begrenzen. Im Chat beispielsweise lassen wir pro Teilnehmer drei Fragen und zwei Lösungsvorschläge zu.

Beispiele:

Für alle, die ihrer Fantasie freien Lauf lassen wollen – die Lösungen finden Sie am Ende dieser Methode.

Beispiele

Zur falschen Zeit am falschen Ort
Einige Tage nachdem Judith starb, wurde Thomas getötet. Er war zur falschen Zeit am falschen Ort. Wieso wurde Thomas getötet?

Der Lastwagen und die Brücke
Ein Lastwagen kommt zu einer Brücke und kann nicht weiterfahren, da der Lastwagen laut Gewichtsbeschränkung der Brücke um über eine Tonne zu schwer ist. Da kommt ein Spaziergänger vorbei, schaut sich die Situation an und sagt dem Fahrer dann, dass er ohne Sorge die Brücke passieren könne. Der Fahrer bedankt sich und fährt über die Brücke, die den Laster auch ohne Probleme aushält. Was war die Überlegung des Spaziergängers?

Das unmögliche Garagentor
Ein Mann leiht sich für einen Umzugstransport einen Kleinlaster. Als er abends damit nach Hause kommt, stellt er den Wagen in der Garage ab. Am nächsten Tag will er den Kleinlaster zurückgeben, muss aber feststellen, dass er nicht aus der Garage hinausfahren kann, weil das Fahrzeug um 5 cm höher als das Tor ist. Was ist geschehen? Was muss der Mann tun, um wieder hinausfahren zu können?

Der Kunde ist König
Ein Mann betritt ein Lokal. Er geht zum Tresen, bestellt ein Getränk und unterhält sich mit der Kellnerin. Sie stößt plötzlich einen Schrei aus, der Gast bedankt sich, zahlt und geht. Was ist geschehen?

Bemerkungen

Wenn Sie in längeren Seminaren monatlich ein „lateral thinking puzzle" präsentieren, können Sie die Teilnehmer auch in Kleingruppen einteilen, die zusammenarbeiten und versuchen, gemeinsam möglichst viele der Problemstellungen zu lösen. Die Mitglieder der Gruppe, die bis zum Seminarabschluss die meisten Lösungen gefunden hat, bekommen von den Mitgliedern der anderen Gruppen ein „Überraschungsgeschenk" (Ein Säckchen Nüsse, eine Rätselzeitschrift, eine Kaffeetasse ... per Post, ein persönliches Gedicht im Wiki-Web, viele nette E-Mails o.Ä.).

Erfahrungen

Neben dem Spaßfaktor ist es wirklich erstaunlich, wie viel „beweglicher" die Teilnehmer in der kreativen Arbeit sind, nachdem sie versucht haben, einige dieser lateralen Puzzles zu knacken.

Lösungen

Lösung: Zur falschen Zeit am falschen Ort

Im Jahre 1804 starb eine junge Frau, die wir Judith nennen wollen, an einem Schock. Sie und einige Freunde hatten einen weißen Geist gesehen, der langsam über den Friedhof auf sie zukam. Diese Geschichte sorgte damals für viel Aufhebens in den Zeitungen, sodass es sich einige junge Männer zu Aufgabe machten, diesen Geist unschädlich zu machen. Sie legten sich auf dem Friedhof auf die Lauer und sahen prompt eine weiße Gestalt auf sich zukommen. Sie schossen auf die Gestalt, welche umfiel. Es stellte sich heraus, dass es sich um Herrn Thomas Milwood, einen Steinmetz handelte. Seine Arbeitskleidung war vom Steinstaub komplett weiß, darum wurde er nur einige Meter entfernt von dem Platz, an dem Judith starb, getötet.

Lösung: Der Lastwagen und die Brücke

Die Brücke ist kürzer als der LKW. Dadurch wird die Brücke nie mit dem vollen Gewicht des Lastwagens belastet.

Lösung: Das unmögliche Garagentor

Der Kleinlaster hatte schweres Material geladen und hat entsprechend tief gelegen. Nach dem Entladen hat sich das Chassis in seine Normalposition gehoben. Der Mann muss den Kleinlaster wieder beladen, aus der Garage fahren und draußen wieder entladen.

Lösung: Der Kunde ist König

Der Mann, der in das Lokal kam, hatte einen schlimmen Schluckauf. Die Kellnerin schrie laut auf, um ihn zu erschrecken. Der Mann wurde so seinen Schluckauf los und konnte zufrieden nach Hause gehen.

Referenzen

Die hier beschriebenen Puzzles stammen von Paul Sloanes Website *http://archive.is/CyglE*, wo Sie noch eine Vielzahl anderer Puzzles finden können. Besonders die „Solved Puzzles" sind sehr interessant.

7.7 Reihenfolgen bilden

Kurzbeschreibung Verschiedene Möglichkeiten, eine Reihenfolge der Teilnehmer herzustellen.

Ziele Den Ablauf einer Übung reibungslos gestalten.

Tools Diskussionsforum.

Wann einsetzen? Für jede Übung, bei der es notwendig ist, dass die Teilnehmer wissen, wann sie und wer nach ihnen an der Reihe ist (z.B. bei E-Mail-Games, Kreisgesprächen im Chat, um gemeinsam eine Geschichte zu schreiben ...).

Gruppengröße Für jede Gruppengröße einsetzbar.

Dauer Einige Tage.

Ablauf Da sich die meisten dieser Möglichkeiten auf Daten beziehen, die in Pausen ausgetauscht werden, führen wir diese Arbeit meist in der Cafeteria durch.

Je nachdem, welche Eisbrecher-Spiele Sie zu Beginn des Seminars gespielt haben, können viele der Daten auch schon bekannt sein und Sie können einigen Teilnehmer die Aufgabe geben, die Rangfolge aus bekannten Daten aufzustellen.

Alphabetisch
Von A-Z oder von Z-A, zuerst der Nach- dann der Vorname.

Nach dem Mädchennamen der Mutter
Wiederum alphabetisch.

Nach dem Namen der Lieblingspflanze, des Lieblingsschauspielers, Lieblingsfilms, -buches etc.
Wiederum alphabetisch.

Nach dem Geburtsdatum
Im Jahresverlauf. Achtung – keine Jahreszahlen, hier reichen Tag und Monat!

Nach der Körpergröße
In Zentimeter.

Nach der Postleitzahl
Wenn alle Teilnehmer innerhalb desselben Staates wohnen.

Nach dem Wohnort
Alphabetisch sortiert oder in Entfernungskilometern. Sie lassen mit einem im Web erhältlichen Routenplaner die Entfernung zur TrainerIn berechnen. Der/die Nächste oder Entfernteste kommt zuerst usw.

Zahlen auswählen
Fordern Sie die Teilnehmer auf, sich für eine Zahl von 1-15 zu entscheiden. Die Teilnehmer können ihre Auswahl veröffentlichen oder nur Ihnen mitteilen. Sie veröffentlichen täglich eine Liste der Zahlen, die noch verfügbar sind und sorgen dafür, dass es keine Mehrfachbelegungen gibt (Teilen Sie einfach mit, dass, sollte eine Zahl bereits vergeben sein, Sie die nächste noch freie vergeben werden). Auf diese Weise ist sichergestellt, dass die Anonymität gewahrt bleibt.

Bemerkungen

Kostenlose Routenplaner finden Sie unter: *http://route.web.de* und *http://maps.google.de*.

Erfahrungen

Geben Sie zusätzlich zum ersten Kriterium noch ein zweites an, denn es kann sehr gut möglich sein, dass zwei Teilnehmer am selben Tag Geburtstag haben, in derselben Stadt wohnen etc.

7.8 Tipps zur Gruppenbildung

Kurzbeschreibung Tipps, wie sich schnell Arbeitsgruppen bilden lassen.

Ziele Die Teilnehmer finden sich zu Gruppen zusammen.

Tools Diskussionsforum (Cafeteria).

Wann einsetzen? Zu Beginn einer Gruppenarbeit, wenn ein konstruktiver Partner fürs Seminar gesucht wird ...

Gruppengröße Für jede Gruppengröße geeignet.

Dauer Sehr kurzfristig. Geben Sie einen Termin an, an dem die Gruppen gebildet sein müssen.

Ablauf Es gibt eine Fülle von Möglichkeiten, die Teilnehmer für Online-Seminare in Gruppen einzuteilen.

Gleich und gleich gesellen sich
Teilnehmer, deren Geburtstage, Wohnorte, Alter, ... am nächsten beieinander liegen, tun sich zu Gruppen zusammen.

Gegensätze ziehen sich an
Teilnehmer, deren Alter, Wohnorte, berufliche Tätigkeit ... am weitesten voneinander entfernt liegen, tun sich zu einer Gruppe zusammen.

Neue Leute kennenlernen
Teilnehmer, die bisher noch sehr wenig miteinander zu tun hatten, tun sich zu einer Gruppe zusammen.

Anfangsbuchstaben
Leute, deren Vornamen, Hobby, Beruf ... mit demselben Anfangsbuchstaben beginnen, tun sich zusammen.

Umgebung
Teilnehmer, die dieselbe Art von Zimmerpflanzen, denselben Computer, eine ähnliche Zimmergröße, dasselbe Stockwerk ... ihr Eigen nennen, bilden eine Gruppe.

Interessen
Sie veröffentlichen die zu bearbeitenden Themen. Alle, die sich für ein Thema interessieren, tragen sich dort ein und bilden so eine Gruppe.

Katze im Sack
Sie veröffentlichen einige Andeutungen/Bilder/Sprüche und die Teilnehmer ordnen sich dort zu, wo es für sie am interessantesten klingt.

Bemerkungen

Wahrscheinlich verfügen Sie auch über ein großes Repertoire derartiger Methoden. Gerade in Online-Seminaren ist es unserer Meinung nach besonders wichtig, dass die Teilnehmer so oft wie möglich miteinander „ins Reden" kommen und dazu sollen diese Methoden auch anregen.

Erfahrungen

Vergessen Sie nicht, gleich zu Beginn eine Gruppengröße festzulegen. Wenn diese überschritten ist, dann müssen sich die Teilnehmer einer anderen Gruppe zuordnen.

7.9 Virtuelle Sprechstunden

Kurzbeschreibung Sie sind online für Ihre Teilnehmer erreichbar.

Ziele

- Sie sind über den Kurs und die Teilnehmer besser informiert.
- Die Teilnehmer haben eine fixe Anlaufstelle für Probleme und Anregungen.

Tools Diskussionsforum, Wiki-Web, E-Mail, Instant Messaging.

Wann einsetzen? Während des gesamten Seminars.

Gruppengröße Einzeltermine.

Dauer Pro Teilnehmer einige Minuten.

Ablauf Teilen Sie Ihren Teilnehmern gleich zu Beginn mit, dass Sie wöchentlich (14-tägig) eine virtuelle Sprechstunde abhalten.

Damit die Termine jederzeit ersichtlich sind, empfiehlt es sich, diese im Forum „Organisatorisches" zu veröffentlichen.

Beispiel

> Liebe Teilnehmende am Seminar „Neue Medien",
>
> wir stehen Ihnen während der gesamten Seminarzeit 14-tägig in unserer virtuellen Sprechstunde zur Verfügung.
>
> Die Sprechstunden werden jeweils am Donnerstag von 13.00-14.30 Uhr im Chat unter www.qualifizierung.com abgehalten.
>
> Wir bitten Sie, sich bis zum Mittwoch vor der Sprechstunde per E-Mail unter Angabe des Themas anzumelden. Wir bestätigen dann Ihre Anmeldung und geben Ihnen den genauen Termin bekannt.
>
> Da die Sprechstunde natürlich unter vier „Augen" stattfindet, bitten wir Sie, eine Viertelstunde vor Ihrem Termin online zu

sein, sodass wir Ihnen eine Einladung in den privaten Chatraum zusenden können.

Die Sprechstunden finden zwischen 13.00 Uhr und 14.30 Uhr statt am:
9. Oktober
23. Oktober
6. November
20. November
11. Dezember
16. Januar
30. Januar

Beste Grüße,

Kornelia & Hartmut

Variante

Termine im Wiki-Web vergeben
Es ist natürlich auch möglich, die Termine im Wiki-Web zu veröffentlichen. Dies hat den Vorteil, dass sich die Teilnehmer gleich eintragen können und es so jederzeit für alle ersichtlich ist, welche Termine noch frei bzw. schon besetzt sind (siehe die Abbildung auf der nächsten Seite).

Bemerkungen

Wenn die Sprechstunde erst nur zögerlich angenommen wird, dann laden wir einige Wochen später noch einmal dazu ein. Oft verstehen die Teilnehmer zu Beginn einer Online-Veranstaltung noch gar nicht, was eine virtuelle Sprechstunde ist und vergessen dann ganz einfach, dass es eine solche gibt. Nach einigen Wochen E-Learning-Erfahrung wird das Angebot bei Bedarf gerne in Anspruch genommen.

Erfahrungen

Der Ansturm auf virtuelle Sprechstunden ist gleich wie jener auf Präsenz-Sprechstunden: Zu Beginn und gegen Ende des Kurses, vor und nach Prüfungsterminen werden die Sprechzeiten eher knapp, ansonsten können Termine ausgesucht werden.

Beispiel

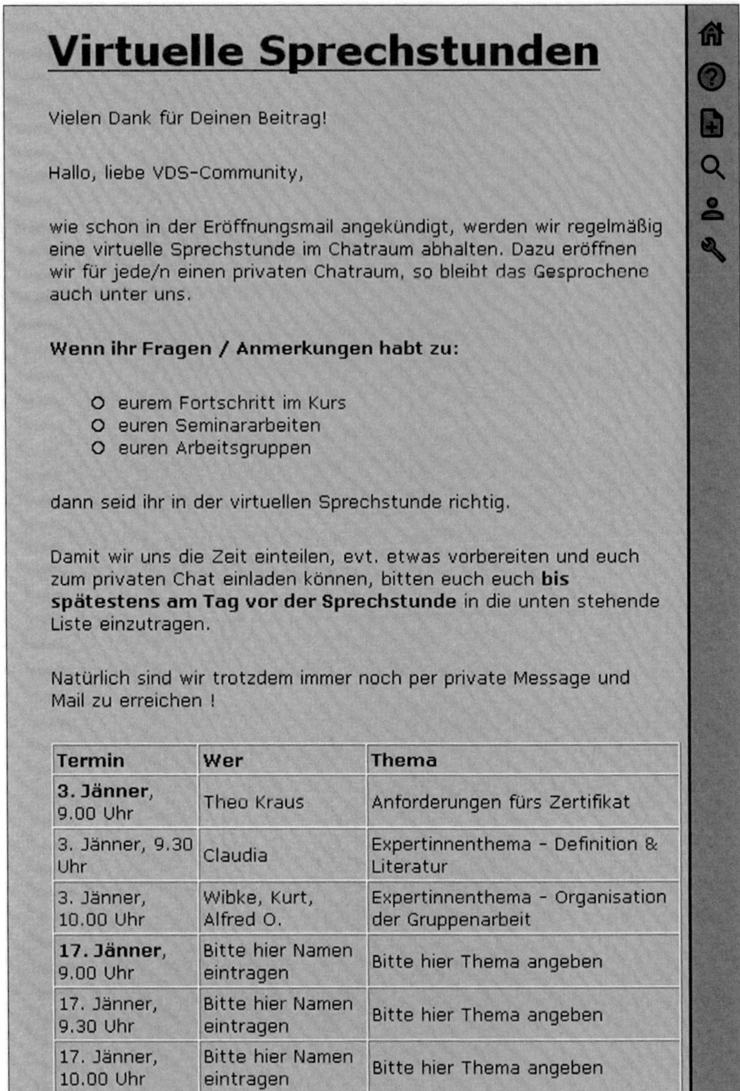

Virtuelle Sprechstunden

Vielen Dank für Deinen Beitrag!

Hallo, liebe VDS-Community,

wie schon in der Eröffnungsmail angekündigt, werden wir regelmäßig eine virtuelle Sprechstunde im Chatraum abhalten. Dazu eröffnen wir für jede/n einen privaten Chatraum, so bleibt das Gesprochene auch unter uns.

Wenn ihr Fragen / Anmerkungen habt zu:

- eurem Fortschritt im Kurs
- euren Seminararbeiten
- euren Arbeitsgruppen

dann seid ihr in der virtuellen Sprechstunde richtig.

Damit wir uns die Zeit einteilen, evt. etwas vorbereiten und euch zum privaten Chat einladen können, bitten euch euch **bis spätestens am Tag vor der Sprechstunde** in die unten stehende Liste einzutragen.

Natürlich sind wir trotzdem immer noch per private Message und Mail zu erreichen !

Termin	Wer	Thema
3. Jänner, 9.00 Uhr	Theo Kraus	Anforderungen fürs Zertifikat
3. Jänner, 9.30 Uhr	Claudia	Expertinnenthema - Definition & Literatur
3. Jänner, 10.00 Uhr	Wibke, Kurt, Alfred O.	Expertinnenthema - Organisation der Gruppenarbeit
17. Jänner, 9.00 Uhr	Bitte hier Namen eintragen	Bitte hier Thema angeben
17. Jänner, 9.30 Uhr	Bitte hier Namen eintragen	Bitte hier Thema angeben
17. Jänner, 10.00 Uhr	Bitte hier Namen eintragen	Bitte hier Thema angeben

Die Teilnehmer tragen sich zu virtuellen Sprechstunden im Wiki-Web ein.

Anlage

Online-Ressourcen

Link in der Umschlagklappe

Diesem Werk wurden viele hilfreiche Online-Ressourcen beigefügt. Sie verweisen teilweise auf Websites, die begleitend für das Buch erstellt wurden, aber auch auf Websites mit externen Angeboten, die weiterführende Hinweise oder kostenfreie Anwendungen vorhalten.

Linktipps

In den bucheigenen Online-Ressourcen finden Sie interessante Artikel zum Thema „E-Learning" sowie eine umfangreiche Liste an Webadressen mit kostenlosen Tools und Hilfsmitteln für den Einsatz in Ihrem Seminar.

Quellen

Im Quellenverzeichnis finden Sie Angaben zu Büchern und Websites, die in diesem Buch zitiert werden. Auch dort sind teilweise Fundgruben mit weiterführenden Links hinterlegt.

Methoden-Index, nach Seminarzielen sortiert

Schließlich erhalten Sie noch einen weiteren Schnellzugriff auf die in diesem Buch vorgestellten Tools: Hier sind die Werkzeugvorschläge den Seminarzielen zugeordnet.

Stichwortverzeichnis